Das 2012 Bewusstsein der Neuen Zeit

Lee Carroll & Kryon
Pepper Lewis & Gaia, die Erde
Patricia Cori & Der Hohe Rat vom Sirius

Herausgegeben
von Martine Vallée

Aus dem Amerikanischen von
Silvia Autenrieth

AMRA

Titel der kanadischen Originalausgabe:
TRANSITION NOW
Redefining Duality, 2012 and Beyond

Copyright © 2009 by Martine Vallée

Besuchen Sie uns im Internet:
www.AmraVerlag.de

Deutsche Ausgabe:
Copyright © 2010 by AMRA Verlag
Auf der Reitbahn 8, D-63452 Hanau
Telefon: + 49 (0) 61 81 – 18 93 92
Kontakt: Info@AmraVerlag.de

Published under Arrangement with Éditions Ciel et Terre Inc. /
Heaven and Earth Publications Inc., Outremond, Quebec, Canada

Die Übersetzung erfolgte auf der Grundlage der amerikanischen
Originalmanuskripte und der Buchausgabe bei Red Wheel / Weiser.

Herausgeber & Lektor	Michael Nagula
Umschlag	Antonia Baginski
Layout & Satz	nimatypografik
Druck	CPI Moravia Books

ISBN 978-3-939373-44-5

Inhalt

Teil drei – Der Hohe Rat vom Sirius

Vorwort

Die Welt, die wir uns erschaffen

Hier bin ich wieder ... mit einem Gruß an Sie, der oder die Sie nun im Begriff stehen, das zweite Buch unserer Reihe zu lesen, die sich mit der Zeit bis 2012 beschäftigt. Ich kann einfach nur staunen und dankbar sein, wenn ich sehe, wie dieses Projekt sich entwickelt.

Mein einziger Wunsch war dabei immer, Menschen, die sich von den hier weitergegebenen Lehren angesprochen fühlen, diese zugänglich zu machen.

Noch einmal richtet sich mein ganz besonderer Dank an das Team von Weiser Books. Allen voran gilt er Jan Johnson, die zu dem Entschluss gelangte, dass auch dieses Buch, das ursprünglich ja auf Französisch erschien, in den USA veröffentlicht werden sollte, und die es damit auch weltweit einem größeren Publikum zugänglich machte. Angesichts der Vielzahl von Optionen, der Vielzahl erstklassiger Autorinnen und Autoren, die ein Verlag herausbringen könnte, ist es durchaus eine bewusste Entscheidung, genau dieses Werk zu wählen, und ich fühle mich von dieser Entscheidung geehrt. Ein besonderer Dank auch an meinen Agenten, Luc Jutras, der dafür sorgte, dass dies alles so scheinbar reibungslos vonstattenging.

Und danke an Sie, meine Leserinnen und Leser. So sehr das geschriebene Wort im Mittelpunkt meiner Arbeit steht - mir fehlen wirklich die Worte, um auszudrücken, wie dankbar ich bin, dass so viele von Ihnen sich entschieden haben, *Die Große Veränderung* zu lesen, und das offenbar mit Gewinn. Also begegnen wir uns hier ein weiteres Mal über das geschriebene Wort, wenn ich Sie nun zu *Das Bewusstsein der Neuen Zeit* einlade.

Meine Gastautoren für diesen Band sind Lee Carroll/Kryon, gefolgt von Pepper Lewis/Gaia und dann Patricia Cori/Dem Hohen Rat vom Sirius.

Lee Carroll und Kryon sind das einzige Gespann, das ein fester Bestandteil dieser Buchreihe ist und bis zum Ende bleiben wird. Wie das kommt? Einfach weil das spirituelle Leben so vieler Menschen so stark von ihnen beeinflusst ist. Ihre Informationen sind eine derart grandiose Kombination von Wissenschaft, Spiritualität, Bewusstsein und Mitgefühl, dass ich das Gefühl habe, jeder Aspekt unseres spirituellen Lebens kann von diesen Texten berührt werden. Kryon hat mir wie kein anderer nicht nur gezeigt, inwiefern wir der große Schöpfer unseres Lebens sind, sondern auch, was es bedeutet, über die dritte Dimension hinauszugehen. Und seinen Partner Lee Carroll halte ich wirklich für einen der interessantesten Sprecher, die sich derzeit auf dem öffentlichen Parkett tummeln, von daher sind die beiden zusammen – nun ja, schon ein ziemliches Erlebnis.

Auch Patricia Cori und Der Hohe Rat vom Sirius sind ein sehr eindrucksvolles Team. Patricia ist eine derart wundervolle Frau – mit einem großen Herzen und einer großen Mission, der sie sich mit Haut und Haaren verschrieben hat. Und die Sirianer sind für die Entwicklungen auf unserer Erde so wichtig gewesen, dass ich beschloss, Patricia erneut an diesem Projekt zu beteiligen. Sie führt übrigens auch Reisegruppen zu heiligen Stätten auf der ganzen Welt. Ich war im Januar 2009 mit ihr in Ägypten, und es war wahrhaft außergewöhnlich. Besonders beeindruckte mich eine Meditation, die wir zu Beginn unserer Reise durchführten – ich kann zweifellos sagen, dass das die kraftvollste Meditation war, die ich je erlebt habe. So kraftvoll, dass ich den Hohen Rat befragte, was dabei geschah. Sein Kommentar hierzu findet sich in Patricias Teil des Buches.

Ein neuer Blickwinkel kommt mit Pepper Lewis und Gaia in diese Buchreihe. Ich verfolge Peppers Arbeit jetzt schon eine ganze Weile recht genau. Letztes Jahr nahm ich in eines meiner französischen Bücher einen Artikel von ihr auf, der sich mit dem Verschwinden der Bienen von diesem Planeten befasst. Davor war mir das Phänomen ein Rätsel gewesen. Alle strickten ihre eigene Version davon, angefangen bei der wissenschaftlichen Fachwelt über die Imker bis zu dem US-Nachrichtenmagazin *60 Minutes*. Dann las ich, was Gaia dazu zu sagen hatte, und es waren nach meinem Dafürhalten die glaubwürdigsten Informationen zum Thema, die mir in die Hände fielen. Wer sollte uns besser als Gaia sagen können, was sich in der Natur ereignet? Also habe ich Pepper gebeten, in diesem Buch einige weitere hochinteressante Informationen mit uns zu teilen.*

Bei jedem neuen Buch, das ich als Herausgeberin in Angriff nehme, frage ich mich zunächst: Was sagt mir mein inneres Gefühl? Was lebe ich aktiv? Dann versuche ich unterschiedliche Aspekte dieser Energie weiterzuentwickeln, um sie besser zu verstehen und auch ihre Beziehung zur Welt zu begreifen. Das ist der Ausgangspunkt für meine Fragen, und dorthin führt mich meine Intuition.

Ich habe mittlerweile das Gefühl, dass wir in eine andere Phase eintreten ... eine machtvolle Zeit des Übergangs. Angefangen hat dieser Übergang bei uns, aber unsere Kinder und Enkel werden die größte Veränderung seit Menschengedenken durchlaufen. Ich glaube wirklich, dass der Erfolg dieser Veränderung davon abhängen wird, inwieweit wir als Individuen sowie als Weltbürgerinnen und -bürger imstande sind, die neue Grundlage unserer weiteren Evolution entschlossen in die Tat umzusetzen. Und das bedeutet, unsere Entscheidungen, unsere Welt bewusst wahrzunehmen. Etwas über das Bewusstsein zu lesen ist eine Sache, ein bewusstes Leben zu führen eine ganz andere.

Meiner Ansicht nach brillieren wir Menschen am allermeisten, wenn wir gemeinsam darauf hinarbeiten, die ganze Welt zu transformieren, statt uns nur auf unsere individuelle Transformation zu konzentrieren. Ich habe viele Male aus nächster Nähe miterlebt, was geschieht, wenn Menschen sich im Einklang miteinander auf eine Art Gralssuche ausrichten: Die kollektive Intelligenz bringt

---

* Eine Buchreihe von Pepper Lewis, »Weisheiten Gaias – gechanneltes Wissen von Mutter Erde«, ist bei Amra in Vorbereitung. Der erste Band, *Lösungen für einen kleinen Planeten*, erscheint in der zweiten Jahreshälfte 2010 und enthält auch die Durchsage über das Verschwinden der Bienen. – Der Verlag

oft eindrucksvolle Ergebnisse hervor – erheblich größere als bei einer Einzelperson.

Es kann kein Zweifel daran bestehen, dass wir uns in beschleunigtem Tempo auf ein höheres Bewusstsein zubewegen. Und jedes Mal, wenn wir eine Geste machen, die uns diesem Ziel weiter entgegenträgt, wird der Prozess schneller vorangetrieben. Das beste Beispiel dafür ist die Präsidentschaftswahl von Barack Obama. Hier ging es nicht nur um die Wahl eines neuen Präsidenten, sondern geradezu um die Wahl eines höheren Bewusstseins – etwas, das überall auf dem Planeten Hoffnung schürte. Die Hoffnung, dass die Dinge sich doch noch zum Besseren wenden könnten.

Wie sehr diese Wahl mit einem kollektiven Empfinden einherging, begriff ich, als ich eines Abends auf einem kanadischen Kanal die Nachrichten sah. Bei dieser Sendung wurde die Reaktion von Menschen in aller Welt gezeigt, von Japan bis Deutschland, von Frankreich bis Brasilien. Ein Ort jedoch ging mir nicht mehr aus dem Sinn: Afrika. Es wurden drei Leute in einem winzigen Dorf gezeigt, die sich zu einer Gruppe zusammengefunden hatten. Sie trugen keine Schuhe, ihre Kleidung war – nun ja, etwas zerrissen, etwas schmutzig, aber sie strahlten alle von einem Ohr zum anderen und hielten ein Schild hoch, auf dem stand: *We Trust You!* (*Wir vertrauen dir!*) Für mein Gefühl hieß das eher: *Jetzt schöpfen wir auch Hoffnung für uns.*

In diesem Moment wurde mir klar, dass diese Wahl weit über ein amerikanisches Ereignis hinausging – sie war von globaler Bedeutung. Die Tatsache, dass Menschen irgendwo in einem kleinen Dorf In Afrika mit so lebhaftem Interesse das Geschehen in Amerika verfolgten, sagte mir, dass wir – selbst ohne einander zu kennen – alle das Gefühl hatten, dass da etwas ganz Besonderes geschah, und wir alle wollten das zum Ausdruck bringen.

Sie haben sich für diesen Schritt entschieden, Sie haben diesen Mann gewählt, der in den Augen vieler für eine höhere Art und Weise steht, an Dinge heranzugehen. Dadurch haben Sie das Bewusstsein eines Planeten auf eine höhere Ebene gehoben und der ganzen Menschheit Hoffnung gegeben ... was dieser Tage nicht gerade einfach ist. Und man kann durchaus hoffen, dass andere Länder hier nachziehen. Sie werden in diesem Buch noch lesen, was Kryon dazu zu sagen hat.

Eine letzte, faszinierende Anmerkung zu dem neuen amerikanischen Präsidenten: Wie Richard Lederer, ein Meister des Anagramms und der Rätsel, festgestellt hat, erhält man, wenn man die Buchstaben von »Barack Hussein Obama« durcheinanderschüttelt: *Abraham is back, One U. S. (Abraham ist zurück, eine USA.)* Symbolisch recht vielsagend, meinen Sie nicht auch, wenn man sich überlegt, dass Abraham Lincoln derjenige war, der 1863 die Sklaverei abschaffte? Und mittlerweile wissen wir ja alle, dass Lincoln für Obama eine enorme Quelle der Inspiration ist. Zudem waren diese Männer beide Anwälte gewesen, und für beide begann ihre politische Karriere im Bundesstaat Illinois!

Wenn wir einmal über die warmherzige Art dieses Präsidenten und die Herausforderungen, die noch vor ihm liegen, hinausblicken, zeigt sich schon heute sehr klar, dass die Völker als Teile der Menschheit politische Führer fordern, die ein Bild abgeben, das zu diesem Bewusstsein passt, das derzeit eine höhere Ebene erreicht und das wir alle spüren. *Yes, we can! (Ja, wir können!)* – dieser berühmt gewordene Spruch, den wir in fast jeder von Obamas Reden gehört haben, war in meinen Augen ein Intentionspfeil, der auf das Bewusstsein eines jeden Individuums gerichtet war. Diese drei Worte repräsentieren nicht nur in vollendeter Grazie, worum es beim wirklichen neuen Bewusstsein geht, sondern sie stehen auch für das Vertrauen in die Kraft der Transformation.

Liebe Freundinnen und Freunde, nach diesen kurzen Worten möchte ich Sie nun Ihrer Lektüre überlassen. Wir alle auf diesem Planeten sind ein Bestandteil der Transformation, die sich hier gerade abspielt. Bewusst oder unbewusst wissen wir alle, dass wir an einem noch nie da gewesen Ereignis teilhaben – *der Transformation der gesamten Spezies Mensch.* Und es ist eine gemeinsame Reise, diejenige einer Gruppe namens *Menschheit,* nicht die individuelle Reise einer einzelnen Person namens *Ich.*

Zu dieser Transformation gehört, dass es für uns alle darauf hinzuarbeiten gilt, das Recht aller Menschen auf Freiheit durchzusetzen und darauf, ihre Stimme erheben zu können, ohne Angst haben zu müssen, getötet, vergewaltigt oder gefoltert zu werden. Allen Menschen auf diesem Planeten steht es zu, ein Dach über dem Kopf zu haben, ihre Familien ernähren zu können, medizinisch betreut zu werden, wenn sie erkrankt sind oder sich verletzt haben, und Gott auf eine Weise zu finden, wie sie es für sich frei wählen. Wenn wir aber andere entscheiden lassen, was wir mit unserem Bewusstsein – dem Herzen unseres Seins – anfangen sollen, werden wir nie frei sein. Wir müssen unser Leben selbst in die Hand nehmen können und einander mit Würde und Respekt behandeln. Dann sind wir auch in der Lage, die Bestimmung zu finden, die wir miteinander teilen. Darum, und um nichts anderes, geht es bei diesem Großen Experiment, und es ist bemerkenswert und einzigartig.

Und schließlich, liebe Leserinnen und Leser, möchte ich noch eines sagen: Auch wenn ich vielleicht bisher nicht die Gelegenheit hatte, Sie alle persönlich kennenzulernen, so denke ich doch oft an Sie. Ich tue es in dem Wissen, dass wir – gleich, aus welchen Ländern wir kommen – alle zum gleichen Zweck und mit der gleichen Entschlossenheit gemeinsam auf der Reise sind. Sich im bewussten Denken zusammenzutun, um eine weltweite Renaissance einzuleiten, ist viel wirkungsvoller als physisch mit Menschen zusammen zu sein, die keine Inspiration oder kein globales Engagement aufweisen.

Ich weiß in meinem Herzen, dass es eine kollektive Kraft gibt, die genau in diesem Moment geboren wird ... und das ist der Beginn des größten Umschwungs, den es je gegeben hat.

Passen Sie gut auf sich auf, passen Sie gut auf Ihre Lieben auf, und passen wir gut aufeinander auf.

Martine Vallée
Montreal, Quebec, Kanada

EINS

KRYON

Einführung von
Lee Carroll

Das Buch, das Sie hier in Händen halten, ist ein Folgeband zu *Die Große Veränderung* von Martine Vallée. Es enthält mehr esoterische Informationen als je zuvor. Offenbar kommt es auf der Erde zu einer Bewegung, welche die derzeitige Veränderung spiegelt. Mittlerweile nehmen die etablierten Medien ebenso davon Kenntnis wie Menschen mit spirituellen Neigungen. Selbst der Planet taumelt angesichts der Wucht der Ereignisse bei den letzten Wahlen in den USA ... »Richtig so!«, heißt es dort. Es hat sich etwas getan!

Inwiefern sind die kommenden Jahre anders als die in der jüngeren Vergangenheit? Es wird allmählich schwerer, Spiritualität und Wachstum zu messen. Das liegt daran, dass wir in unserer 3D-Welt zunehmend interdimensionale Energien anzapfen. Die einzige Möglichkeit voranzukommen besteht darin, sich mit den Erwartungen von Spirit auseinanderzusetzen, des alles beseelenden göttlichen Geistes – sich daranzumachen, geistig mit einer anderen Wirklichkeit zu verschmelzen, in der es Raum gibt für Dinge, die man spüren, aber nicht sehen kann.

Wenn sich mit einem Mal ganze Regierungen ändern, weiß man, dass da etwas im Busch sein muss. Treibt man einem Wirtschaftssystem die Gier aus, so ist das, als jagte man das Blut aus dem menschlichen Körper. Einige sagen, diese Gier sei systemimmanent, aber lassen Sie sich gesagt sein: Sie ist etwas, das erst später ins Spiel kam. Die Wirtschaft der Vereinigten Staaten wird derzeit von ihren Auswüchsen befreit – auf die Gefahr hin, damit dem ganzen System den Garaus zu machen. Die Transfusion, mit der man ihr frisches Blut zuführt, wird noch eine Weile andauern, und man hofft, dass der Patient unterdessen nicht stirbt (tut er nicht). Das jedenfalls ist eine Analogie für die Art von Veränderungen, die wir derzeit erleben. Und all das in der kurzen Zeit seit dem letzten Buch!

Erleben Sie mit, wie Martine ein weiteres Mal die Energien und Autoren auswählt, die bei der Klarstellung des derzeitigen Geschehens helfen werden. Und bleiben Sie dem tief greifenden Wandel auf der Spur, den wir alle derzeit erleben. Vielleicht ist das hier der beste und aktuellste Leitfaden, der sich Ihnen bieten kann, wenn Sie mehr über das Ganze herausfinden möchten.

Kryon spricht

S eid gegrüßt, meine Lieben. Ich bin Kryon vom Magnetischen
Dienst.

Die nächste Stufe liegt unmittelbar vor Euch. Die Große Veränderung wird jenen Wechsel der Energie erfordern, von dem wir gerade zu sprechen begonnen haben. Ihr denkt vielleicht, dass die Veränderung etwas sei, was mit der Erde, den Regierungen, dem Wetter und den Wirtschaftssystemen geschieht. Aber Tatsache ist, dass die Veränderung für *Euch* geschieht und dass *Ihr* es seid, die am meisten von ihr betroffen sind. Die Veränderung ist der »Punkt der Entscheidung«, von dem so oft die Rede war und der die Zukunft des Planeten verändern kann. Bei diesem Prozess wird der Mensch aufgerufen, aufzuwachen und die Potenziale zu erkennen, die darin liegen, doch tatsächlich die DNS zu verändern, die den Kern seiner Akasha-Chronik bildet und Veränderungen auf der Quantenebene hervorbringt. Also lautet die jetzt anstehende Aufgabe, auf die Quantenebene zu gelangen, und das verlangt ein Umdenken im Hinblick auf alles, was auch immer sich auf Eurer linearen Zeitlinie befand.

Wozu seid Ihr hier? Bleibt es wirklich auf Gedeih und Verderb bei dem, was Euch aus dem Spiegel entgegenblickt? Könnt Ihr den Alterungsprozess des Körpers steuern? Könnt Ihr Krankheit und gesundheitliche Störungen ausbremsen? Alles, was ich hier aufzähle, lässt sich auf der Quantenebene viel besser verstehen … auf genau der Ebene, der mehr als neunzig Prozent der Chemie Eurer DNS zugeschrieben werden, denn innerhalb der DNS-Schleife finden sich nur vier Prozent, die linear sind. Die restliche Chemie besteht in den Anweisungssätzen, die derzeit durch die Veränderung, die Euch bevorsteht, aktiviert werden. Diese scheinbar zufällige chemische Signatur ist die Richtantenne für die Veränderungen auf diesem Planeten gewesen – und für eine besonders tief greifende Veränderung im menschlichen Körper. Eure DNS ist heilig, und vieles von ihr ist zwar linear sichtbar, verstehen kann man es aber nur aus der Quantensicht. Mehr als neunzig Prozent der chemischen Bausteine warten darauf, neue Anweisungen zu empfangen!

Mit der Verlagerung des Gitternetzes und der abnehmenden magnetischen Energie des Planeten geht nicht nur ein Klimawandel einher. Auch das Bewusstsein verändert sich, und das erlebt Ihr gerade. Statt einfach nur Beobachter zu sein, habt Ihr nun die Möglichkeit, die Früchte eben dieser Veränderung zu ernten, die ihr damals bei der Harmonischen Konvergenz 1987 ausgelöst habt. Der Zeitpunkt ist der richtige, und diese Information erhält man derzeit von vielen intuitiv Begabten auf der ganzen Erde. Höhere Potenziale der DNS werden geweckt, und nach und nach treten die Geschenke in Erscheinung, die Spirit bereithält.

Ist angesichts all dessen auf einmal Frieden erreichbar? Könnt Ihr dadurch Eure biologische Uhr verlangsamen? Könnt Ihr Dinge ausschalten, die Ihr für bleibende Blockaden in Eurem Leben gehalten habt? Und könnt Ihr gesünder werden, als Ihr es in Eurer Jugend jemals wart? Genau das verheißt Euch Spirit. Und es steckt auch in den Informationen, die wir Euch seit nunmehr fast zwanzig Jahren zukommen lassen. Ein Großteil Eurer DNS stammt aus der Quantenwelt, und dennoch seid Ihr seit Äonen linear. Es wird Zeit, nach und nach chemisch das zu aktivieren, was dort die ganze Zeit über geschlummert hat. Dazu ist die Große Veränderung da!

Gesegnet ist der Mensch, der dieses Buch ernst nimmt, statt es nach flüchtiger Lektüre wieder wegzulegen. Geht davon aus, dass viele Informationen darin eine tief gehende Veränderung der Menschheit einläuten.

Und so ist es.

I

Der Mensch als holografisches Gebilde

Ich glaube, der nächste wichtige Punkt, den wir erst einmal alle verstehen müssen, ist unsere holografische Natur. Ein Hologramm bedeutet vor allem eine Ansammlung von Informationen, aber was mich fasziniert, ist, dass wir ein Hologramm nehmen und in Stücke zerteilen können, und selbst der kleinste Teil trägt immer noch die gleichen Informationen in sich. Wir können es in winzige Bruchstücke unterteilen, wenn wir möchten – es ist weiterhin alles da. Das Ganze ist stets auch im Einzelnen enthalten. Da wir folglich ein Stück des Universums sind, würde das bedeuten, dass wir Zugang zu sämtlichen Informationen haben, die in das Universum eingebettet sind.

Ich weiß, dass mein Kommentar dazu, was ein Hologramm ist, wohl nur eine reichlich grobe Beschreibung liefert, und dass das alles in seiner Komplexität wahrscheinlich noch viel umfassender ist, aber stimmt das so einigermaßen?

Sei gegrüßt, meine Liebe.

Hier sind wir wieder, auf Deinen Wunsch, um Dir Antworten zu geben, die Euch durch meinen menschlichen Partner seit zwanzig Jahren übermittelt werden. Wir geben sie in Liebe, so gut wir es durch diesen tiefen Schleier dimensionaler Unterschiede können.

Du fragst, ob die obige Aussage einigermaßen stimmt. Die Antwort lautet, dass sie stimmt, wenn man von dem ausgeht, was sich Eurer Wahrnehmung erschließt in der Dimension, in der Ihr Euch befindet. Euer Quantenhologramm ist als der Teil Gottes zu verstehen, den Ihr auf Erden tragt, aber es lässt sich nicht wirklich verstehen und sollte auch nicht verständlich sein. Vielmehr gilt es, Euer Hologramm zu würdigen und es Euch, so gut Ihr das innerhalb Eurer 3D-Erfahrung könnt, zunutze zu machen.

Ihr seid rasant dabei, an den Punkt zu gelangen, an dem ein wirkliches Verstehen dessen, was die neue Energie Euch bringt, wirklich nicht möglich ist. Wir sind uns über die Neigung des menschlichen Verstandes im Klaren, zu glauben, er könne über alles Beliebige nachdenken. In Wirklichkeit ist er aber auf die Dimensionalität beschränkt, in der er sich seinem Glauben nach befindet. Denkt also über gedankliche Höhenflüge, was auch immer Ihr möchtet – es bleibt dabei, dass ihr Euch die Dinge, die Ihr Euch nicht vorstellen könnt, eben nicht vorstellen könnt. Und dennoch wird Euch abverlangt, Euch Derartiges zunutze zu machen, was Ihr nicht wahrnehmen könnt, und zu versuchen, es zu verstehen.

Eigentlich verhält es sich hier nicht anders als bei vielen technischen Geräten, die Ihr benutzt, ohne so recht zu wissen, wie sie funktionieren. Ihr verbraucht jede Menge Energie, aber die meisten von Euch haben keine Ahnung, wie sie erzeugt wird. Ihr seht die Maschinen und die Einrichtungen, aber wie viele von Euch verstehen wirklich etwas von mehrphasigem Strom? Ihr verdankt ihn einem sehr klugen Kopf, und er war der Einzige auf dem Planeten, der wirklich unkonventionelle Wege beschritt und Euch auf die Idee mit dem mehrphasigen Strom brachte. Diese Idee des Push-Pull-Prinzips ist nicht linear, nur ein konzeptionell denkender Mensch konnte darauf kommen. Seit damals schon wird es genutzt, aber die meisten von Euch haben keine Ahnung, was mehrphasiger Strom eigentlich bedeutet oder wie er produziert wird. Das hält Euch jedoch nicht davon ab, ihn in vollem Umfang nutzen zu können. Heute seid Ihr von ihm abhängig.

Es gilt also, sich darüber im Klaren zu sein, dass das menschliche Hologramm – oder Höhere Selbst – existiert. Doch wird Spirit nie von Euch verlangen, dass ihr es komplett versteht. Stattdessen möchten wir alle, die dies lesen, dazu anregen, zu würdigen, dass es da ist, und mehr und mehr davon Gebrauch zu machen. Das ist schwieriger, als Ihr denkt, denn es verlangt von Euch, beispielsweise auf intuitive Eingebungen und auf Energien zu vertrauen, die aus Euch selbst kommen und von denen Ihr gar nicht wusstet, dass Ihr sie habt. Darin liegt die wahre Herausforderung für Lichtarbeiter in diesem neuen Zeitalter. Ihr müsst Euer Gewahrsein dafür verändern, wer Ihr zu sein glaubt.

Fehlt an meiner Aussage etwas Wichtiges?

Ja, in der Tat ... ein sehr bedeutsamer Punkt. Euer menschliches Hologramm umfasst auch die »Du«-Anteile von Euch, die sich auf der anderen Seite des Schleiers befinden und darauf angelegt sind, dass sie eine Wechselbeziehung mit dem Quantensystem unterhalten. Ihr denkt, selbst in Eurer Verkennung dessen, was es mit dem Hologramm auf sich hat, dass es wohl irgendwo hier auf der Erde um Euch herum sei. In einem Quantenzustand gibt es aber keine Entfernung und keinen Ort für etwas. Alles *ist* einfach nur. Deshalb nehmt Ihr diesen Teil von Euch, den Ihr abgespalten habt, als Ihr auf die Erde kamt, nicht bewusst wahr – den Teil, der weiterhin auf der anderen Seite des Schleiers bleibt. Dieser ist ein überaus aktiver Teil des ganzen Systems, das *Euch* ausmacht, und Ihr seid noch nicht so weit, es zu begreifen.

Damit komme ich zur nächsten Frage ...

2

Befreiung von der Illusion durch Verstehen unserer holografischen Natur

*D*ie *physische Welt, die wir erfahren, ist im Wesentlichen ein Trugbild, das von der holografischen Natur der Materie geschaffen wird. Ich würde das an dem Bild klar machen, dass unser Bewusstsein wie ein Laserstrahl kohärentes Licht ist. Und wir, die Menschheit als Ganzes, haben uns alle dafür entschieden, die Linse unseres Bewusstseins zu halten, so dass wir alle zusammen genau das Gleiche sehen, durch dieses Licht.*

Wenn das so ist, brauchten wir doch nur, um aus der Illusion des Ganzen herauszukommen, den Brennpunkt unserer Linse zu verstellen. Wir müssen nicht das Gleiche sehen, was der Rest der Welt sieht. Diese Illusionen werden von dem erschaffen und aufrechterhalten, worauf wir unsere Wahrnehmung fokussieren. Aber ich denke nicht, dass das Herauskommen aus der Illusion sich einfach so machen ließe, indem wir uns durch unser Denken davon befreien. Es muss meiner Meinung nach von einer tiefen Ebene des Bewusstseins ausgehen, und das verlangt eine ganz besondere Art von Ausrichtung oder sehr konzentrierter Intention – vielleicht ist es sogar eine Mischung von beidem ... eine nachdrückliche Ausrichtung des Gewahrseins auf einen Punkt.

Kryon, ich verstehe ja, dass wir das tun müssen, aber ich tue mich schwer damit, klar zu sehen, wie das gehen soll. Ich würde meinen, dass dabei das Gehirn und das Nervensystem beteiligt wären: Müssen wir unser Nervensystem entsprechend schulen, damit es diesen veränderten Zustand der Wahrnehmung mitbekommt?

Ja, müsst ihr, und das ist eine Einsicht mit viel Tiefgang. Es muss mit einem Umdenken beginnen, und zwar beruhend auf Dingen, die unsichtbar sind und die Ihr nicht versteht. Einigen von Euch ging es so, dass ihre Fantasie beim Aufbruch auf diese Reise schon ziemlich gefordert war, ausgehend von dem, was man Euch immer gesagt hatte. Ihr musstet Eurem Gehirn und Nervensystem erst einmal beibringen, dass es da Energien gab, die darauf warteten, gefühlt zu werden, und dass es eine Elternenergie, Gott, gab, die nicht nur in Euch war, sondern auch außerhalb von Euch. Diese beiden warteten auf eine Rückverbindung ... zu der es nur mit Eurer gezielten Absicht kommen könnte, über das hinauszugelangen, was Ihr für die Realität hieltet.

Erinnert Ihr Euch, wie Ihr, als Ihr zu meditieren begannt, anfangs nichts gespürt habt? Viele um Euch herum gelangten dabei in höhere Sphären und kehrten mit einer solchen Wahrnehmung der Dinge und einem solchen Frieden zurück ... und Ihr? Es brachte Euch nicht viel, und Ihr wolltet das ja nun wirklich keinem gegenüber zugeben. Vergesst nicht: Ich weiß, wer diese Worte liest!

Nach einer Weile jedoch kann jeder von Euch die Energie von Spirit um sich herum spüren. Ihr trainiert regelrecht Eure Wahrnehmung (Euer Gehirn und Nervensystem), damit sie die Existenz dieser Energien in Eurer Wirklichkeit zulassen. Ihr verändert das Hologramm dahingehend, dass es innerhalb Eurer Bewusstseinssphäre mit einem Mal auch Dinge einbezieht, die noch nie zuvor da waren. Also frage ich Euch: Was ist dabei eigentlich passiert? Sind diese Energien denn neu? Habt Ihr sie geschaffen?

Die Antwort ist: nein. Sie waren schon immer da. Deshalb seid Ihr jedes Mal, wenn Ihr meditiert und Worte wie diese lest, auf Entdeckung gepolt. Habt Ihr Euch schon einmal gefragt, was es sonst noch gibt, bei dem Ihr Euch noch nicht erlaubt habt, es zu spüren oder klar auszumachen? Was ist mit der Meisterschaft? Genau so etwas tritt ein, wenn Ihr erlaubt, dass das Göttliche in Euch zum Vorschein kommt.

Sind wir dazu auf der jetzigen Stufe überhaupt in der Lage? Wenn wir uns hier vorwärtsbewegen könnten, könnten wir natürlich auch aus der Dualität herauskommen.

Wir sollten wohl für das Buch einmal definieren, was *aus der Dualität herauskommen* eigentlich bedeutet. Schließlich geht es ja bei der Energie des hier Geschriebenen darum.

Dualität, das sind die energetischen Gegensätze, mit denen Ihr auf die Welt kommt. Sie ist etwas absichtlich Eingerichtetes, speziell so konzipiert und der Kern der Prüfung, die Euch in jedem Leben erwartet. Sie steht für Dunkles und Licht in dem, was einen jeden Menschen ausmacht. Vorgegeben ist sie für Euch durch die Geschichte der Schwingung des Planeten, die der Mensch im Laufe der Zeitalter erzeugte. Dualität ist für Euch alle angemessen und in ihrem Schwingungsverhältnis immer sehr stabil gewesen. Jetzt aber tritt sie stark in den Hintergrund, weil Ihr hier in diesen Veränderungen rund um die neue Energie steckt. Auch bei der Dualität beginnt sich etwas zu verändern, nämlich das Verhältnis von Dunkelheit zu Licht.

Im Jahr 1989 erzählten wir Euch von der Möglichkeit, Eure karmischen Spuren unwirksam zu machen. Damit begann der Austritt aus einer alten Dualität. Karma ist der Prozess, bei dem im menschlichen Leben eine Energie erzeugt wird, die Unerledigtem Rechnung trägt. Sie sorgt für einen Lebenssinn und Leidenschaft und fordert Euch gebührend. Alles das bietet Euch Gelegenheiten, zu wachsen und energetische Rätsel zu lösen. Aber es handelt sich um einen sehr alten Prozess, der automatisch abläuft. Der einzelne Mensch hat dabei keine Wahl. In vielen Eurer uralten Glaubenssysteme ist von Karma und vom Sinn im Leben die Rede. Das ist Bestandteil eines uralten Systems, und viele Jahrtausende lang ist es so gelaufen.

Jetzt betritt der neue Mensch die Bühne, in einem neuen Zeitalter, in dem das dynamische Hologramm der Erde sich verändert. Die Große Veränderung, wie Ihr sie nennt, ist eine Neuprogrammierung des Hologramms der Erde, des Menschen, der menschlichen Natur und sogar der Zukunft des Planeten. Deshalb verändert sich das System derzeit. Täuscht Euch aber nicht: Karma wird für jeden Menschen immer die Ausgangsenergie sein. Dann gibt es noch die Dualität, aber Ihr alle habt die Wahl, dieses Karma zu beseitigen – die Dualität hinter Euch zu lassen und Euch anderem zuzuwenden.

Ich verrate Euch, dass wir anfangs, als ich gerade erst begonnen hatte, durch meinen Partner zu sprechen, von einem sogenannten

Implantat sprachen. Mein Partner sagte mir damals, dass das Wort unpassend sei und man besser ein anderes verwenden sollte. Aber wir benutzten es dennoch, absichtlich – denn es bedeutete, dass Ihr Euch erlaubt, in Euch selbst die Energie eines karmafreien menschlichen Bewusstseins und einer veränderten Dualität zu implantieren. Also begannen wir vor zwanzig Jahren darüber zu reden, und heute wisst Ihr warum, denn es bedeutet, aus der Dualität herauszukommen, die mit der alten Energie verbunden war.

Die Dualität wird immer da sein. Aber viele von Euch lernen derzeit, sie so vollständig unwirksam zu machen, dass sie wie ein alter Schuh ist, der ungetragen in der Ecke herumliegt. Er gehört Euch noch immer, und gelegentlich fordert er lautstark, wieder einmal getragen zu werden. Aber Ihr habt gelernt, dass er keine Gewalt über Euch hat – und Ihr wisst, wie Ihr ihn zum Schweigen bringt. Ein Großteil der Menschheit versteht sich allerdings nicht darauf und lässt sich tatsächlich davon leiten oder sogar gängeln.

Die Antwort lautet also, dass Ihr derzeit in der Tat dabei seid zu lernen, wie Ihr eine Realität unwirksam macht, die zur Unterstützung der alten Spuren Eures Karmas geschaffen worden war. Ein Großteil der Menschheit steht noch immer an dem Punkt mit dieser alten Energie und bleibt dort vielleicht auch. Dagegen ist nichts einzuwenden; es steht den betreffenden Menschen frei. Und doch können weniger als 0,5 Prozent der Menschen, die diese Dualität unwirksam machen, so Licht für den Rest der Welt erzeugen. Das hat dann Auswirkungen auf alles, denn wenn das Licht angeht, bekommen selbst diejenigen, die sich in der alten Energie aufhalten, zu sehen, was Jahrhunderte lang verborgen war.

So ist es eben mit dem Bewusstsein der breiten Masse: Es müssen nicht alle glauben, was Ihr glaubt, aber man kann den Dämon sozusagen nie wieder in den Kasten zurückstopfen. Mit anderen Worten: Wenn die Menschheit einmal einen besseren Weg sieht, neigt sie dazu, ihre eigene Energie rund um das Thema Veränderung zu erschaffen. Betrachtet es einmal so: Der Leuchtturm sendet sein Licht aus, und Hunderte von Schiffen ändern den Kurs. Keines dieser Schiffe muss dabei ein Leuchtturm sein. Sie sind davon abhängig, dass der Leuchtturm ihnen den Weg zeigt, und damit verändert sich

alles. Sie steuern einen besseren Kurs, der sie von den Felsen weg-
führt. Ein Leuchtturm, viele Schiffe.

Vielleicht benötigt das Universum auch einen Ort wie diesen, um seine Evo-
lution zu durchlaufen. Braucht Ihr auf der anderen Seite uns, um zu erfahren,
wer ihr wirklich seid? Ist diese Erfahrung Bestandteil der Erschaffung eines
neuen Hologramms vom Universum?

Wieder ein höchst tiefgründiger Ausdruck Deines Erkenntnisvermögens. Hat das, was Ihr als Menschen tut, Auswirkungen auf etwas Ge-
waltigeres als Euch? Könnte Euer Werk hier auf der Erde der Vorläufer
zu etwas sein, das regelrecht das Universum verändern könnte? Die
Antwort lautet Ja, und ich spreche mit Euch schon seit über zwanzig
Jahren darüber. Was Ihr hier tut, hat Einfluss auf alles. Wenn dies der
einzige Planet des freien Willens ist, habt Ihr Euch dann je gefragt,
warum? Habt Ihr schon einmal die Möglichkeit durchgespielt, dass
der Planet aus einem Grund hier ist, der größer ist als er selbst?

Sagen wir einmal, das Hologramm, das gerade entsteht, dreht sich
um Quantenenergie. Sagen wir weiter, da es sich um eine Quan-
tendimension handelt, kann man das, was zum Universum gehört,
nicht von dem trennen, was zu einem göttlichen Menschenwesen
gehört. Sagen wir deshalb auch, dass alles, was sich auf diesem Planeten ereignet, etwas verändert, das ihr nicht wahrnehmen könnt, das
aber überall ist. Sicher wird es wieder jene geben, die dem entgegen-
halten: »Schön, Kryon, dann mal heraus mit der Sprache! Warum so
um den heißen Brei herumreden?« Wenn Ihr das Haus verlasst und
der Hund ist traurig, könntet Ihr ihm erklären, dass Ihr nur kurz ein
paar Besorgungen machen müsst. Ihr könntet die Namen der Läden
nennen, die Ihr aufsuchen wollt, und ihm sagen, um wie viel Uhr
Ihr wieder da sein werdet. Aber der Hund wäre von seinem Verstand
her nicht in der Lage, die Sache mit Euren Besorgungen zu verstehen, und er kennt die Uhr nicht. Alles, was er will, ist Eure Energie.
Wenn Ihr dann zurückkommt, tut er so, als wäret Ihr jahrelang weg
gewesen! Da ist sein Verstand eben etwas einfach gestrickt.

Der Mensch hat das Gefühl, nichts gehe über den menschlichen
Verstand. Er sagt: »Ich bin das einzige Tier auf dem Planeten, das über

sein eigenes Dasein reflektieren kann. Deshalb sind meinen Gedanken keine Grenzen gesetzt.« Das ist schlechterdings nicht wahr. Ihr
stellt zwar den am höchsten entwickelten Verstand auf dem Planeten dar, aber wohl kaum den höchstmöglichen. Darin liegt oft ein
Schwachpunkt bei Euch: in dieser Idee, Ihr könntet Euch aus Euren
eigenen intellektuellen Schubladen herausdenken. Ihr könnt es aber
nicht mehr, als der Hund es konnte. Der Prozess, der sich dabei in
ihm abspielte, hatte von vornherein seine Grenzen, und das gilt auch
bei Euch. Überall um Euch herum ist offensichtlich, dass es Ebenen
des Erkenntnisvermögens gibt, aber Euer eigener Prozess kommt
plötzlich bei den Bewusstseinsebenen gar nicht mehr vor. Ihr seht
ihn als das absolute Sahnehäubchen, die Krönung. Aber er ist einfach nur *eine* Ebene von vielen.

Wenn Euch das klar wird, werdet Ihr offen für die Frage: Wie kann
ich die Weiterentwicklung meines Daseins und meines eigenen Wahr-
nehmungsprozesses beschleunigen? Dann beginnt für Euch eine Quan-
tenreise, denn der nächste Schritt bei Euren intellektuellen Unterfan-
gen ist der, der die Brücke zwischen den Dimensionen schlägt.

3
Veränderungen
in unserem Gehirn

*I*n einem Buch habe ich einmal gelesen, dass diejenigen, die sich von ihrer
rechten Gehirnhälfte leiten lassen, künftig die Welt regieren werden. Bei
näherem Nachdenken musste ich dem vollkommen zustimmen. Wir kommen
derzeit in eine neue Ära, in der Qualitäten, die mit der rechten Gehirnhälfte
in Verbindung stehen – etwa das Künstlerische, Einfühlungsvermögen, Ge-
schichtenerzählen, Bedeutung und Sinn in dem, was wir tun – in unserem
Leben viel wichtiger werden. Der eher lineare, logisch denkende Teil des Gehirns, der mit Zahlen, Recht und Technik zu tun hat, wird in den kommenden
Jahren weniger von Bedeutung sein als die rechte Gehirnhälfte.

Das Zeitalter der Konzeptionen, in das wir jetzt eintreten, ist vielmehr
unsere Zeit. So lange galten Leute, bei denen die rechte Gehirnhälfte domi-
nierte, als irgendwie abgedriftet, und man sagte, sie schwebten auf Wolke
sieben, wären so eine Art Hippies. Bei vielen herrschte der Glaube vor, wer
so gestrickt sei, aus dem würde nie etwas wie sollte man sich denn so seinen
Lebensunterhalt verdienen? Jetzt nimmt man uns ernst ... endlich. Ich sehe
überall Kreativität. Ich habe heute so viele Ideen, dass ich ein Diktiergerät
dabei habe und alle Ideen aufzeichne, die mir in den Sinn kommen. Sie
strömen nur so aus mir heraus.

Ganz nebenbei: Qualitäten dieser Art kann man nicht »outsourcen«. Wir
können Kreativität, Leidenschaft oder heilende Eigenschaften nicht irgend-
wohin auslagern, da sie für jeden und jede von uns einzigartig sind. Wenn
ich mir das so ansehe, werden ja gerade viele Jobs, bei denen die linke Gehirnhälfte gefragt ist, in andere Länder ausgelagert! Nicht wenige verlieren
so derzeit ihren Job.

Viele von uns wollen aber nicht einfach irgendetwas tun. Es soll etwas Sinnvolles sein. Wir wollen nicht einfach einen Job – wir wollen einen Job, der uns Spaß macht und der das Beste in uns zutage fördert. Wir wollen auch nicht einfach nur etwas von unserem eigenen Reichtum abgeben, sondern wir wollen, dass die richtigen Menschen oder die richtige Organisation etwas davon abbekommen.

Gibt dieses Bild gut wieder, was sich heute im Hinblick auf unser Gehirn tut? Geschieht das aufgrund der Energie, der Veränderung in unserer DNS und dergleichen? Wovon genau wird das ausgelöst? Ich glaube, unser Gehirn macht derzeit seine eigene Große Veränderung durch.

Am besten seht Ihr, wie das funktioniert, wenn Ihr Euch Euer eigenes Szenario in Nordamerika betrachtet. Mit zunehmender Entwicklung und Reife Eurer Kultur verlagerte sich das Gewicht von der linken zur rechten Gehirnhälfte, was Produktion und Handel anbelangt. So gab es zum Beispiel ja eine Epoche, wo Ihr alle Euren eigenen Stahl hergestellt habt. Heute tun das andere für Euch. Und das gilt für einen Großteil der Fertigung. Heute sind es andere, die Eure Kleidung, Eure Autos und anderes herstellen, wovon Eure Industrie einmal gelebt hat. Was wird heute bei Euch produziert? Geistiges Eigentum. Die Software, die Ideen, die Forschung und die Artikel, die dem Menschen ein besseres Leben ermöglichen. Die Jobs in der Fertigung sind heute verschwunden – auf dem Vormarsch sind zunehmend diejenigen, bei denen eher die rechte Gehirnhälfte gefordert wird.

Das ist ein Makrokosmos von dem, was Du zum Mikrokosmos Eures innerlichen Daseins gesagt hast. Ihr seid auf dem Weg zu Qualität statt Quantität, Sinn statt Routine und wollt einen Grund haben, für den es sich zu leben lohnt. Das ist der Punkt, an dem sich die alte Energie wirklich von der neuen unterscheidet. Ihr gelangt an den Übergang von einer Dimension zur nächsten.

Eines der besten Beispiele für diese Qualitäten ist aus meiner Sicht die Wahl von Barack Obama im Jahr 2008. Er ist mit Sicherheit einer der begnadetsten Geschichtenerzähler, die ich jemals erlebt habe.

Man bekommt von allen Seiten so viele Informationen, dass es heute nicht mehr nur darauf ankommt, auf welchem Weg wir Informationen erhalten, sondern auch, wie sie uns vermittelt werden und welche emotionale Wirkung sie auf uns haben. Und das war von meiner Warte aus die größte Qualität von Obama: dass er einen Kontakt zu den Menschen herstellte – nicht nur in den Vereinigten Staaten, sondern auf der ganzen Welt. Wir fühlten uns seinem Traum verbunden, und wir dachten wirklich: Ja, das schaffen wir. Er war so gut darin, seine Botschaft herüberzubringen, dass wir ihm glaubten – er inspirierte Millionen Menschen. Er hat Visionen, und jetzt denkt man auf der ganzen Welt, dass »Yes, we can« eine wirkungsvolle Botschaft ist. Es sind nicht nur Worte – es sind Worte, die eine Bedeutung haben, und die Bürger haben sie gehört, weil sie reif waren für eine Veränderung.

Kryon, ich würde von Dir gerne etwas zu den Auswirkungen dieser Wahl nicht aus der dreidimensionalen, sondern aus der multidimensionalen Perspektive hören. Ich bin sicher, dass sie so viel bewirkt haben muss, dass bestimmt die Energie des Planeten auf eine höhere Ebene gelangt ist.

Eines nach dem anderen. Lass uns zuerst einmal klarstellen, dass Spirit Eure Politik egal ist. Spirit hat diesen Mann nicht ins Amt geholt – es waren die Bürger der Vereinigten Staaten, aus vollkommen freiem Willen. Dabei haben sie sämtliche Regeln übertreten, die die alte Energie ihrer eigenen Kultur vorgab. Seit Gründung der Vereinigten Staaten war Rassismus immer ein Thema gewesen. Bei den Auseinandersetzungen des Bürgerkrieges ging es um diesen Punkt, und vierzig Jahre später erließ man Gesetze dagegen. Und dennoch stirbt das Alte nicht so schnell aus, es wird von einer Generation an die nächste weitergegeben. Fragt die Farbigen. Rassismus gibt es auch heute noch.

Aber es ist etwas passiert, was das Bewusstsein der breiten Masse spiegelt – etwas, das wir sogar vorhergesagt haben. Es gibt keine andere Erklärung dafür, wie ein Schwarzer es schaffen konnte, Präsident dieses Landes zu werden. Seine Wahl war fair und unstrittig. Viele aus den Südstaaten, ehemals Bastionen des Vorurteils, stimmten für ihn. Wie konnte es dazu kommen? Es gab Stimmen, die sagten, das würde nie geschehen, und doch ist es passiert. Was bedeutet das?

Es steckt darin eine historische Lehre in Bezug auf Hass und Vorurteile, und ich möchte sogar noch weiter ausholen, um etwas zur alten und zur neuen Energie klarzustellen. Die Probleme im Nahen Osten sind ein Beispiel für Jahrtausende unverrückbaren Hasses. Jede Familie bringt schon ihren Jüngsten bei, diejenigen zu hassen, auf die sich der Hass dort richtet. Die Folge ist, dass sich nie etwas ändert. Eine Generation stirbt, und die nächste wird geboren, und alles hasst weiter die gleichen Leute, die schon von den Eltern gehasst wurden.

Da ist so viel Hass, dass er in den Dialog der politischen Führer überschwappt und allen noch mehr gute Gründe liefert, weiter zu hassen. Das Ganze setzt sich immer weiter fort, und es hat scheinbar nie ein Ende.

Viele von Euch in Amerika haben vor einem halben Jahrhundert in einem Krieg gekämpft, bei dem der Feind Euch angriff und im asiatisch-pazifischen Raum einen Weltkrieg anzettelte. Auch dieser Feind war verhasst, und es gab Internierungslager für Menschen, die so aussahen wie er, und jede Menge öffentliche Hetze gegen seine Rasse und sein Land. Dieser Hass war heftig, und eine ganze Generation war involviert. Fragt Eure Eltern und Großeltern, wie man über diese Leute redete und wie man sie sah. Es war schon grässlich.

Und dennoch hat sich all das verändert, und das scheinbar über Nacht. Heute ist Japan so sehr mit Euch verbündet, dass im selben Moment, in dem es mit einem Eurer Wirtschaftssysteme bergab geht, das andere mitgezogen wird. Die Japaner sind heute Teil Eurer Kultur, und Ihr könnt nicht ohne sie. Sie sind keine Feinde mehr, sondern überaus geachtete Freunde. Es wird eifrig hin- und hergereist zwischen Euren Ländern, und Ihr tauscht Energien des Handels und Geschäftsverkehrs aus, als wäre nie etwas geschehen! Dabei geschah es vor gerade einmal zwei Generationen! Was ist geschehen, das dies ermöglicht hat?

Die Antwort lautet, dass die Japaner, als Japan unterlag und die Kriegsmaschinerie in diesem Land außer Gefecht gesetzt wurde, es Euch nicht übelnahmen. Ihre Kultur ist eine Kultur der Harmonie, und in dieser Kultur entspann sich Verständnis. Sie, die Besiegten, setzten den Hass nicht fort. Dieser Respekt wurde von Eurer Seite erwidert. Ihr konntet nicht anders, da ihr Licht Euch den Weg leuchtete. Ihr habt auch Euren Kindern nicht beigebracht, sie zu hassen.

Überlegt nur! Seht Ihr, wie die Kette des Hasses unterbrochen wurde? Alles, was dazu nötig war, war jemand, der den ersten Schritt tat und ein Bewusstsein erschuf, das den Hass nicht weiter aufrechterhielt. Das ist das Denken, das Teil der neuen Energie ist, und das war die Situation, in der Ihr es erstmals erleben konntet.

Nun zurück zu den US-Wahlen: Es hätte nie dazu kommen können, dass Barack Obama gewählt wurde, wenn in der Kultur Eures Landes kein Bewusstseinswandel stattgefunden hätte.

In der Tat, es waren inspirierende Worte, die die Menschen da zu hören bekamen, aber das war nicht der Grund dafür, dass Obama die Wahl gewann. Er ist schwarz, und wie seine Worte auch lauteten, in der Vergangenheit brachte man Millionen Menschen bei, einem wie ihm nicht über den Weg zu trauen. Und doch tat man es jetzt.

Ihr seht hier einen Beweis für die Veränderung bei Euch – Dinge, die in der Vergangenheit undenkbar gewesen wären, treten nun ein. Ihr sucht die Beweise für die Evolution Eures eigenen Bewusstseins? Da habt ihr sie! Sie kommt in Gang.

Jetzt zu denjenigen unter Euch, die mehr darüber wissen wollen, wer Obama sein mag. Hier ein paar Punkte, die Ihr Euch durch den Kopf gehen lassen könnt. Zunächst einmal spielt es keine Rolle, von welcher anderen Dimension des Universums er kommt. Es hat überhaupt keine Auswirkungen auf irgendetwas, denn Ihr seid allesamt Stücke von Gott, die aus Energien stammen, die Ihr Euch nicht einmal vorstellen könnt. Ihr könnt sie als Orte bezeichnen und sie glaubwürdig schildern, aber die meisten von Euch können sich nicht vorstellen, wie das alles wirklich funktioniert. Lasst es los, denn das ist kein Thema.

Was allerdings ein Thema ist, ist Obamas Geschichte auf der Erde. Dieser Mann hat Indigo-Eigenschaften. Er ist ein alter, ursprünglicher Indigo und wurde vor mehr als vier Jahren als solcher identifiziert, als er vor dem Kongress seine erste Ansprache an die Nation hielt, bei der ein Großteil der Welt ihn zu sehen bekam. Nancy Tappe, ein weiblicher Savant mit dem Sehvermögen einer synästhetisch begabten Frau, die »Indigo« erstmals als Farbe benannt hat, die für ein bestimmtes Bewusstsein steht, gab dies damals in ihrer Umgebung zu verstehen. Sie schrieb darüber ein Buch, das *Verstehe dein Leben durch Farben* heißt.*

Das erklärt einiges an dem, was Obama auszeichnet, denn betrachtet einmal die Kritiken während seiner Kampagne um dieses politische Amt. Diejenigen, die sich gegen ihn stellten, sagten ja, er hätte überhaupt keine Erfahrung! Doch wenn Ihr ihn saht, schien er zu handeln und zu sprechen, als hätte er jede Menge Erfahrung. Da war etwas an ihm, das Euch sagte: »In seinem Innern hat er alles, was er an Erfahrung braucht.« Das ist der klassische Indigo. Diese Menschen haben das Gefühl, schon viele Male an diesem Punkt gewesen zu sein. Die fehlende historische Erfahrung auf der dreidimensionalen Ebene scheint sie nicht zu stören. Deshalb gibt es derzeit so viele Probleme mit jungen Indigos, die jetzt ins Arbeitsleben starten. Sie wollen nicht ganz unten anfangen! Sie verhalten sich so, als hätten sie alles an Erfahrung, was sie brauchen, um sofort befördert zu werden.

Hier ein Hinweis zu Obamas Akasha-Aufzeichnungen. Er wurde in reiner Lemurier-Energie geboren. Hawaii ist ja der Ort, wo Lemurien begann und endete. Das ist kein Zufall. Ihr habt es mit einer alten lemurischen Führungsgestalt zu tun, die über das Bewusstsein des neuen Menschenschlags verfügt, der jetzt auf den Planeten kommt. Plötzlich habt Ihr einen Indigo als Präsidenten der Vereinigten Staaten! Und was habt Ihr geglaubt, wie lange das dauern würde? Wir haben Euch in einem Channeling vor ein paar Jahren von dieser Möglichkeit berichtet. Es war ein starkes Potenzial.

Nun schließlich zu einer unausgesprochenen Eigenschaft von ihm. Er ist nicht schwarz. Er ist eine Kombination von Weiß und Schwarz – für viele, die der alten Energie verhaftet sind, etwas noch Schockierenderes. Die Heirat seiner Eltern war in ihrem Bundesstaat sogar gesetzlich verboten, als sie diesen Bund eingingen. Ist Euch klar, was wir Euch da sagen? Obama steht nicht nur für eine neue Art des konzeptuellen Denkens, sondern er steht zudem für die Idee von

---

* Es erschien 2003 im Hirtz-Verlag: Nancy Anne Tappe, *Verstehe dein Leben durch Farben – Metaphysische Konzepte in Farben und Auras*. Für weitere Informationen und Bestellungen gehen Sie bitte auf www.c4u.ch/Spirit/Nancy/Literatur.htm. Dort finden Sie auch Seminarunterlagen der Autorin. – Der Verlag

Kulturen und Rassen, die zusammenkommen, um einen Menschen zu erschaffen, der nicht im Geringsten ein Ausgestoßener ist, sondern vielmehr der Anfang der neuen Art Mensch: eine Verschmelzung von Rassen und Ideen, einer, der nie Partei für die eine Seite ergreift, da er beide repräsentiert.

Wie ist es für einen Mann, so viel Liebe von Millionen Menschen zu empfangen? Wie wirkt sich diese Liebe auf seinen Energiekörper aus?

Er ist daran gewöhnt. Seine Akasha-Chronik riecht ganz danach, und er ist nicht das erste Mal an diesem Punkt. Von daher ist sein Hologramm so beschaffen, dass es diese Position voll und ganz versteht und nicht missbrauchen wird, es sei denn, er gleitet in die Dualität zurück – was ihm überlassen ist. Aber Indigos tun das nicht. Ihr Bewusstsein ist von großer Unabhängigkeit gekennzeichnet und von konzeptionellem Denken. Ein konzeptioneller Denker ist jemand, der über der Linearität der alten Verhaltensweisen steht. So jemand sieht diese nicht einmal.

Die größte Bedrohung für Obama wird von denen ausgehen, die ihn für seinen Optimismus und seine Integrität hassen. Es gibt welche, die ihn ausbremsen möchten, und sie kommen nicht unbedingt von außerhalb seines Landes. So wird er sein ganzes Leben lang aufpassen müssen, was sich hinter seinem Rücken und dem seiner Kinder abspielt. Seine Regierung weiß das und wird ihn schützen, so gut sie kann.

Viele Menschen fürchten das Licht, da es Veränderung hervorbringt. Veränderung ist für einen Menschen, der der alten Energie entstammt, das Allerschlimmste. Licht enthüllt die düsteren Machenschaften von Systemen, die zugunsten einiger weniger eingerichtet wurden und so gedacht waren, dass der Rest tun würde, was diesen wenigen dienlich wäre. Licht ist das, was die Wirtschaft der Vereinigten Staaten verändert hat, und von dort aus verbreitet es sich in alle Welt. Es ist dieses Zurückstutzen der Auswüchse, von dem wir Euch vor über einem Jahr erzählten. Und wir haben Euch ja sogar gesagt, dass es mit einer Versicherung anfangen würde. Das tat es dann ja auch.

Es ist das erste Mal in der Geschichte einer zweihundert Jahre alten Wirtschaft, dass man sich die Gier vorgeknöpft hat. Das bringt Herausforderungen für Euch alle mit sich, wird aber schließlich ein System erschaffen, das stärker ist als zuvor. So ist das beim Zurückstutzen. Gestutzte Bäume sehen völlig vermurkst und tot aus. Und dann schießt das Leben mit größerer Schönheit wieder in sie ein als je zuvor.

Um beim Thema zu bleiben: Ich mache mir Gedanken um die Bush-Administration und vor allem um George W. Bush, dem im letzten Jahr seines Mandats von so vielen Seiten so viele negative Emotionen entgegenschlugen. Das genaue Gegenteil von dem, was Präsident Obama entgegengebracht wurde. Ich kann mir nicht helfen – ich habe Mitgefühl mit diesem Mann, weil es für ihn sehr schwer gewesen sein muss.

Habe weiter Mitgefühl mit ihm. Er ist ein Paradebeispiel für einen Führer im Stil der alten Energie, der sich bis ans Ende seiner Tage im Recht fühlen wird. Aber er war zu einem Zeitpunkt Präsident, zu dem ein Bewusstseinswandel einsetzte, durch den fast alle merkten, wie sehr sein Verhalten der alten Energie entsprach. Er selbst konnte es nicht sehen und wird es auch nie. Hier habt Ihr ein Beispiel, das Euch etwas vor Augen hält, denn viele werden die neue Energie nicht sehen und gegen das Neue ankämpfen bis zu ihrem Tod. Das ist der Kampf, von dem wir vor Jahren sprachen - zwischen altem und neuem Denken.

Er wurde zunehmend wie der Hufschmied, der sich hervorragend darauf verstand, die Pferde zu beschlagen, und an dem nun die modernen Automobile vorbeirasten. Er mochte die Autos nicht, verstand sie auch nicht, und er war ein Reiter. Versteht Ihr? Er glaubte an das, was er für den richtigen Weg hielt, während andere ihn und sein Bewusstsein rasant überholten. Er bleibt einer der besten Hufschmiede, ein wahrer Künstler, aber das nutzt ihm nichts in einer Gesellschaft, in der man sich nicht mehr mit Hilfe von Pferden fortbewegt.

Es gibt noch zwei weitere politische Führer, deren Niedergang bald bevorsteht, und zwar aufgrund derselben Szenarien. Haltet die Augen auf. Sie haben in ihrem jeweiligen Land keine echte Demokratie, von daher wird ihr Untergang für sie noch härter werden. Aber es wird aus dem gleichen Gründen dazu kommen. Das sind die Potenziale, die wir sehen.

Ich denke, wir müssen uns in Erinnerung rufen, dass bestimmte Personen dazu da sind, uns aufzurütteln, und dass auch sie Teil des Plans sind. In diesem Sinne hat George W. Bush seine Sache natürlich gut gemacht, wenn es darum ging, das amerikanische Volk an einen Punkt zu bringen, wo es radikal etwas verändern würde. Aber gleichzeitig vermittelte er auch jedem anderen Land einen kleinen Eindruck davon, was für eine Regierung heute nicht mehr akzeptabel und was alles möglich ist.

Könntest Du auch auf diesen Aspekt näher eingehen?

Ihr könntet sagen, dass er einem Familienmitglied glich, das für Gewalt und Missbrauch bekannt ist. Diese Leute kommen irgendwann an einen Punkt, an dem sie eine solche Energie entfesseln, dass sie bei den Menschen enorm viel verändern. Einige hassen sie, andere gehen ihnen lediglich aus dem Weg, aber betroffen sind alle. Manche treffen dann ihretwegen Entscheidungen, die ihr ganzes Leben in bestimmte Bahnen lenken, und ja, einige finden durch sie sogar zur Spiritualität. Andere verzeihen ihnen sogar. [Kryon-Lächeln]

Ihr könnt also in der Tat sehen, dass das Ganze seinen Sinn hat. Ein Sinn des Ganzen ist der, dass Ihr in dieser Zeit, in der das Bewusstsein sich jäh weiterentwickelt, begreift, wie die alte Energie beschaffen ist. Den Vereinigten Staaten wurde all das vor Augen geführt, und man hat dort beschlossen, dass man so etwas nicht länger wollte. Aber macht Euch klar, dass George W. Bush nur das weiterführte, was jedes alte Bewusstsein getan hätte, wenn es an die Regierung gelangt. Er unterschied sich gar nicht so sehr von denen, die vor ihm kamen. Aber er kam während der Großen Veränderung ins Amt! Versteht Ihr jetzt?

4

Ein Wort an
die Amerikaner

Jetzt ein Wort an die Amerikaner zu etwas, was sie hören müssen: Ich entführe Euch einmal zehn bis fünfzehn Jahre weit in die Vergangenheit. Damals rang man sich – Amerika vorneweg – dazu durch, den damaligen Tabakfirmen den Kampf anzusagen. Die Bürger begriffen, dass diese Unternehmen moralisch nicht integer waren, wenn sie versuchten, Menschen – darunter sogar Kinder (!) – zu ködern und zum Konsum einer Droge zu verführen. Also wollte Amerika damit aufräumen, und das tat man dann auch.

Es wurden Gesetze erlassen, die sicherstellten, dass auf Zigarettenpackungen Warnungen aufgedruckt werden und über die Gefahren des Tabakrauchens aufgeklärt wird. Und diese Gesetze ermöglichten denen, die dieser Sucht noch nicht erlegen waren, den Erhalt ihrer Gesundheit. Jetzt konnten sie selbst prüfen, ob Rauchen zu verantworten war, und sie begannen sich dagegen zu entscheiden. Heute ist alles anders, oder? Was hat der Rest der Welt über das gesagt, was Ihr da tatet? Man hat gelacht! In Westeuropa hat man sich, als man mitbekam, wie das bei Euch gehandhabt wurde, davon abgewendet und gesagt: »Die albernen Amerikaner wieder. Komische Vögel.« »So weit kommt das hier nie«, verkündete man im Brustton der Überzeugung. Tja, begebt Euch heute dorthin, und Ihr findet die gleichen Gesetze vor wie bei Euch!

Warum erzähle ich Euch das? Ich erwähne diese Geschichte, weil Ihr so etwas auch jetzt gerade wieder tut: Ihr macht es möglich, dass mit etwas aufgeräumt wird. Zuerst hier und dann später in anderen

Wirtschaftssystemen auf dem Planeten. Das liegt daran, dass Ihr diejenigen seid, die diese Veränderungen als Erste durchführen können! Ihr habt ein System, das es erlaubt, *Missstände ungestraft offenzulegen*. Ihr habt ein System, das Euch erlaubt, zu sagen, was Ihr wollt, und dann zu prüfen, ob Dinge, die einmal als das galten, was Ihr »heilige Kühe« nennen würdet, denn wirklich koscher sind. Dazu gehörten auch die Tabakkonzerne, und bei Eurer Überprüfung fielen sie durch.

Integrität beginnt im gewöhnlichen Leben mehr und mehr eine Rolle zu spielen. Meine Lieben, heute steckt Ihr in einer Finanzkrise. Wir aber sehen es anders. Dieses Euer Land ist nicht in einer Krise – es wird nur gerade zurechtgestutzt. Was macht Ihr mit Bäumen, wenn Ihr wollt, dass sie besser wachsen und überleben? Ihr kappt Zweige, schneidet sie bis auf den Kern zurück. Hässlich! Dann schaut Ihr sie an und sagt: »Ich weiß nicht, ob das jemals wieder nachwächst.« Das tut Ihr doch, oder? Aber der Gärtnermeister weiß, dass man genau das tun muss. Er weiß, wenn sie dann wieder ausschlagen, sind sie schöner als zuvor, stimmt doch, oder? Größer als zuvor. Ihr seht sie an und ruft: »Wow, die Natur ist schon erstaunlich!«

Nun, lasst mich Euch etwas sagen, was ebenfalls erstaunlich ist. Das Prinzip der Integrität in der Wirtschaft wird, wenn es umgesetzt und angewandt wird und Gestalt annimmt, Eure Finanzsysteme schneller zum Wachsen bringen, als es je einer von Euren Kritikern für möglich gehalten hätte. Werdet ihr dasitzen und Angst davor haben? Stattdessen werdet Ihr vielleicht erkennen, dass Ihr *das System gerade von einigen Auswüchsen befreit habt*, und ihr werdet für diesen Winter einfach nur still dasitzen und beobachten, wie alles nachwächst, denn Ihr habt gerade das Unmögliche zuwege gebracht.

Auch diese Entscheidungen sind von Leuten aus dem Altherrenclub von vor zwanzig Jahren getroffen worden, die sagten: »Das Bankenwesen wird so und so laufen. Mit den Versicherungen wickeln wir das so und so ab. Auf diese Weise verdienen wir am meisten.« Ihr habt sie dafür jetzt zur Rede gestellt, und es wird nie, nie wieder so laufen wie gehabt.

Was dann als Nächstes geschieht, ist, ist dass sich das weiterverbreitet. Diese Integrität wird sich schließlich auch nach Europa ausdehnen und sogar bis nach China. Ihr pflanzt eine Saat an einem Ort, der

wie geschaffen für so etwas ist: in den Vereinigten Staaten. Genau dort
könnt Ihr Derartiges tun, und niemand ohrfeigt Euch deswegen. Das
war Bestandteil des Potenzials eben der gechannelten Dokumente
Eures Landes, die vor zweihundert Jahren erstellt wurden und Euch
diese Fähigkeit verliehen. Ihr zweifelt daran, dass sie gechannelt waren? Geht einmal hin und lest sie, wie Ihr sie in die Mauern der
Gedenkstätten Eurer früheren Präsidenten eingeätzt findet. Hütet
sie als etwas Kostbares. Ich habe noch nie zuvor so gesprochen. Das
System, das Ihr geschaffen habt, ist ein gutes System, denn es erlaubt
Menschen, ungestraft für sich selbst zu entscheiden. Wenn genügend
von Euch sich für das Richtige entscheiden, schaut sich der Rest der
Welt das an, und dann ändert man es auch dort.

Es ist schwer, was Ihr da tut, und es liegen noch genug schwere Tage
vor Euch. Wenn Ihr Euch mit mir zwanzig Jahre weit in die Zukunft
begebt, seht Ihr eine andere Art von Bankenwesen, eine andere Art
von Versicherungen, und das wird weltweit so sein. Es wird auf das
zurückgehen, was Ihr hier getan habt und wie Ihr es getan habt.
Was Ihr und Euer Kongress beschließen, ist in der Tat angemessen.
Habt Ihr es auch schon einmal aus dieser Warte betrachtet? Dies sind
aktuelle Informationen. Das ist das, was wir Euch sagen wollen. Bei
Eurer Situation geht es nicht darum, dass etwas scheitert. Wisst Ihr,
was gerade gescheitert ist? Die alte Energie ist gerade gescheitert. Der
Altherrenclub ist gerade gescheitert! Die Gier ist gerade gescheitert!
Was werdet Ihr also tun? Ihr solltet einen Luftballon aufblasen! Ihr
solltet eine Party steigen lassen! Kommt schon, feiert eine Rezessions-
party! Warum nicht? Schaut Euch die Wahrheit an. Schaut Euch an,
was wirklich passiert ist. [Kryon-Lächeln]

5
Quantenheilung

*Im vorangegangenen Buch, Die Große Veränderung, sprichst Du davon,
dass eine vierte Heilungsmethode kommen würde – nach Energieheilung,
Allopathie und alternativer Heilkunde. Damals hast Du sie nicht benannt,
aber heute weiß ich, dass es sich um Quantenheilung dreht. Meinen Lesern
zuliebe würde ich wirklich gerne besser verstehen, wie wir diese Quantenheilung vorantreiben können. Lee erklärte mir, dass es darum ginge, »die
entsprechende Energie in unseren Akasha-Aufzeichnungen in Anspruch zu
nehmen und darauf hinzuwirken, die Gesundheit zu erlangen, die wir in
einem anderen Leben hatten«! Das klingt für mich recht außergewöhnlich,
aber wenn Du anfängst, darüber zu reden, muss es ja wohl etwas sein, das
möglich ist oder kurz davor, es zu werden.*

*So wie ich diese Form von Heilung verstehe, haben wir, da wir unsere
Leben allesamt im Jetzt leben, statt nacheinander in der Vergangenheit und
Zukunft, auch Zugang zu allen Informationen aus einem der Leben, die
wir gerade leben.*

*Wenn das so ist, wäre es dann nicht so, als griffen wir auf unser eigenes
Hologramm zu?*

Ja, genau so ist es. Wenn Ihr interdimensional werdet, tragt ihr einige der Quantenattribute zusammen, die Euch schon immer eigen
waren. Zugang zu haben zu den Akasha-Aufzeichnungen ist eines
davon. Ihr müsst verstehen, dass es in einem Quantenzustand so etwas wie ein früheres Leben nicht gibt. Sie alle existieren im Jetzt.
Aber nur das, was sich gerade »obenauf« befindet, wird in der dritten Dimension erfahren. Dabei sind sie alle da und warten darauf,
genutzt zu werden. Ihr seht sie in der Zeit, als wären sie linear über-

einandergestapelt. Die Wahrheit ist, dass sie alle Teil der Suppe namens *Du* sind.

Gibt es derzeit einige Menschen, die dazu in der Lage sind?

O ja. Viele in uralten Glaubenssystemen tun das! Damit hast Du jetzt nicht gerechnet, oder? Aber die Buddhisten und Hindus und Sikhs sind mit die Ersten, die die neue Energie sehen und in ihr Leben integrieren. Sie verstehen die Szenarien früherer Leben besser als irgendein anderer auf der Ebene der dritten Dimension, denn sie arbeiten schon seit Jahrhunderten mit ihnen. Von daher hat man bei ihnen Prozesse, Meditationswerkzeuge und Konzepte parat, mit denen allen geholfen werden kann, wenn Ihr nach ihnen Ausschau haltet.

Wählen wir aus, aus welchem Leben wir auf etwas zugreifen möchten?

Nein, das geschieht automatisch. Ihr seid der Katalysator für die Absicht, die der zentralen Seelenenergie Eures Höheren Selbst erlaubt, auszuwählen, was Ihr braucht. Bezeichnet es von jetzt an als das, was es ist: das, was Euch in Eurem eigenen Körper von Geburt an gegeben ist. Es kann auch jede Krankheit diagnostizieren, Euch mit der Nase auf das Heilmittel stoßen und eine komplette Geschichte zu dem erzählen, was Ihr braucht. Viele beginnen jetzt, mehr und mehr davon Gebrauch zu machen. Es ist eine neue, interdimensionale Selbsthilfe.

Würde diese Art Heilung, wenn man so etwas tut, dann die Schwingung all unserer Leben erhöhen, egal, in welchem wir uns gerade befinden?

Im Grunde nicht. Weißt Du, gerade bist Du für einen Moment in Deinem Denken hier in die dritte Dimension zurückgerutscht, denn Du siehst sie als andere Leben. Sie *sind* aber das Hologramm, von daher bist Du unentwegt eins mit ihnen. Es gibt keine Trennung. Alles, was Ihr je mit Eurer eigenen Schwingung gemacht habt, beeinflusst auch das gesamte Hologramm. Stellt Euch also auch nicht vor, dass die Schwingung höher wird. Stellt Euch vor, dass das Ganze auf eine höhere Ebene kommt.

Ich habe das Gefühl, Du gibst uns eine Landkarte an die Hand, aber an diesem Punkt tun wir uns noch schwer, sie zu verstehen ... ein bisschen wie Michael Thomas in Deinem Buch Die Reise nach Hause.* *Wird die herkömmliche Medizin das akzeptieren? Klingt für diese Kreise doch ziemlich abwegig?*

Die herkömmliche Medizin wandelt sich ständig. Was früher üblich war, ist es heute nicht mehr. Erinnert Ihr Euch an die erste Herztransplantation? Die Kirche hatte heftige Einwände und warf die Frage auf, ob die Seele im Herzen des einen in einem anderen existieren könne! Viele wehrten sich aus solchen Gründen gegen das Verfahren. Heute ist das lachhaft und kommt uns wie Ignoranz vor, aber so lange ist das noch gar nicht her.

Die Medizin wird irgendwann alles akzeptieren, dessen Wirksamkeit sich beweisen lässt. Klappt das, und zwar ein ums andere Mal, wird die Ärzteschaft sich genauer damit befassen müssen. Vielleicht werden sie das mit den Aufzeichnungen in der Akasha-Chronik nie so akzeptieren wie Ihr, aber vielleicht erkennen sie stattdessen zunehmend an, dass der menschliche Körper sich selbst umformen und seine ureigenen Attribute auf eine Weise verändern kann, wie sie es nie für möglich gehalten hätten. Das wird das Zeitalter eines wirklichen Körperbewusstseins einläuten, und die Psychologen werden ihm einen Namen geben und sich einen Prozess dafür ausdenken.

---

* Lee Carroll, *Die Reise nach Hause, eine Kryon-Parabel*, übersetzt von Melina Taeuber, als Hardcover erschienen im Koha Verlag, Burgrain 2000. – Der Verlag

6

Die Sieben

Neulich bei einem Channeling sagten mir die Lichtwesen, ich solle eine bestimmte Übung sieben Tage lang durchführen. Später sagte mir eine andere Gruppe ebenfalls, ich solle eine Übung sieben Tage lang machen. Ausgehend davon kamen mir diverse Fragen zum Schwingungsaspekt der Zahl sieben, und zwar über die Numerologie hinausgehend. Dabei fand ich Folgendes heraus:

Die Sieben ist eine der wichtigsten Zahlen in unserer Geschichte. Sie erscheint überall. Wir haben sieben Chakren, und jedes Chakra weist die Schwingung der Sieben auf. Jede Zelle in unserem Gehirn hat die Schwingungsebene der Sieben, wie meine Recherchen zu zeigen scheinen, da wir in unserer Inkarnation die Schwingungsebene der Sieben haben. Jede Form von Leben weist, wenn man sie näher untersucht, eine Schwingungsebene auf, die der Sieben zuzuordnen ist. Auch habe ich oft gehört, dass eine Krankheit sieben Jahre lang in unserer Aura sein kann, bevor sie physisch in Erscheinung tritt.

Sieben ist die Ebene der Erschaffung der Höchsten Quelle. Alles Lebendige beruht auf der Sieben. Sieben ist eine multidimensionale Ebene. Wenn wir durch ein Portal hindurchwollen – ein Sternentor –, so müssen wir auf einer Schwingungsebene von sieben sein. Jede einzelne Dimension weist die Schwingung der Sieben auf.

Was ich aber am Faszinierendsten finde, ist, dass sieben auch eine Ebene der Manifestation zu sein scheint. Wenn wir uns auf die Schwingung der Sieben ausrichten, vergrößert oder beschleunigt es das Manifestieren um das Siebenfache. Es scheint, dass wir, wenn wir uns für nur sieben Minuten auf eine Schwingungsebene von sieben fokussieren könnten, in der Lage wären, einfach alles zu manifestieren.

Trifft es das, was die Schwingung der Sieben angeht?

Deine Vorstellung der Sieben als Energie vereinfacht einiges zu sehr und ist zu linear. Denk an das Hologramm, das nur Zahlen enthalten darf. Keine Zahl hat eigenständig eine singuläre Energie. Wo passt da also die Sieben hinein? Die Antwort lautet, dass sie Teil des Systems, der Numerologie ist. Keine Zahl hat für sich genommen eine singuläre Energie. Zahlen beziehen sich sehr stark aufeinander, etwa auf ihre Nachbarzahlen und die Zahlen, die mit ihnen zusammen verwendet werden. So ergibt die Sieben zusammen mit der Vier verwendet eine Elf. Vier ist erdend und Gaia-Energie. Von daher könnt Ihr sehen, dass Erdung (vier) plus Göttlichkeit (sieben) Erleuchtung (elf) hervorbringt.

Denkt also immer in Zahlengruppen und an das, was über und unter der betreffenden Zahl liegt. Das ist die wahre Quantennumerologie. Die wahre, zentrale Schöpfungszahl zentraler universeller Energien, darunter die gesamte Quantenmathematik, ist zwölf. Nun ist zwölf numerologisch betrachtet nicht einmal eine Zahl, also könntet Ihr fragen: Wie kann das sein? Sie verweist aber auf die anderen in Kombination. Denkt sie Euch als Göttlichkeit (sieben) plus Veränderung (fünf) oder als katalytische Energie (drei) neben Neuanfang (eins). Seht Ihr? Es ist nichts, was der dritten Dimension angehört! Es findet sich hier ein Kreis.

Denkt Euch also von jetzt an die Sieben als Modifikator von Energien, die *mit anderen Zahlen und Energien zusammenwirken*, um zu verbessern, was immer Ihr gerade untersucht. Darin verbirgt sich eine ganze Menge. Zum Beispiel sagst Du, dass es sieben Chakren gäbe. Eigentlich gibt es zwölf, aber Ihr seht nur die sieben, die in der dritten Dimension angesiedelt sind. Fragt Ihr Euch nicht, warum es zwölf Körpermeridiane und nur sieben Chakren gibt? Das liegt daran, dass es mehr Chakren gibt, als ihr meint. Es gibt im astrologischen System der Antike zwölf Häuser. Die Tonleiter umfasst zwölf Stufen, und es gibt noch zahlreiche weitere universelle Wahrheiten, die in das Zwölfersystem verpackt sind. Ich gebe Euch das nur zu bedenken, damit Ihr versteht, dass die Sieben nicht zentral für irgendetwas steht. Aber sie steht für die Göttlichkeit, die so viele von

Euch nun entdecken, von daher ist sie ein wichtiger Modifikator der Energie um sie herum. Sie plus elf ergibt die Zahl für das Volljährigkeitsalter. Die Zahl Achtzehn, die Ihr erhaltet, wenn Ihr die beiden addiert, ist die Zahl der Vollendung. Seht Ihr, wie das funktioniert? Das Ganze erzählt Euch immer eine umfassendere Geschichte als nur eine einzelne Zahl.

Könnte die Sieben eine wirkungsvollere Möglichkeit zur Manifestation bieten? Ist sie das fehlende Bindeglied?

Denkt Euch das ganze Manifestations-Szenario einmal anders: Die wahre Manifestationszahl ist die Acht, nicht die Sieben. Aber eine Acht kann Göttlichkeit (sieben) plus Neuanfang (eins) sein. Ihr habt also die Sieben als den maßgeblichen Teil gesehen, aber das war sie nicht, wirklich nicht. Sieh Dir noch einmal Dein eigenes Leben an. War es bei Dir nicht genauso, Martine? Du hast für Dich vor ein paar Jahren alles ausgereizt, was es zu entdecken gab, und mit Hilfe Deines göttlichen Selbst Neuanfänge geschaffen. Das Ergebnis war Manifestation! Du hast die Sieben benutzt, ohne die Eins zu sehen, und die Energie der Acht geschaffen. Erinnerst Du Dich an diesen Tag? Denke einmal nach. Auch das spielt sich wieder nicht in der dritten Dimension ab, von daher kann es nie darum gehen, sich auf diese Zahl zu konzentrieren oder auf eine andere. Denke quantenbezogen.

Kryon, ich habe auch gelesen, dass wir, wenn wir in der fünften Dimension sind, merken werden, dass wir multidimensional sind und sofortige Manifestationen erleben könnten. Wir werden an einem bestimmten Punkt stehen und alle Möglichkeiten sehen: Möglichkeit A, B, C oder D, und dann wählen wir die Erfahrung, die wir durchleben wollen. Trifft diese Aussage so einigermaßen das, was auf uns zukommt?

Es ist durchaus an der Zeit, wählerisch zu werden, aber nur, wenn Ihr Euch dafür entscheidet. [Kryon-Lächeln] Wenn Ihr wirklich auf der Quantenebene denkt, *gibt es so etwas wie die fünfte Dimension gar nicht.* Eure Realität sind vier Dimensionen: Höhe, Tiefe, Breite und Zeit. Wenn Ihr Euch auf die nächste dimensionale Ebene begebt, schaltet

Ihr das Lineare völlig aus, und es geht auf die Quantenebene. Auf der nächsten Ebene könnt ihr also nicht so vorgehen, wie Ihr es gewohnt seid. Es handelt sich nicht um einen Übergang von vier auf fünf. Im dreidimensionalen Denken bewegt Ihr Euch zur nächsten Ebene, aber im Quantendenken gibt es keine nächste Ebene – denn Ebenen, Schichten und Schritte existieren nicht. Auch Durchnummerieren und Zahlen existiert dort nicht, da sie ja linear sind! Deshalb könnt Ihr auf der nächsten Ebene nicht bis fünf zählen.

Versteht Ihr, was da auf Euch zukommt? Eure Denkvorgänge selbst beruhen auf 3D. Statt also den Gedanken zu haben, es ginge auf zur fünften Dimension (die gar nicht existiert), denkt wie folgt: eins, zwei, drei, vier ... alles! (Quanten). Sagt Euch einfach: »Du wirst interdimensional«, und versucht gar nicht erst, den nächsten Schritten Zahlen zuzuweisen. Das wird Euch helfen, aus Eurer voreingenommenen Sichtweise der Realität herauszukommen.

Nun aber dazu, wann dieser Prozess für Euch einsetzt. Gibt es überhaupt Alternativen? Die Antwort wird Euch nicht gefallen: Nein, die gibt es nicht, da Entscheidungen zwischen dem einen und dem anderen linear sind (A, B, C). Die tatsächliche Antwort lautet, dass alle Möglichkeiten und Potenziale erreichbar werden. Ihr entscheidet Euch nicht zwischen ihnen, sondern Ihr nehmt die Kombination von ihnen in Euch auf, und das wird Euch helfen, eine verbesserte Version des 3D-Geschöpfes zu werden, bei dem nun Quantenaspekte aktiviert werden. Wie? Die Euch innewohnende Energie (das Höhere Selbst) wird das alles für Euch tun, aber nur, wenn Ihr aus dem Weg geht und das Ganze nicht rein verstandesmäßig betrachtet. Es ist Zeit, damit zu verschmelzen.

7

Synchronizität und göttliche Intervention: Gibt es einen Unterschied?

Vor etwa sechs oder sieben Jahren hatte ich vor, an einem spirituellen Event auf einem Kreuzfahrtschiff teilzunehmen. Rund zwei Wochen vor meiner Abreise erhielt ich einen Anruf von einer Frau in Europa, die mich fragte, ob ich ein Buch mit dem Titel Unendliche Liebe* kenne. Ich sagte nein, ich würde es mir aber bestellen. Am Tag vor meiner Abreise erhielt ich dann einen weiteren Anruf, diesmal von einem Mann, der mich fragte, ob ich schon das Buch Unendliche Liebe gelesen hätte. Ich sagte ihm, dass ich mir das Buch gerade zugelegt hätte und es auf der Reise lesen wolle. An diesem Punkt wusste ich schon, dass da etwas im Busch war rund um dieses Buch.

Auf meiner Kreuzfahrt entschied ich mich in Jamaika zu einem Tagesausflug. Da ich diese Ausflüge zu Touristenfallen nicht mag, beschloss ich, allein loszuziehen und mich vor Ort umzusehen. Da war ich nun also und erkundete in aller Ruhe eine kleine, abseits vom Touristenstrom gelegene Seitengasse mit diesen kleinen Lädchen. Als ich mich in einem davon umsah, hatte ich das Gefühl, dass mich jemand recht eindringlich ansah und mir folgte. Zuerst dachte ich, dass der Mann, den ich daraufhin wahrnahm, mich einfach nur anmachen wollte, von daher ignorierte ich ihn mehr oder weniger. Nach einer Weile beschloss er wohl, auf mich zuzukommen, und dann ereignete sich folgende Szene:

---

* Glenda Green, Unendliche Liebe: Jesus spricht, übersetzt von Nayoma de Haën. Eine gebundene Ausgabe erschien 2002 im Koha Verlag; inzwischen liegt sie dort auch als Taschenbuch vor. – Der Verlag

»Hi«, sagte er.

»Hi«, gab ich zurück.

Er schaute mich an und sagte: »Kennen Sie das Buch Unendliche Liebe?«
Mir klappte vor Staunen die Kinnlade herunter – wie war das möglich? Und
nicht nur das: Ich trug das Buch in den Tiefen meiner Handtasche bei mir!
Also nahm ich es heraus und zeigte es ihm. Er wirkte überhaupt nicht überrascht, sondern sagte nur: »Sehr schön, ich kenne die Autorin. Ich kann gerne
für Sie bei ihr anrufen und ihr sagen, dass Sie sich dafür interessieren.«

»Aber ich habe es noch gar nicht zu Ende gelesen«, warf ich ein.

»Egal. Ich kann sie trotzdem anrufen, weil ich weiß, dass es Sie interessieren
wird.« Dann sagte er: »Das mache ich dann, wenn wir wieder auf dem Schiff
sind.« Das tat er offenbar, und ich sah ihn nie wieder. Als wäre er eine Erscheinung gewesen, die plötzlich wieder verschwand.

Und hier noch eine andere Geschichte. Zu Beginn unserer geschäftlichen
Partnerschaft hatten mein Bruder und ich nicht viel Geld, wie es eben bei
vielen neu gegründeten Firmen so ist. An einem bestimmten Punkt wollten
wir die Rechte für ein Buch erwerben, von dem wir dachten, es wäre eine
gute Wahl. Aber es fehlte uns einfach am Geld. Also beschloss ich, einen
Freund zu bitten, uns welches zu leihen. Das war wirklich ein heikles Thema,
da dieser Freund schon oft schlechte Erfahrungen mit dem Geldverleihen
gemacht hatte. Schließlich sagte er mir: »Ich leihe euch das Geld unter einer
Bedingung: Ihr zahlt es innerhalb eines Monats zurück, und ich verlange dafür fünfhundert Dollar Zinsen.« Das waren heftige Zinsen für ein Darlehen
von fünftausend Dollar! Aber wir wollten dieses Buch unbedingt, also nahm
ich das Angebot an und war dabei auch recht zuversichtlich, dass wir in der
Lage sein würden, die Summe zurückzuzahlen.

Der Monat verstrich, und mittlerweile hatten wir den Sechsundzwanzig-
ten. Ich hatte einen Teil des Geldes, aber nicht alles. An diesem Punkt wurde
mir klar, dass wir Probleme haben würden, meinem Freund das Geld zurückzuzahlen. Am Neunundzwanzigsten prüften wir also noch einmal den
Kontostand, um zu ermitteln, was wir ihm geben konnten, und ich fühlte
mich bereits hundeelend, weil ich wahrscheinlich nicht Wort halten konnte.
Und dann kam etwas, das ich gar nicht fassen konnte: Mein Bruder sagte
mir, dass das Geld da war! Wir hatten ein Guthaben, mit dem das Darlehen
samt Zinsen gedeckt war! Auch wenn ich nicht wusste, woher es kam, begriff
ich doch, dass da etwas lief. Ohne zu zögern, fuhr ich so schnell ich konnte

zur Bank und hoffte nur noch, dass mein alter Wagen auf dem Weg dorthin nicht den Geist aufgeben würde. Ich hob das Geld einfach ab und sagte mir dabei, aus welchem Grund auch immer es auf dem Konto war – damit könnten wir uns später befassen. Natürlich war ich sehr froh, meinem Freund das Geld zurückzahlen zu können ... der dann beschloss, keine Zinsen von uns zu verlangen.

Mit leichten Schuldgefühlen kehrte ich anschließend zur Bank zurück und sagte der Dame am Schalter, mit meinem Konto sei etwas schiefgelaufen. Sie prüfte es und sagte mir, von Seiten der Bank sei kein Fehler passiert – es seien zwei Einzahlungen eingegangen, zweimal über den gleichen Betrag.

Ich sah sie fassungslos an und konnte nicht glauben, dass das Geld wirklich uns gehörte! Später erfuhr ich dann, dass einer unserer Händler den Betrag doppelt überwiesen hatte, aber er bat uns nie, das Geld zurückzubuchen. Es sagte einfach nur, er würde die Summe beim nächsten Mal abziehen. Damit konnten wir dann eines unserer ersten Bücher veröffentlichen: Boten des neuen Morgens.* Es erwies sich für uns als sehr erfolgreich.

So wie ich Synchronizität verstehe, geht es dabei um einen bedeutungsvollen »Zufall«, bei dem Ereignisse zusammentreffen, deren Zusammentreffen unwahrscheinlich ist. Es handelt sich um das Zusammentreffen von Realitäten: der sichtbaren und der unsichtbaren. Hier kommt die nichtlineare Seite des Lebens ins Spiel.

Meinem Eindruck nach hat das Universum mich beim ersten Beispiel zu etwas aufgerufen, und beim zweiten war ich diejenige, die das Universum zu etwas aufrief.

Kommt das hin? Würdest Du uns den Unterschied zwischen Synchronizität und göttlicher Intervention erklären, sofern es einen gibt? Mir kam es immer wie etwas Unterschiedliches vor.

Sind diese beiden Situationen Beispiele für Synchronizität, nur auf unterschiedlichen Ebenen, oder ist das eine Synchronizität und das andere das, wofür ich es immer gehalten habe: eine göttliche Intervention?

Was entscheidet darüber, dass es zu einer Synchronizität kommt – wer entscheidet das? Kommt der Stein zunächst auf der anderen Seite des Schleiers

---

* Barbara Marciniak, *Boten des neuen Morgens. Lehren von den Plejaden*. Die deutsche Erstausgabe erschien 1998 im Bauer-Verlag, Freiburg; ein Nachdruck als Taschenbuch erfolgte 2004 im Schirner-Verlag, Darmstadt. – Der Verlag

ins Rollen? Oder ist das etwas, was darüber noch hinausgeht – etwas, das im Dreidimensionalen beginnt, aber die andere Dimension mit einbezieht, damit es stattfinden kann?

Es mag Dir wie zwei verschiedene Energien vorkommen, aber letztlich ist es ein und dieselbe, nur mit unterschiedlichem Gesicht. Nehmen wir ein Beispiel, an dem Ihr immer wieder Euren Spaß habt. Viele von Euch machen ja vom Parkplatzengel Gebrauch. Ihr findet Euch in einer Situation wieder, in der es keine Parkplätze gibt, und Ihr zieht in einer Fahrzeugkolonne Eure Kreise in der Hoffnung, dass unmittelbar vor Euch jemand aus der Parklücke fährt, damit Ihr seinen Platz einnehmen könnt. Das ist die einzige Chance, einen Parkplatz zu bekommen.

Man hat Euch gesagt, dass die Chancen dabei für alle ungefähr gleich stünden, aber Ihr glaubt an Synchronizität. Also ruft Ihr den Parkplatzengel um Hilfe an (Euer Name für die Manifestation von Synchronizität). Natürlich dauert es nicht lange, bis jemand unmittelbar vor Euch ausparkt und Ihr nachrücken könnt. Nun, wer würde glauben, dass Ihr in diesem Fall den Zufall manipuliert habt? Und doch habt Ihr es! Tatsache ist, dass Euch das so oft passiert, dass Ihr wisst, es funktioniert. Es funktioniert sogar so gut, dass es einen Ausweg aus der vom Zufall gegebenen Möglichkeit oder einem rein zufällig eintretenden Ereignis bietet. In manchen Fällen kann es einem regelrecht Angst machen, weil es so schnell geht, und Ihr verratet Euren ungläubigen Freunden und Bekannten nie, was Ihr da macht. Wer würde es Euch auch glauben?

Damit will ich sagen, dass das ein Beispiel dafür ist, wie Ihr Euch an das *holografische System der Potenziale* andockt. Gott (Spirit) kann nicht die Zukunft menschlichen Handelns vorhersagen, und doch liegen die Prophezeiungen oft richtig. Das liegt daran, dass Spirit die profundesten Potenziale vor sich aufgereiht sehen kann. Es ist ein Rätsel immensen Ausmaßes, und Ihr könnt Euch nicht einmal zurechtlegen, wie das aussehen könnte: die potenziellen Entscheidungen eines jeden Menschen auf dem Planeten, zwischen denen ständig Schnittstellen bestehen. Es ermöglicht einen flüchtigen Blick auf das Wirken des freien Willens.

Worum Ihr also bittet, ist, an diesem perfekten Punkt positioniert zu werden, um das abfangen zu können, was Spirit als die möglichste potenzielle Manifestation von jemandem sieht, der wegfährt ... und es funktioniert!

Bei Deinem ersten Beispiel entstand die Synchronizität durch das Buch, den Mann und die Autorin. Spirit wusste um die Potenziale, die darin stecken, dass alle drei zusammenkommen, und erlaubte der Person, an dem Punkt zu sein, der für die Situation am vorteilhaftesten wäre.

Hat Spirit das also gemacht? Die Antwort heißt: Nein. Die Autorin hatte auf irgendeiner Ebene um solche Dinge gebeten, eine meditative Erlaubnis, dass Sie so an das System angeschlossen werden würde, wie es den positivsten Ausgang nach sich zöge – und sie bekam es. Oft fragt sich der Mensch dann, was passiert, und denkt, es sei eben ein wundersames Ineinanderfließen von Begebenheiten, aber es ist einfach eine Antwort auf ein Gebet oder die Bekundung der Absicht, in seinem Leben nun die nächsten Schritte zu tun. *Synchronizität ist eine Antwort.* Sie kommt nicht von allein. Merkt Euch das, so dass Ihr sie, wenn sie eintritt, mit solchen Augen betrachtet. Was macht Ihr, wenn Ihr oft 11:11 auf der Uhr seht? Fragt Ihr Euch, was das soll? Oder nickt Ihr und dankt Spirit dafür, ein wundervolles Augenzwinkern und eine himmlische Umarmung zugelassen zu haben, die Euch zeigen, dass Ihr in der Tat nie allein seid? Es ist nie ein Zufall.

Das Erlebnis mit der Bank ist keine göttliche Intervention. *Es wart Ihr, die Ihr einen synchronistischen Moment geschaffen habt, in dem zu viel überwiesen wurde!* Für Spirit ist das einfach Energie. Für Dich war es göttliches Eingreifen. War es ein göttliches Eingreifen, das bewirkte, dass Ihr das Buch herauszubringen hattet? War es ein göttliches Eingreifen, dass Ihr das Darlehen bekamt? Die Antwort lautet: Nein. Es war Dein Höheres Selbst, das zu lernen begann, wie das mit dem Manifestieren funktioniert ... etwas, das Du jetzt recht gut verstehst, oder? [Kryon-Lächeln] Hast Du Dich je gefragt, wie es so lange und so gut weitergehen konnte? War das auch göttliche Intervention, oder warst Du es, die Du das System immer besser beherrschen lerntest?

Meine Lieben, das ist ein Beispiel dafür, in seinem Denken interdimensional zu werden, ohne zu verstehen, wie es funktioniert. Aber

Ihr kennt die Prinzipien, spürt die Energie und trefft die richtigen Entscheidungen. Das seid Ihr, wie Ihr das System der Potenziale und die Arbeit mit ihm erlernt.

Wer hat Dir gesagt, dass Du die vorliegenden 2012-Bücher schreiben solltest? Göttliche Intervention oder eine Intuition? Du kennst die Antwort, und infolge dieses Prozesses konnten bereits Zehntausende von Menschen diese Worte lesen und Trost in ihnen finden. Siehst Du, was Du getan hast? Nun sage mir: Wer war das?

Lass dies eine tiefgründige Lektion in Sachen Selbstprüfung sein: Der Mensch ist der Urheber der Veränderungen auf diesem Planeten. Der Mensch ist es, der die Entscheidungen trifft, dass es nach links oder rechts weitergeht, nicht Gott. Der Mensch ist es, der lernen kann, einen Parkplatzengel zu kreieren, der an diversen Orten ein ums andere Mal einen Parkplatz für ihn erschafft – in Fülle, Frieden, Liebe und Angemessenheit. Genau das lehren wir.

Menschen haben kollektiv die synchronistische Entscheidung getroffen, einen lemurischen Indigo ins Weiße Haus einziehen zu lassen. Denkt darüber nach und überlegt Euch, was das für Euer Zeitalter bedeutet.

8

Heilung von zellularen Erinnerungen

*I*ch denke, dass sich heute mehr und mehr Menschen an frühere Leben *erinnern. Nicht alle Erinnerungen kommen wieder hoch, doch einige sehr wohl. Ich schätze, dass diejenigen Erinnerungen wieder aufsteigen, die es zu heilen gilt.*

Um der Leser willen würde ich gerne von einer Zellerinnerung berichten, die 2004 für mich zurückkehrte. Ich nahm an, dass sie geheilt wurde, da sie aufstieg und mir bewusst gemacht wurde. Hier die Geschichte:

Im Jahr 2004 war ich in Italien auf einem Seminar, und einer der Lehrer sagte: »Heute morgen wollen wir uns in ein früheres Leben begeben.« Als ich das hörte, sagte ich mir innerlich: »Ja, klar, in ein früheres Leben!« Ich tat mich offen gestanden schwer damit zu glauben, dass ich mich in ein früheres Leben begeben würde, nur weil irgendjemand das sagte. Also beschloss ich, mich einfach zu entspannen und das Ganze den anderen zu überlassen.

Als ich mich entspannte, sah ich plötzlich eine weiße Leinwand, die vor mir herunterkam. Dann sah ich, wie langsam Worte auf ihr niedergeschrieben wurden: »1870 ... Billings, Montana.« Danach sah ich ganz klare Bilder auf der Leinwand erscheinen. Eine Indianerin – diese Frau von vielleicht siebenundzwanzig Jahren war ich – und ich unterhielten uns und lachten mit meinem Mann zusammen. Wir schienen sehr verliebt zu sein.

Irgendwann sagte mein Mann, er müsse jetzt weg auf die Jagd. Also begleitete ich ihn bis zum Dorfrand und sah ihm nach, wie er davonging. Ich blieb dort stehen und winkte ihm so lange hinterher, bis ich ihn nicht mehr sehen konnte. Am Ende des Tages ging ich dann wieder an die Stelle und wartete auf seine Rückkehr ... aber er kehrte nicht zurück. Am nächsten Tag begab ich mich erneut dorthin und wartete, aber wieder kam er nicht. Ich ging jeden Tag zum Dorfrand, wochenlang. Ich wartete und wartete auf seine Rückkehr ... aber er kehrte nie zurück! Ich war am Boden zerstört. Ich heiratete danach nie wieder. Ich hoffte einfach nur, dass er eines Tages zurückkommen würde. Die anderen in meinem Stamm sagten mir, er sei wohl zu einem anderen Dorf gegangen und hätte dort eine andere geheiratet. Ich glaubte ihnen nicht, empfand aber große Traurigkeit.

Nun im Schnelldurchgang vorgespult ...

Dann war ich um die siebzig und lag im Sterben. Ich war erleichtert, dass ich jetzt sterben würde, weil ich dann endlich herausfinden würde, was aus meinem Mann geworden war. Ich sagte zu der Person, die in diesem Moment unmittelbar vor meinem Tod bei mir war: »Jetzt werde ich erfahren, was mit ihm passiert ist.«

Auf dieser Leinwand sah ich mich selbst also sterben ... und wie ich dann meinen Körper verließ und in der Luft schwebte. Und dann erblickte ich ihn. Er war auf der Jagd und hatte gerade etwas im Visier. Dabei brauchte er etwas mehr Abstand. Er trat einen Schritt zurück, und noch einen, und noch einen ... und dann stürzte er in die Tiefe! Es gab dort eine Klippe, und entweder hatte er sie übersehen oder nicht gemerkt, wie nahe er ihr bereits war. Er starb einfach ganz mutterseelenallein dort unten am Fuß der Klippe. Niemand fand ihn jemals. Ich wartete mehr als vierzig Jahre lang auf seine Rückkehr und dachte all die Jahre, er habe mich verlassen! Nun befand ich mich dort auf der astralen Ebene und schaute mir einfach nur diese Szene an ... und dabei verspürte ich so viel Kummer und Traurigkeit um seinetwillen ... und um meinetwillen, als ich begriff, was geschehen war. Ich stand dort lange Zeit und blickte zu ihm am Fuß der Klippe hinunter, als könnte ich noch immer nicht glauben, was ich da sah. Dann sah ich mich auf ein Licht zuwandern ...

Als ich aus dieser Erinnerung wieder auftauchte, befand ich mich vor dem Rest der Gruppe und weinte mir die Augen aus! Es war, als wäre es gerade erst passiert, und ich spürte die Trauer in mir so heftig, dass es einfach kein Halten mehr gab.

Bevor ich nach Italien abgereist war, hatte ich einmal einen Abend mit jemandem verbracht, den ich sehr liebte. Ich weiß noch, wie ich ihm nachsah, als wir uns trennten, und die Szene kam mir so bekannt vor ... Ich sah ihm eine ganze Weile nach und fragte mich dabei, ob ich ihn wohl wiedersehen würde. So wie ich es verstehe, war etwas an dem Abend gewesen, was die Rückkehr dieser Erinnerung ausgelöst hatte oder sie aktivierte.

Kryon, ich weiß, dass es so viele Szenarien gibt wie Zellerinnerungen, aber könntest Du meinen Leserinnen und Lesern zuliebe erklären, was passiert ist und warum diese Erinnerung wieder auftauchte? Welcher Grund dahintersteckte und wie unsere früheren, gegenwärtigen und zukünftigen Leben alle zusammenhängen?

Kehrte die Erinnerung zurück, weil ich noch einmal eine ähnliche Situation durchlebte, die gleiche Szene – einfach nur weil ich mitbekam, wie jemand wegging? Oder kehrte sie zurück, weil sie geheilt werden wollte, da ich den Verlust dieses Mannes, den ich sehr geliebt hatte, nie gebührend betrauert hatte?

War die Person an jenem Abend die gleiche gewesen wie mein Mann in meinem früheren Leben, und ist das der Grund dafür, dass es sich so massiv auf mich ausgewirkt hatte, ihn weggehen zu sehen?

So, meine Liebe, jetzt gehen wir also wirklich ans Eingemachte, richtig?

Die Themen, die bei einem Menschen am tiefsten reichen, drehen sich immer wieder um Liebe. Liebe ist die machtvollste Energie des Universums. Sie ist weit stärker als Hass, Eifersucht oder Wut. Liebe erzeugt Leidenschaft in unseren Leben, komponiert die großartigste Musik und malt die grandiosesten Bilder der Jahrhunderte.

Eure jeweiligen Leben werden von Euch ausgewählt und gelebt, und das tut ihr im Umfeld der Dinge, die Ihr lernen, denen ihr Euch noch einmal zuwenden oder die Ihr noch einmal erleben möchtet. Manchmal entscheidet Ihr Euch für eine Herausforderung, um damit anderen zu helfen. Manchmal kommt Ihr an, um gleich wieder zu sterben, damit die Eltern zu ihrer Spiritualität finden ... alles in Liebe. Manchmal verliert Ihr in einem Leben jemanden, den Ihr liebt, und beschließt, diese Herausforderung in ein Leben nach dem anderen mitzunehmen, wobei Ihr aber auch zulasst, dass die Synchronizität Euch wieder ködert, wenn Ihr herausfindet, wie sich eine Antwort manifestieren lässt.

Wenn Euch jemand begegnet, der allein lebt, keine Liebe braucht, sie nicht haben will oder scheinbar nicht finden kann, habt Ihr es mit jemandem zu tun, der um eine solche Energie für dieses Leben einen weiten Bogen macht, da diese Person eine solche Liebe verloren hat und diese Erfahrung schlichtweg nicht noch einmal durchmachen will – da ist es schon besser, allein zu leben. Das ist eine Aufzeichnung in der Akasha-Chronik, die sich gewaschen hat, findet Ihr nicht auch? Ihr *alle* habt etwas in dieser Richtung am Laufen.

Ob es die Vision eines realen Lebens von Dir war? Die Antwort lautet: Ja. Die Quantenrealität dieses Lebens spielt sich gerade jetzt ab, und sie hat sich auf Deine Beziehungen ausgewirkt, seit dem Abschied von diesem Mann. Es hat Dich davon abgehalten, die Art von Synchronizität zu erschaffen, die Du Deinem Gefühl nach am liebsten gehabt hättest. Hast Du Dich je gefragt, warum Du Dich mit Partnerschaften manchmal schwer tust? Jetzt weißt Du es: *Du hast Angst, dass er verschwinden wird, und Deine Akasha-Aufzeichnungen schwimmen in Trauer.* Du würdest diese Fragen nicht stellen, meine Liebe, wenn Du keine persönlichen Antworten zulassen würdest.

Ich will, dass die Leserschaft versteht, dass die Akasha-Aufzeichnungen genau diese Art von übermächtiger Energie haben. Hinzu kommt, dass man beim anderen immer nach dieser gleichen Energie Ausschau hält. Und hier ein Geheimnis: In diesem Leben hast Du sie bereits gefunden. Lies weiter, meine Liebe.

»Nun, Kryon«, sagen einige jetzt vielleicht. »Wenn man die Dualität fallen lässt und das Karma unwirksam wird, geht das dann nicht alles weg?« Nein. Was weggeht, ist die Energie, die bewirkt, dass Ihr in diese karmische Schallplattenrille zurückfallt und weiter die Lektionen aus der Vergangenheit durchmacht. Und der Einfluss, den Eure früheren Leben auf Euch haben, bleibt bestehen. Das ist nicht Karma. Das ist Energie, die von Euren Erfahrungen aus früheren Leben hängen geblieben ist. Manchmal stellt sie die Fortsetzung eines Lebens dar, das der Kunst gewidmet war, wie es bei unverkennbaren Wunderkindern der Fall ist. Manchmal bewirkt sie die Erschaffung großartiger Menschen und manchmal die von Bösewichtern. Manchmal erzeugt sie Angst vor der Liebe, dann wieder sorgt sie für ein wundervolles Gleichgewicht und eine lebenslange Partnerschaft.

Hier bist Du also, Martine, mit einer Akasha-Energie, die auf einer Ebene präsent ist, die Dir nicht klar gewesen war. Und ich habe noch eine Antwort für Dich: Dein Freund in diesem Leben war nicht der im damaligen Leben. Er hat in Dir nur wieder diese Gefühle heraufbeschworen. Ich verrate Dir einmal ein Geheimnis – nimm es in das Buch auf, wenn Du möchtest: Der Mann, den Du durch den Sturz von der Klippe verloren hast, ist Dein heutiger Bruder. Das war Spirits Art, zu sagen, dass Du seine Liebe zu Dir nie verlieren wirst. Es ist eine dauerhafte Beziehung, die Dir hilft, die Energie männlicher Liebe auf eine Weise zu erhalten, die Dir Stabilität bietet. Sie ist in diesem Leben der Lohn dafür, dass Du in dem alten Leben so lange gewartet hast. Nun weißt Du, wie Spirit in diesen Fällen wirkt. Mittlerweile ist die Energie dessen, was damals geschah, dermaßen beherrschend, dass Du so lange als Frau wiederkehrst, bis sie sich zerstreut hat. Zerstreuen wird sie sich einfach durch den Ausdruck Deines Menschseins – Dein Leben –, aber Du kannst hier auch auf die Überholspur wechseln, indem Du beginnst, Dich mehr auf die Quantenebene zu begeben, was Du ja die ganze Zeit schon tust.

Euch allen, die Ihr dies lest, sei gesagt: Wenn Derartiges ausgeräumt wird, geschieht das nicht linear. Wenn Karma unwirksam gemacht wird, bewirkt das nicht, dass die Akasha-Aufzeichnungen verschwinden. Es deaktiviert einfach nur die Energie von unerledigt Gebliebenem anderen gegenüber und vermindert Euren Hang dazu, immer wieder in die gleiche Schallplattenrille zu geraten, die in dem besteht, was Eure Schwester, Eure Mutter oder sonst irgendjemand getan hat.

In Deinem Fall bist Du jetzt aus dieser karmischen Schallplattenrille heraus und dabei, Dir Deinen eigenen Weg zu kreieren. Aber die Energie der Akasha-Aufzeichnungen bleibt Dir immer erhalten. Denkt in diesen Dingen nicht linear, denn sie untergliedern sich nicht in die angenehmen Schubladen, in denen Ihr sie gerne hättet, um sie aufzuarbeiten.

In dem Buch *Die Reise nach Hause* haben wir Euch vermittelt, dass Michael Thomas sein gesamtes Karma im Haus der Geschenke und Werkzeuge (dem zweiten Haus im Buch) loswurde. Das alles war eine Metapher für das, was wir nun lehren. Er lernte, wie er sein Karma unwirksam machen konnte, und dann stöberte er in seinen Akasha-Aufzeichnungen und stieß auf ein Leben, in dem er keine Angst mehr vor engen Räumen und keine Höhenangst mehr hatte. Er gestaltete bei diesem Prozess die Person, die er sein würde, regelrecht so, wie er sie haben wollte. Das ist der Prozess der Quantenheilung, und dabei geht es nicht einfach nur um die Heilung von Krankheiten. Er geht um die Heilung bestimmter Eigenschaften aus der Akasha-Chronik – Aspekten, die Euch vom Weiterkommen abhalten. Für Dich, Martine, heißt das, dass Du keine Angst mehr hast vor Reichtum oder Erfolg. Du hast diesbezüglich wundervolle Synchronizitäten geschaffen und diese Aspekte im Verlauf des Ganzen akzeptiert. Das bist jetzt Du, wie Du Dich aus der karmischen Schallplattenrille hinausbegeben und Dir erschaffen hast, was Du brauchtest.

Nun steht Dir die Einladung offen, diese Vision und alle Trauer, die damit verknüpft ist, unwirksam zu machen. Fange an, indem Du das Drehbuch umschreibst. Wenn alle Menschen über ein Hologramm verfügen, so hat Dein tapferer indianischer Ehemann Dich nie wirklich verlassen – er war Dein ganzes Leben lang bei Dir und bekam auch mit, wie Du weintest.

Quantenmenschen werden lernen, Dinge aus dieser Warte zu betrachten, und nach einer angemessenen Trauerzeit werden sie die Liebsten, die sie verloren haben, für den Rest ihres Lebens in der Tasche mit sich herumtragen, sie lieben, mit ihnen sprechen und wissen, dass sie sehr bald ebenfalls bei ihnen sein werden. Er ist jetzt bei Dir, und er hat nie aufgehört, Dich zu lieben, nicht einmal im Tod. Wird es Dir jetzt klar? Du warst nie allein. Nimm Dir das zu Herzen, und es wird alles, was Du erlebt hast, unwirksam machen, damit Du in diesem Bereich weitere Schritte tun kannst, wenn Du möchtest. Es wird Zeit für ein unbelastetes Zugehen auf die Liebe.

9

Es steckt alles in der DNS

Kommen wir noch einmal zu der Akasha-Chronik. Sagen wir zunächst einmal, dass die Akasha-Chronik eine Energie ist, die alles repräsentiert, was es gibt. Die Akasha-Chronik ist von daher die Aufzeichnung von allem, was je gewesen ist und mehr. Die Akasha-Chronik steht vom Konzept her für alles, was ist, und für die Potenziale von allem, was sein kann. In den drei Dimensionen ist die Akasha-Chronik ein Archiv mit allem Erreichten. Aber sie ist auch eine Chronik noch nicht verwirklichter Potenziale.

Es gibt zwei Arten von Akasha-Chronik. Eine ist globaler Natur, die andere persönlicher. Die globale befindet sich in der Höhle der Schöpfung. Das ist ein physischer Ort auf diesem Planeten, randvoll mit kristalliner Energie. Man könnte sagen, dass jeder einzelne Mensch, der dies liest, einen Kristall in dieser Höhle hat. Das trifft es interdimensional betrachtet nicht hundertprozentig, aber besser können wir es Euch in den drei Dimensionen nicht wiedergeben. So könnt Ihr es Euch bildlich leichter vorstellen. Von Euch allen befindet sich an diesem Ort ein physischer Gegenstand, der heilig ist und kristallin und der auf diesem Planeten zurückbleibt, nachdem Ihr gegangen seid.

Das Schwierige an dieser Erklärung ist, dass dieser Kristall zeitlos ist. Das heißt, dass er die zentrale Energie Eures Höheren Selbst in sich trägt, wenn Ihr hier auf dem Planeten seid. Wenn Ihr nicht hier seid, wird die Energie dieses Gegenstands auf dem Kristallgitter platziert, und das ist dann globaler Natur. Alles, was Ihr auf diesem Planeten je gewesen seid, durchdringt, durchtränkt dann das Gitternetz. Ihr könntet also sagen, dass Euer Höheres Selbst noch auf der

Erde wohnt. Auf einer gewissen Ebene hättet Ihr damit recht. Das erklärt auch, wie ein Mensch mit den Toten sprechen kann, denn in einem Zustand der Zeitlosigkeit ist jeder, der je gelebt hat, noch hier, im kristallinen Gitternetz.

Alles Kommen und Gehen im Überblick – Die erste Art von Akasha-Chronik

Wenn Ihr auf den Planeten kommt, aktiviert Ihr diese einzigartige persönliche kristalline Struktur, und Euer Höheres Selbst – der Hüter – ist dann für diesen Kristall verantwortlich, während Ihr hier seid. Das Höhere Selbst eines jeden Menschen befindet sich immer auf meiner Seite des Schleiers. Aber es hat Ranken, könntet Ihr sagen, die es möglich machen, dass Teile und Elemente von ihm Verknüpfungen mit Euch und dem Planeten herstellen. Das sind die Anteile, mit denen Ihr bei der Meditation in Kontakt kommt. Sobald Ihr auf der Erde angelangt seid, ist die Energie des Höheren Selbst mit der Erde verbunden, solange es die Erde gibt.

Das Leben, das Ihr jetzt gerade lebt, wird in dieses kristalline Gebilde eingeätzt. Die Entscheidungen, die Ihr trefft, in spiritueller Hinsicht und anderweitig, alles, was Ihr erlebt, was Ihr als Menschen durchmacht – all das prägt diesen Kristall. Die Eigenschaften kristalliner Strukturen sind in Eurer Wissenschaft hinlänglich bekannt – Mineralien, die eine atomare Struktur mit einer langfristig geltenden atomaren Ordnung aufweisen. Dies erzeugt ein einzigartiges Merkmal, das man schon früh entdeckte, nämlich das eines Gedächtnisses. In unserem Fall geht es weit über alles hinaus, was man in Eurer Wissenschaft je haben wird ... eine kristalline Struktur, die heilige Lebenslektionen, Wissen, Erinnerungen und Gedenken in sich trägt. Was Ihr in den drei Dimensionen nicht erkennt oder versteht, ist, dass das kristalline Gebilde auch die Zukunft als Potenzial in sich eingebettet enthält. Schwer zu erklären, oder? Halten wir es für das Erste einfach.

Ihr lebt Euer Leben auf der Erde, und wenn dieses abgeschlossen ist, erfahrt Ihr das, was Ihr Tod und was wir Übergang nennen. Ihr kehrt dann für einen Moment zur Höhle der Schöpfung zurück. An diesem Punkt wird alles, was Ihr erfahren und gelernt habt, in diesem kristallinen Objekt versiegelt, und dann verlässt Eure irdische Essenz und der persönliche heilige Anteil Eures Höheren Selbst den Planeten.

Ihr könntet sagen, dass diese kristalline Chronik den Ringen an einem interdimensionalen Baum gleicht. Leben für Leben schichtet sie alles, was Ihr gelernt und was sich in Eurer DNS gesammelt hat, um sich selbst. Das ist weitaus tiefgründiger, als Ihr vermutet, denn die Veränderungen, die gegebenenfalls in Eurem Bewusstsein eingetreten sind, bleiben in Form einer veränderten Schwingung auf diesem Planeten zurück. Sie bleibt für immer bestehen, da sie in das Kristallgitter der Erde selbst eingeht. Von daher könntet Ihr sagen, dass selbst auf der Erde Eure Schwingung widerhallt - von früher und heute.

Nichts wird verschwendet, nichts geht verloren, lieber Mensch. Was Ihr hier tut, bleibt hier. Euer gesamtes Tun, alle Entscheidungen, alle Offenbarungen, die Liebe, die Freude, das Drama und der Kummer ... Sie sind nicht nur um Eurer selbst willen da - sie sind für die Erde da. Die Schwingung der Erde als solche besteht von daher aus den Billionen Leben Energie, die der Mensch seit rund fünfzigtausend Jahren hervorbringt.

Es ist keine Zeitkapsel, denn es ist ständig aktiv. Eine Zeitkapsel dagegen ist passiv. Alles Interdimensionale liegt immer im Jetzt. Deshalb trägt nichts von alldem einen Zeitstempel. Es ist einfach nur stets aktuell und wird vom Planeten auch dergestalt gesehen. Das heißt, was auch immer Ihr erlebt habt, wird noch immer erlebt und ist frisch.

Nach einer gewissen Zeit - an irdischen Maßstäben gemessen - könnt Ihr der Erde erneut einen Besuch abstatten. Die meisten von Euch tun es, denn ein Leben auf dem Planeten ist wie ein Tag im Leben des größeren Entwurfs der Dinge. Der größere Entwurf der Dinge, das sind Hunderte Eurer Leben im Überblick, und Spirit sieht Euch nicht als Mensch in diesem Leben, sondern als zeitlose, heilige Wesenheit, die zu Gottes Familie gehört und für die Erde tätig ist - eine Gestalt, die in unterschiedlichen Inkarnationen und Ausdrucksformen karmischer Energie immer wieder aufs Neue hier gewesen ist.

Das ist für Euch sehr schwer zu verstehen und zu akzeptieren, denn ihr meint, das Leben beginne mit der Geburt und ende mit dem Tod. Das ist nicht wahrer als die Sichtweise, dass das Leben bei Sonnenaufgang beginnt und bei Sonnenuntergang endet. Es geht immerzu weiter, und jedes Leben ist wie ein Tag in einem umfassenderen Leben. Ihr wacht immer wieder aufs Neue auf und schlaft immer wieder aufs Neue ein.

Ihr habt diesen Vorgang, bei dem ein Ausdruck Eures Höheren Selbst wieder auf die Erde kommt, »Reinkarnation« genannt. Es ist übrigens das gleiche Selbst für alle. Lasst das ruhig einen Moment lang auf Euch wirken: viele Leben, viele Gesichter, beide Geschlechter ... das gleiche Höhere Selbst. Es kommt auf der Erde an, wie es das auch schon früher getan hat, und platziert die neue Energie als Ausgangspunkt einer Ergänzung in Eurem Kristall. Ihr werdet dann auf diesem Planeten geboren und setzt die Reise scheinbar als ein anderer fort. Dann lebt Ihr dieses Leben. Wenn Ihr fertig seid, wird das, was Ihr erfahren und gelernt habt, zu einem weiteren *Ring um den Kristall*. Im Laufe der Zeit wird das Gesicht dieses heiligen kristallinen Gebildes von Hunderten von Ringen geprägt, die alle für ein Leben stehen. Ein Höheres Selbst, viele Leben, viele Namen und Gesichter ... alle *Du*. Das ist die Essenz der Höhle der Schöpfung und der Prozess des Kristallgitters. So funktioniert das. Was Ihr auch tut, es bleibt hier auf diesem Planeten und steuert etwas zur Energie der gesamten nachfolgenden Menschheit bei.

Soweit zum Überblick über die Akasha-Chronik in der Höhle der Schöpfung. Der schwer zu erklärende Teil besteht darin, klar zu machen, inwiefern sie auch die Zukunft in sich birgt, denn auch die Potenziale aller Leben, die Ihr noch leben mögt, finden sich auf dem kristallinen Gitternetz. Es hilft dabei, Euch für das in Position zu bringen, was Ihr das nächste Mal, wenn Ihr hier seid, sein werdet. Ich kann es Euch nicht erklären und werde es auch nicht versuchen. Ich beschränke mich darauf, zu sagen, dass dies alles seinen Sinn hat. Viele haben hier von Karma gesprochen, eine Fortsetzung von unerledigt Gebliebenem, so ähnlich wie morgen wach zu werden und noch die Besorgungen machen zu müssen, die Ihr zuvor nicht mehr geschafft habt. Die Besorgungen warten auf Euch ... Sie sind die Zukunft. Aber wenn es um eine interdimensionale Energie geht, sind sie schon immer da gewesen und wirken sich auf das aus, was Ihr tut, wenn Ihr aufwacht.

DIE ZWEITE ART VON AKASHA-CHRONIK

Es gibt auch noch eine Mini-Akasha-Chronik, die bei der Geburt in Eurer DNS auftaucht. Sie erhält ihre Gestalt im Mutterleib und wird Euch bei Eurer Geburt mitgegeben. Das ist die Akasha-Chronik dazu, wer Ihr seid und wer Ihr auf der Erde gewesen seid. Sie enthält auch die Potenziale dessen, was Ihr tun könntet und was Ihr innerhalb der Schichten der DNS in Euch tragt. Das mag ganz nach eben diesen Attributen der kristallinen Aufzeichnungen in der Höhle der Schöpfung klingen, aber das ist es nicht. Die Aufzeichnungen in der Höhle beziehen sich auf die gesamte Menschheit. Sie sind an das kristalline Gitternetz der Erde angeschlossen. Sinn und Zweck der Chronik, die Ihr in Eurer DNS tragt, sind dagegen persönliche Entdeckungen, Bewusstsein, Karma und Lebenslektionen.

Das ist ganz schön esoterisch. Selbst Euch kommt das merkwürdig vor, oder? Einige mögen sogar sagen, dass es schwer zu glauben sei, dass Ihr in Eurer DNS die Aufzeichnungen dazu tragt, wer Ihr jemals gewesen seid. Wir werden noch darauf eingehen, wie sich das auf Euch auswirkt, was es bedeutet. Wir berichten Euch über all das hier nur kurz und knapp, auf die derzeitige Durchgabe komprimiert.

Einige von Euch werden sich an diesem Punkt fragen: »Na ja, Kryon, da stolpere ich aber auch gleich über ein Rätsel. Ich verstehe, was Du da sagst. Du bist dabei, die Tatsache zu vermitteln, dass wir mit vielen Energien von früher hier ankommen. Aber was ist mit den Neulingen auf der Erde? Sie weisen, könnte man sagen, einen Kristall auf, der keine Ringe hat. Sie haben keine Energie, die von früheren Ausdrucksformen, von früheren Erfahrungen auf der Erde zurückgeblieben ist. Was ist also damit? Was passiert dann?«

Das ist eine sehr logische Frage. Es gibt die wohlbekannte Energie von Neulingen, die auf dem Planeten einzigartig ist. Die meisten von Euch, die dies lesen, haben es schon erlebt. Auch sind viele Neuankömmlinge unter ihnen! Wisst Folgendes: Kryon ist mit der geometrischen Progression durchaus vertraut. Will sagen, dass die Zahl der Menschen auf diesem Planeten exponentiell wächst. Eine wachsende Bevölkerung bedeutet, liebe Menschen, dass es viele, sehr viele gibt, die zum ersten Mal hier sind, denn egal wie hoch der Prozentsatz derer ist, die alte Seelen sind, ein noch höherer Prozentsatz ist noch nie an diesem Punkt gewesen. Wir wissen das. Es ist Bestandteil des Plans und der Energie der Erde. Diese Botschaft gilt jedoch nicht für diejenigen, die noch nie hier gewesen sind. Bei anderen Gelegenheiten haben wir die Eigenschaften derer besprochen, die zum ersten Mal hier sind. Darüber seid Ihr hinaus.

In der Akasha-Chronik nach Schätzen graben

Ihr fragt vielleicht: »Aber Kryon, wie können wir unsere Akasha-Chronik verändern?« Ich werde Euch hier den ersten Schritt nennen: *Ihr müsst Martine glauben, dass es möglich ist.* Glaubt es nicht, weil ich es Euch gesagt habe. Ihr müsst so fest daran glauben, dass es biologisch so real ist wie Euer Arm. Immer wenn Ihr Euren Arm anschaut, sagt Ihr: »Ich habe einen Arm, und hier ist er; ich kann ihn sehen.« Das steht außer Frage, und auch Euer Gehirn weiß es. Die Materie um Euch herum weiß es, und um es zu beweisen, könnt Ihr mit ihm Gegenstände hochheben. Das steht außer Frage. Es ist Euer Arm.

Nun, wie ist Euch zumute, wenn Ihr sagt: »Ich habe eine Akasha-Chronik in meiner DNS. Ich trage Aufzeichnungen in mir von allem, was ich je gewesen bin, und ich kann auf sie zugreifen.« Sagt mir, welche Teile Eures Körpers gegen diese Aussage etwas einzuwenden haben. Ich beantworte es Euch: *alle linear ausgerichteten!* Die Logik wird sich überlaut Gehör verschaffen und Euch anschreien: »Das kannst du nicht! Du kannst nichts daran ändern, wer du bist!« Und da wird sie sich irren.

Ihr könnt all das. Es gehört mit dazu, in dieser neuen Energie zu sein, und ich will Euch sagen, dass viele, die dieses Buch lesen, daran schon etwas verändert haben. Es kann langsam und in kleinen Schritten erfolgen. Es kann still und leise geschehen, ohne dass es jemand mitbekommt. Und es kann so offensichtlich sein, dass Euch selbst die besten Freunde nicht mehr wiedererkennen. Die Energie dazu kommt aus dem reichen Fundus dessen, was Ihr seid. Sie ist in Eurer DNS, in jedem einzelnen Stück von ihr, in Billionen von Zellen, die alle mit Eurem Willen synchronisiert sind.

Es gibt beim Verändern der Akasha-Chronik drei Schwierigkeitsgrade: einfach, mittelschwer und schwer. Ich werde Euch sagen, was in Verbindung mit ihnen jeweils passiert. Versteht Ihr diese Voraberklärung? Verstehst Du, Mensch, dass Du Gott dabei um nichts bittest? Was Du tust, das ist, Dich so weit zu verändern, dass Du Dich dort hineinbegeben und Dir das holen kannst, was Du bereits gelernt, wofür Du bereits gearbeitet hast. Der Schlüssel? Du musst verstehen und glauben, dass das *eine* Höhere Selbst jedes Mal bei Dir war. Das heißt, dass Dein zentrales Bewusstsein jedes Mal beteiligt war. Du bist auch dieses Mal, da Du hier bist, *kein* anderes Wesen. Du bist einfach ein anderer Ausdruck des gleichen Höheren Selbst. Von daher warst Du bei allem dabei, von dem wir gesprochen haben. Du musst es glauben. Das Höhere Selbst hat darauf gewartet, dass Du hier den Glauben einbringst.

Leicht: Ängste, Phobien und Blockaden. Sie lassen sich leicht ausräumen. Und dennoch sind sie es, an denen alle Welt etwas ändern will und die Probleme bereiten. Wie würde es Euch gefallen, keine Angst zu haben vor dem, wovor Ihr Euch fürchtet? Wir wollen es einfach halten. Habt Ihr Angst, Euch zu weit aus dem Fenster zu lehnen, Angst vor Veränderungen, Angst vor dem, was sich um Euch herum ereignet?

Einige von Euch haben Phobien. Dabei handelt es sich um Überbleibsel – Altlasten, die auf Erfahrungen in früheren Leben zurückgehen. Habt Ihr Höhenangst, Angst vor Insekten, Wasser, diesem und jenem? Ihr sagt vielleicht: »Na ja, aber das hat keine sonderliche Auswirkung auf mein Leben – ich habe gelernt, damit zu leben.« Doch, hat es! Durch sie kommt Dunkelheit in die Beschäftigung mit dem Licht. Sie gehören nicht dorthin. Ihr braucht sie nicht. Sie wirken sich störend aus auf Euren Glauben, Eure Effizienz, Eure Fortschritte, und Ihr seid Euch dessen ständig gewahr. Es seid nicht *Ihr* hier im jetzigen Dasein, es ist der Spiegel eines anderen Lebens …

von irgendwo anders. Ihr braucht das nicht mehr. Es ist, als würdet Ihr versuchen, schleunigst in ein anderes Gewand zu schlüpfen, aber dabei müsst Ihr ein Bündel mit altem Ballast mit Euch herumschleppen, von dem Ihr behauptet, Ihr müsstet es nie wieder öffnen und gebrauchen. Macht das Sinn?

Fangt also an. Beginnt mit dem zu arbeiten, woran Ihr heute glaubt, auf die gleiche Weise, wie Ihr an Euren Arm *glaubt*. Es wird nicht lange dauern, und Ihr werdet merken, wie die Phobien und Ängste auf dem Rückzug sind und sich etwas an ihnen verändert. Dabei beginnt Ihr Euch den Teil der Akasha-Chronik zurückzuerobern, der Ihr einmal wart. Es fühlt sich einfach wie Ihr an. Es *seid* auch wirklich Ihr. Es fühlt sich nicht an wie ein anderer, denn Ihr beansprucht ja nur das, was Euch bereits gehört. Auch die Ängste beginnen sich dann zu verziehen. Ihr könnt es spüren, und Ihr könnt Ihnen weiter auf den Zahn fühlen und an ihnen arbeiten, so dass auch Eure Zellstruktur es spürt.

Höhenangst? Begib Dich bei Gelegenheit irgendwo hoch hinauf, um Dich zu überprüfen. Du wirst sehen, wie die Angst immer weniger wird. Du bist beim Blick über den Rand nicht mehr wie gelähmt. Derartiges wird verschwinden, bis Ihr Euch fragt, warum es jemals da war! Das sind kleine Veränderungen. Die Blockaden, die damit verbunden sind, dass Ihr Euch von einer Energie weg- und zu einer anderen hinbewegt, sind real. Aber sie werden sich legen, wenn Ihr die Kraft dessen für Euch erobert, was zu Euch gehört – ein Fehlen von Angst. Es ist Wachstum, und es braucht Übung. Aber Ihr werdet definitiv den Fortschritt mitbekommen.

Der Mensch verändert sich nicht gerne. Viele von Euch haben diese Blockaden im Hinblick auf Ihre Wahrnehmung. Was löst Eure Wut oder Euren Ärger aus? Es blockiert Euren Frieden, oder? Könnt Ihr irgendwann geduldig abwarten, während ein Dummkopf zu Euch über seine Dummheit spricht? Könnt Ihr Verständnis aufbringen, statt Euch über seinen Prozess zu ärgern? Ja. Das sind simple Dinge. Ihr könnt diese Prüfungen bestehen, Euer Leben verändern und Euch dann an die Arbeit an den komplexeren Themen machen. Das Schöne daran, lieber Mensch, ist, dass Ihr, wenn Ihr alle diese simplen Dinge tun würdet, eine Gruppe friedvoller Krieger hättet – Krieger des Lichts.

Ihr alle wäret unbelastet von Angst, Phobien und Blockaden. Ihr würdet alle voller Reinheit Licht senden, und Spirit würde nicht über Euch Gericht halten, wenn Ihr nichts sonst tut. Aber wenn Ihr die Arbeit verrichten möchtet, werden die Prüfungen immer härter.

Mittelschwer: Wie würde es Euch gefallen, Eure Allergien loszuwerden und etwas an Eurem Immunsystem zu verändern? Das ist schon etwas schwieriger. Ihr fragt vielleicht: »Gut, wie stelle ich das an? Denkt man sie sich einfach weg? Entweder habe ich Allergien, oder ich habe keine. Außerdem sind es ja meine *Zellen*, die allergisch reagieren.« Ach, wirklich? Ich sage Euch, meine Lieben, einige von Euch, die dies lesen, haben ihre Allergien fallen lassen, weil Ihnen klar wurde, dass sie Überbleibsel von etwas waren, was sie nicht mehr brauchten. Sie wandten sich der Akasha-Chronik zu, und von dort bekamen Sie die unberührt-intakte DNS aus dem einen Leben, in dem sie nie allergisch gegen irgendetwas waren! Diese Blaupause ist noch immer da! Sie stellt ein Immunsystem dar, das robust und heil war und nie krank wurde. In diesem Leben waren sie stark und reagierten nie allergisch auf etwas. Wie würde es Euch gefallen, keine Krankheit zu haben? Wie würde es Euch gefallen, eine Kraft und Energie zu haben, die man Euch in Eurem Alter gar nicht zutrauen würde? Das ist schwerer, aber es ist erreichbar. Wofür auch immer Ihr Euch haltet – es kann auf der zellularen Ebene umgeschrieben werden.

Wie würde es Euch gefallen, mit allem in Eurem Leben im Frieden zu sein, was es auch sein mag? Ich habe nicht gesagt, dass die Probleme weggehen würden. Ich habe nur gefragt, wie es Euch gefallen würde, im Frieden mit ihnen zu sein. Wie würde es Euch gefallen, das Drama und die Sorgen loszuwerden? Drama-Themen sind interessant: Wenn der Lichtarbeiter *keine karmische Energie bemüht*, verschwindet das Drama! Wenn Ihr Euer Karma fallen lasst, besteht kein Grund mehr, das Drama rund um etwas, was Ihr gar nicht mehr braucht, fortzusetzen.

Jetzt sagt Ihr vielleicht: »Kryon, ich habe mein Karma vor Jahren fallen gelassen, als ich beschloss, eine neue Richtung einzuschlagen. Das klingt ja ganz danach, als sei es noch da.« So einfach ist es nun auch wieder nicht. Die Absicht kundzutun, Euer Karma fallen zu lassen, ist geradeso, als wolltet Ihr den Weg vor Euch freiräumen.

Aber jetzt müsst Ihr aufstehen und diesen Weg entlanggehen. Die karmischen Attribute rufen Euch zu: »Nimm mich mit! Ich gehöre doch zu dir!« Aber dann erinnert Ihr Euch unterwegs, dass Eure Absicht eine Situation geschaffen hat, in der Ihr diese Attribute nie mitnehmen müsst. Dennoch werden sie immer um Euch herum sein und Euch ansprechen.

Das ist nicht einfach. Lass mich Dir sagen, alte Seele, Lichtarbeiter/Lichtarbeiterin, der/die Du dies liest: Ihr seid Priester gewesen, Ihr seid Nonnen, seid Schamanen gewesen. Ihr habt alles das durchgemacht, oder Ihr würdet diese esoterischen Informationen nicht lesen. Nun könntet Ihr sagen: Bei diesen mittelschweren Merkmalen aus den Akasha-Aufzeichnungen ließe sich eine Persönlichkeit entwickeln, die so voller Frieden ist, dass alle Welt mit Euch zusammensein will. Das ist die Antwort, oder nicht? Das ist der Friede, den die Meister hatten. Aber das ist nur der mittelschwere Teil, ich habe Euch gerade den Ausgangspunkt geschildert. Nun komme ich zum schwierigen Teil.

Schwierig: Das ist der unglaubliche Teil. Das ist der für diejenigen, die wirklich tief in der Akasha-Chronik schürfen und die Zukunft verändern wollen. In jedem und jeder von Euch ist alles, was Ihr je gewesen seid - Äonen von Erfahrung. Hinzu kommt, wenn Ihr in den Akasha-Aufzeichnungen stöbert - das heißt, wenn Ihr Euch in sie hineinbegebt und das Entsprechende dort herausholt -, dass Ihr das null und nichtig macht, was Euch an diesem Leben nicht gefällt. Das ist das Ergebnis. Dabei ist es nicht so, dass Ihr Euch in die DNS begebt und dort etwas Neues herausholt, was Ihr dann bei Euch einsetzt. Vielmehr ist es ein Tausch - das eine gegen das andere. So funktioniert das, denn die DNS fordert alles, was Ihr seid. Ihr tauscht gewisse Merkmale gegen andere ein: Ihr packt das in die Chronik, was nicht zu Eurer Energie passt, und nehmt Euch das, was passt. Sie alle sind Euer Eigentum.

Noch etwas: Ihr alle habt etwas, was wir als spirituelles Gefäß bezeichnen. Dieses Gefäß ist mit allem gefüllt, was Ihr als Mensch auf dieser Erde je über Gott, Geistführer, Engel, Interaktionen, heilige Kommunikation gelernt habt. Und das Gefäß gehört Euch. Es muss nicht in jedem Leben neu gefüllt werden. Es steht bereits da und wartet darauf, dass Ihr den Deckel abschraubt und alles aus ihm herausschüttet, was Ihr je gewusst habt. Es gehört zum System der spirituellen Akasha-Chronik. Es ist die spirituelle Vergoldung von allem, was ist, und das ermöglicht es einem scheinbaren Novizen auf diesem Planeten, über Nacht ein Meister zu werden. Dieser Novize hat seinen Tribut gezollt und Entsprechendes durchlebt. Vielleicht ist er für seinen Glauben sogar gestorben.

Viele von Euch haben vor bestimmten Dingen Angst, weil sie aufgrund dieser Dinge gestorben sind. Einige von Euch wollen von der ganzen Esoterik nichts wissen, da mit ihr die Angst vor Erleuchtung und Tod verbunden ist. Eure Angst ist so stark, dass Ihr das Gefäß gar nicht erst öffnen wollt. Viele werden diese Prämisse von sich weisen und einfach nicht glauben. Na ja, nicht so ganz. Ihr glaubt durchaus, ihr wollt nur dieses Mal die Finger davon lassen. Ich weiß, wer dies liest. Das erste Attribut in der schwierigen Kategorie besteht also darin, das spirituelle Gefäß zu öffnen und Euch mit allem einzudecken, was Ihr je zuvor gelernt habt. Habt Ihr davor Angst? Einige von Euch waren in der Geschichte des Spirituellen von großer Bedeutung. Das ist die Wahrheit.

Nicht nur tragt Ihr spirituelles Wissen in Euch – Ihr tragt auch das Gefäß der *Persona*, die Ihr einmal gewesen seid.* Es ist schwierig, Euch das zu erklären. Über Nacht mag jemand, der sich scheinbar überhaupt nicht für Metaphysisches interessiert, ein herausragender Lehrer auf dem Gebiet werden. Der Inhalt ergießt sich aus dem Gefäß, und alles, was der Betreffende tun muss, ist zu lernen und sich auf lineare Weise anzuhören, wie die Informationen genutzt werden. Aus Nichtlehrern werden Lehrer. Diejenigen, die über absolut kein Wissen verfügten, haben nun großes Wissen. Diejenigen, die keine Ahnung hatten, haben große Weisheit.

Das spirituelle Gefäß – das ist das Schwierige. Es ist da; Ihr alle habt es.

---

* Der Tiefenpsychologe Carl Gustav Jung (1875–1961) bezeichnete mit *Persona* die äußere Persönlichkeit im Gegensatz zur *Anima* als der inneren Persönlichkeit. Für ihn ist die *Persona* eine Art Hülle des Ichs, zum Beispiel der Polizist in Uniform oder der Richter im Talar. – Der Verlag

Ihr könnt eine Persönlichkeit annehmen, die voll und ganz anders ist als die, mit der Ihr geboren wurdet. Seid Ihr darauf vorbereitet? Hängt Ihr zu sehr an den Ängsten, Phobien und Blockaden? Hättet Ihr gerne eine friedvollere Persönlichkeit? Das ist eine Angst für sich, oder? Ihr habt vielleicht das Gefühl, Euch selbst zu verlieren, nur um Euch selbst zu finden! Das ist in dieser schwierigen Kategorie etwas, was für Euch zugänglich wird. Das sind die Dinge, die Euch durch die Verbindung mit dem Höheren Selbst mit großer Klarheit gegeben werden können. Wachstum in diesen Punkten verlangt größere Fähigkeiten, was die Kommunikation vom Menschen zum Höheren Selbst anbelangt. Jeder Schritt sorgt dafür, dass Eure Verbundenheit zunimmt.

Ich höre, wie Ihr dies in Frage stellt: »Moment, Kryon. Du hast gesagt, wir würden eine Verbindung zu unserer DNS herstellen, nicht mit dem Höheren Selbst.« Ja, das habe ich. Was meint Ihr, wo das Höhere Selbst ist? Es ist in der interdimensionalen DNS. Wir haben Euch sogar die Informationen dazu übermittelt, in welcher DNS-Schicht es enthalten ist, und den hebräischen Namen dafür. Wir haben Euch sogar gesagt, dass seine Zahl die Sechs sei: die sechste Energie der DNS. Diese zentralen Informationen, dieses Höhere Selbst, blitzen in Billionen von Teilchen der DNS auf, die alle zusammenwirken, um die Person zu erschaffen, die Ihr seid. Euer Höheres Selbst ist nicht irgendein Engel am Himmel. Es ist in Eurem eigenen Innern, eingebettet in Eure Zellstruktur. Hier gilt es so vieles zu wissen.

Ihr sagt vielleicht: »Kryon, jetzt bin ich verwirrt. Wo ist Gott bei alledem?« Genau dort, wo Ihr nie hinschauen würdet: Gott ist die Idee einer liebevollen Familie von spirituellen Helfern irgendwo jenseits des Schleiers. Gott ist Liebe, und doch könnt ihr diese Fülle nicht wirklich außerhalb von Euch finden. Es ist eine immerwährende Suche, und der Mensch ist schon seit Anbeginn der Schöpfung auf der Suche nach Gott. Nun offenbare ich Euch aufs Neue, dass das System Gott in Eurem Inneren ist und dass Ihr die Essenz Eurer Göttlichkeit in der interdimensionalen DNS in Eurem eigenen Körper findet. Schweigt still und wisst, *dass Ihr Gott seid.* Lasst zu, dass die Suche endet, und feiert den Sieg, die Wahrheit am allerunwahrscheinlichsten Ort zu finden: *in Euch.*

Damit sind wir fast am Ende hiervon. Wie würde es Euch gefallen, Talente zu haben, die Ihr heute noch nicht aufweist? »Kryon, wie kann das sein? Entweder habe ich ein Talent, oder ich habe es nicht. Entweder kann ich Klavier spielen oder nicht.«

Wie 3D-mäßig von Euch! Da habt Ihr es wieder: Ihr kommt zu dem Entschluss, das sei's dann wohl gewesen. Ihr fühlt Euch wie ein Kuchen: Wenn Ihr aus dem Backofen kommt, seid Ihr fertig! Ihr begreift nicht, dass Ihr nur die Ausgangsrezeptur seid und dass das Rezept danach schreit, abgewandelt zu werden. In Euren Akasha-Aufzeichnungen – das heißt, in Eurer DNS – ist die Erinnerung an Talente, von denen Ihr nicht meint, dass Ihr sie habt, die Euch aber tatsächlich schon einmal gegeben waren. Auch da sprechen wir wieder vom Schürfen in der Akasha-Chronik. Wir haben es bereits an früherer Stelle angesprochen. Es dauert Jahre. Aber machbar ist es. So etwas kann geschehen, und Entsprechendes lässt sich wachrufen. Wovor habt Ihr Angst? Warum nicht gleich anfangen?

Ihr sagt: »Schön und gut, aber ich bekomme ja kaum den Mund auf, wenn ich vor anderen sprechen soll. Ich kann das einfach nicht gut.« Und was ist mit dem Redner im dritten Jahrhundert? Willst Du den außer Acht lassen? Schließlich warst das Du! Möchtest Du nicht losziehen und Dir die entsprechenden Eigenschaften wieder besorgen? Der Redner ist eine Autorität, wenn er spricht, und die Menschen hören ihm zu. Das ist ein Talent. Viele von Euch tragen es zwar in sich, aber es wurde ihnen nicht in die Wiege gelegt. Von daher könnt Ihr es Euch nicht so recht vorstellen. Kann doch nicht sein, dass Ihr dann so viele Leben führt, ohne dieses Talent zu haben. Ich sage es noch einmal: Deine eigene Geschichte bietet eine so breite Palette, dass Du Dir etwas davon herausziehen kannst, lieber Mensch. Es steht Dir zur Verfügung, auf dass Du es weiterentwickelst. Klingt reichlich seltsam? Erkundige Dich irgendwann einmal bei meinem Partner danach. Er hat es getan.

Jetzt der schwierigste Punkt: Wie würde es Euch gefallen, Eure DNS so umfassend zu verändern, dass die Krankheit, die jetzt in ihr wütet, sich nicht einmal mehr daran erinnert, dass es sie je gegeben hat? Begebt Euch in die Akasha-Chronik hinein und beschafft Euch die unbelastete DNS, die Ihr hattet, *bevor* die Erkrankung jemals in

Erscheinung trat! Die DNS weiß noch, wie das war. Sie war ja beteiligt, erinnert Ihr Euch? Macht Euch daran, Eure eigene DNS auf der interdimensionalen Ebene so zu verändern, dass die Krankheit zurückgeht, verschwindet und nie wiederkommt.»Klingt nach einem Wunder, Kryon!« In der Tat, das ist es ... das Wunder des Umschaltens auf Meisterschaft.

Wunder sind lediglich etwas, das jenseits Eurer normalen Glaubenssätze angesiedelt ist. Ändert Eure Glaubenssätze, und Wunder werden etwas ganz Alltägliches. Mitunter heben die Menschen, wenn diese *wundersamen* Dinge geschehen, die Hände zu Gott und sagen: »Danke, Gott!« Sie machen sich nicht klar, dass sie ihre eigene DNS aktiviert und sie so wirkungsvoll gemacht haben, dass sie etwas empfangen haben, was früher nur die Meister geben konnten. Sie tauschten also einfach etwas, worüber sie verfügten und was sie eintauschen konnten, gegen etwas anderes ein, auf eine nicht lineare Weise. Sie brachten Heilung in ihr eigenes Leben.

Das, wovon man einmal gedacht hatte, man könne es nur von den Meistern empfangen, ist jetzt allen zugänglich. Das ist die neue Macht des Menschengeschlechts. Weniger als ein halbes Prozent werden das jemals tun. Aber Ihr gehört mit zu dieser Gruppe, und Ihr wisst es.

Wir würden Euch all das nicht sagen, wenn es nicht so wäre, wenn es nicht stimmen würde. Wir haben nur die Tür zu einem Lehrstoff geöffnet, auf den noch weiter einzugehen sein wird.

Das Ganze hat System. Es ist ein System, bei dem alles energetisch in der Familie bleibt, und Ihr wisst es nicht einmal. Einige von euch trauern um Menschen, die sie verloren haben, dabei haben sie sie gar nicht *verloren*. In der Linearität versteht Ihr die Liebe Gottes oder das System nicht, das zu Eurem Wohl da ist, das Euch Verbesserungen bringt. Diejenigen, die Ihr verloren habt, werden Euch Euer ganzes restliches Leben lang an der Hand halten. Seht Ihr das nicht? Es muss so sein. Das ist Euer Trost. Von dorther kommt der Frieden. Es ist dazu gedacht, Euch durch das Leben zu helfen. Es ist Eure Familie!

Hierin verbirgt sich eine Menge, und das System sorgt dafür, dass Ihr auf die Akasha-Aufzeichnungen zuzugreifen beginnt. Drückt gegen die Tür. Nehmt Euer Höheres Selbst bei der Hand und blickt nie zurück. Darin besteht die Einladung, alte Seele. Darin besteht die Einladung.

Gesegnet sind die Menschen, die dies lesen.

10

Das Wunder der
göttlichen Vergebung

Kryon, was jetzt kommt, ist die Geschichte einer guten Freundin von mir. Ich würde sie – meine Freundin hat es mir erlaubt – den Leserinnen und Lesern gerne erzählen. Von Dir hätte ich gerne einen Kommentar dazu, der erklärt, was sich da genau abspielte.

Die Freundin gehört in meinem Bekanntenkreis zu der seltenen Sorte Mensch, die das Wort »Vergebung« zu verstehen scheint. Hier also ihre Geschichte:

Letztes Jahr stand ihr Mann mit seinem Wagen vor einer roten Ampel, als ein Betrunkener gegen sein Auto torkelte. Sie gerieten deshalb ziemlich aneinander. Danach entfernte sich der Mann meiner Freundin vom Schauplatz des Geschehens. Für ihn war die Sache erledigt.

Rund eine Woche später las er jedoch in der Lokalzeitung, die Polizei sei auf der Suche nach einem Mann, der in einen Unfall verwickelt war! Er erkannte das geschilderte Freignis wieder und beschloss – ehrlich, wie er war – zur Polizei zu gehen und einfach zu erklären, was vorgefallen war. Und an diesem Punkt veränderte sich sein ganzes Leben – und das Leben seiner Familie! Die Polizei nahm ihn nämlich fest, denn der Betrunkene war hinterher gestürzt und lag nun im Koma! Zu dem Zeitpunkt wusste man auf der Wache nicht, ob man es mit einem Unfall zu tun hatte oder mit einem tätlichen Angriff.

Niemand konnte genau sagen, was passiert war, da der Betreffende nicht vernehmungsfähig war. Während des ganzen Martyriums wiederholte meine Freundin mir gegenüber immer wieder: »Er ist einfach nur ein armer Teufel, und ich verzeihe ihm. Alles ist schließlich nur eine Illusion.« Zwar hatte sie

ziemliche Angst um ihren Mann, auf den womöglich schwerste Anschuldi-
gungen samt allen Konsequenzen zukommen würden, falls der Mann sterben
sollte. Aber ihr gläubiges Vertrauen blieb unbeirrt bestehen.

Die Geschichte zog sich über Wochen hin. Schließlich sah es so aus, als
würde der Mega-GAU eintreten: Die Ärzte schalteten die Geräte ab, die den
Komapatienten am Leben hielten, weil sie keine Chance mehr sahen, dass
er jemals aus seinem Koma aufwachen würde. Die ganze Familie war am
Boden zerstört, als das bekannt wurde.

Meine Freundin aber sagte immer wieder zu mir: »Was auch geschieht, es
ist alles eine Illusion. Ich verzeihe dem Betrunkenen, und ich verzeihe auch
mir selbst.« Und dann geschah das Wunder. Obwohl der Mann seit Wochen
im Koma lag und die lebensverlängernden Maßnahmen eingestellt worden
waren, starb er nicht etwa – er wachte auf! Und nicht genug damit, dass er
aufwachte: Es war alles in Ordnung mit ihm! Er konnte sich nicht einmal
mehr erinnern, was in dieser Unfallnacht passiert war. Das Ende vom Lied
war, dass sämtliche Anklagepunkte gegen den Mann meiner Freundin fallen
gelassen wurden. Er wurde freigesprochen, und der einstige Komapatient lebte
einfach so weiter, als sei nichts geschehen.

Kryon, für mich ist das ein Beispiel dafür, was geschehen kann, wenn man
die wahre Natur göttlicher Vergebung begreift, aber auch die Tatsache, dass
alles Illusion ist und dass wir aus dem Drama herauskommen, wenn es uns
gelingt, etwas an der Illusion zu verändern.

In diesem Fall hatten wir es mit dem schlimmstmöglichen Szenario zu tun:
Der eine Mensch liegt im Sterben, und für den anderen steht eine Veränderung
an, die sein ganzes Leben auf den Kopf stellt. Aber gleichzeitig gab es auch
das bestmögliche Szenario und all das Positive, das es mit sich brachte. Es ist
fast so, als sei das alles nicht geschehen. Nun hatten sich die Schwierigkeiten
ja nicht einmal auf das Leben meiner Freundin bezogen, sondern auf das ihres
Mannes. Ich denke, dass das Ganze wirklich sehr kraftvoll war.

Kannst Du mir erklären, was sich da abspielte und wie es möglich war,
dass es so wunderbar ausging? Meine Freundin ist davon überzeugt, dass
dieser Vorfall anders ausgegangen wäre, wenn es zehn Jahre früher passiert
wäre, weil sie damals noch nicht so gut verstand, wie so etwas läuft.

Durchaus. Betrachte diese Dinge als einen Tanz von Energie. Aus
ihrer Sicht tat sie nichts weiter, als dass sie *der Energie Raum gab, die*

den Mann aufwachen lassen würde. Kann ein Mensch das Leben eines anderen verändern? Nicht direkt. Aber dadurch, dass Menschen ihre eigene Realität arrangieren, legen sie ein Beet von Potenzialen an, in dem ein anderer arbeiten kann.

Wenn Ihr zum Beispiel einen Weg anlegt, und es kommen Leute, die ihn entlanggehen, habt Ihr sie dann dazu gebracht, das zu tun? Die Antwort heißt »nein« – Ihr habt ja nur den Weg angelegt. Die Entscheidung, ihn zu benutzen, kam von den Leuten. Aber das Potenzial dafür, dass sie das tun würden, war beträchtlich, oder? Seht Ihr, wie das funktioniert?

Dass die Freundin verzeihen konnte und anerkannte, dass sie es mit einer Illusion zu tun hatte, schuf einen Weg, über den ein Mensch aus dem Koma herauskam. Das ist eine profunde Sache, denn jetzt versteht Ihr vielleicht, wie ein Einziger, der auf diesem Planeten im Licht arbeitet, das Leben so vieler anderer um sich herum verändern kann. Die betreffende Person bringt niemanden dazu, etwas zu *tun*. Vielmehr erzeugt sie eine Energie, die so anziehend ist, dass viele Interesse an ihr bekommen und von dort Hilfe erfahren.

Gewöhnt Euch an Derartiges, denn genau darum geht es, wenn Ihr Eure eigene Realität erschafft. Wenn Ihr erschafft, was Ihr braucht, bezieht das auch andere mit ein, aber macht Euch klar, dass Ihr nicht die Kontrolle über sie habt! Jetzt wisst Ihr also: *Während Ihr Euer eigenes Leben kreiert, bahnt Euer Licht einen Weg, den andere beschreiten können … ein Potenzial, das für viele oft in eine Situation mündet, von der alle profitieren.*

11
Eine verblüffende energetische Veränderung

DAS EREIGNIS AM 13. UND 14. OKTOBER 2008

Meine Lieben, im Oktober 2008 gab es etwas, was Ihr eine *Potenzial-Vorhersage* nennen würdet. Ich kann jetzt darüber sprechen, da der Oktober 2008 in der Vergangenheit liegt.

Prognosen haben sich in der Wissenschaft auf diesem Planeten bestens etabliert. Seit mehr als einem Jahrzehnt hat man an Universitäten, Stätten der Gelehrsamkeit, vor allem in Verbindung mit dem »Human Consciousness«-Projekt der Princeton University, herausgefunden, wie man bestimmte Geräte dazu bringen kann, auf menschliche Bewusstseinsvorgänge zu reagieren. Und da das menschliche Bewusstsein interdimensional ist, schlagen diese Geräte aus, bevor es zu einem Ereignis kommt! Ihr könntet sagen, dass sie in der Lage sind, nach dem Zufallsprinzip Potenziale aufzufangen. Das ist kein Geheimnis, und mein Partner hat über Derartiges in seinen Vorträgen schon berichtet. Es ist eine interessante Untersuchung der menschlichen Energie, und Futuristen lieben diese Geräte, weil sie reagieren, *bevor* etwas geschieht. Die Wissenschaftler haben das vor Ereignissen wie etwa dem Tsunami in Asien 2004 erlebt und sogar vor dem Tod von Prinzessin Diana – beides Vorfälle, die eine weltweite Woge des Mitgefühls auslösten.

Auch in jüngerer Zeit meldeten diese Indikatoren wieder, dass sich etwas tat. Ihre Ergebnisse verwiesen auf etwas im Bewusstsein der Welt, was aufgespürt wurde, bevor es eintreten würde. Das Ganze konzentrierte sich ungefähr auf Mitte Oktober 2008. Was die Geräte anzeigten, war eine Veränderung und dass diese weltweit am 13. und 14. Oktober eintreten würde. Es war eine große Sache: Die Erde verlagerte sich auf eine interdimensionale Ebene. Habt Ihr das gewusst? »Nein, habe ich nicht«, sagt Ihr, und so will ich Euch jetzt davon berichten.

Wie soll ich es beschreiben? Der Mensch neigt in seinem jeweiligen persönlichen Glaubenssystem dazu, interdimensionale Potenziale zu linearisieren, damit sie für das Denken in 3D taugen. Tausende von Menschen waren davon überzeugt, dass es am 13. oder 14. Oktober zur Landung einer gigantischen fliegenden Untertasse kommen würde. Aus dieser fliegenden Untertasse würden weise Wesen von jenseits Eures Planeten steigen. Dieses Raumschiff würde das größte sein, das man sich vorstellen könne, und auf der ganzen Erde würde man Berichte darüber hören. Diese Gruppe glaubte fest an dieses Potenzial, denn es war eine kollektiv erlebte Vision. Sie machten es publik und zählten darauf.

Das war noch die beste Geschichte, die sie hatten, um eine Verlagerung der Erde in lineare Begriffe zu übertragen. Sie erwarteten es. Sie linearisierten es komplett, damit es 3D-kompatibel wurde und einen Sinn ergab. Sie ließen ein Raumschiff von weither landen, und es sollte weise Wesen geben, die Euch allen helfen würden. Ich sage Euch hier und jetzt, dass dagegen nichts einzuwenden ist. Es ist das Beste, was ihnen zur Verfügung stand, um sich zu erklären, was sie vor sich sahen. Ist tatsächlich ein Raumschiff gelandet, von dem auf der ganzen Erde berichtet wurde? Nein. *Aber hatten sie recht!* Ja. Es scheint ein Rätsel zu sein. Es kam nicht so wie angenommen. Aber was war da schiefgegangen, wo sich doch so viele dieser Vorhersage angeschlossen hatten? Und hatten die wissenschaftlichen Instrumente recht? Ja. Aber Ihr habt nichts gesehen, oder? Lasst mich fortfahren.

Ich habe Euch an früherer Stelle gesagt, dass Ihr keine Angst vor den bevorstehenden Veränderungen haben solltet. Das war eine dieser Veränderungen, und Kryon sah eine Herausforderung auf Euch zukommen. Denn ich sehe die Potenziale von dem, was da ist, und ich war nicht der Einzige, der das gechannelt hat. Scheinbar von vielen Quellen und Orten hörtet Ihr die Geschichte: »Behaltet den Oktober im Auge.«

Wenn Ihr zum Dreizehnten und Vierzehnten einmal die allereinfachste numerologische Betrachtung anstellt, so wird aus dreizehn eine Vier. Numerologisch gesprochen, ist eine Vier Erdenergie. Sieht man sich die Vierzehn numerologisch an, so wird aus ihr eine Fünf, »Veränderung«. Genau das stand also Gaia – der Erde – bevor: Veränderung. Ihr hattet ein Erdbeben zu erwarten. Ein großes. Ein weltweites.

Wie der Tsunami, der *de facto* so riesige Ausmaße hatte, dass sich durch ihn die Rotation des Planeten veränderte, würde dieses Ereignis etwas bewirken, das eine globale Veränderung einleitete. Nun zu dem, was Ihr wissen solltet: *Es gibt ein Paradigma rund um alte Energie, das Gaia mit dem menschlichen Bewusstsein verbindet.* Jede einzelne Veränderung auf diesem Planeten, bei der es zu einer Veränderung der Bewusstseinsschwingung kommt, erfordert irgendein physisches Ereignis auf dem Planeten. In diesem Fall sollte es sich um ein Erdbeben handeln – eine Bewegung der Kruste des Planeten –, so stark ist das menschliche Bewusstsein mit Gaia verbunden. Nun Vorsicht, mein Partner, denn ich will, dass das Folgende richtig bei Dir ankommt. Gehen wir es langsam an.

Hört genau zu: An diesen Daten, dem 13. auf den 14. Oktober 2008, wanderte der Planet interdimensional, ohne dass es zu dem erwarteten Problem kam. Allen Quellen zufolge, auch nach denen auf meiner Seite des Schleiers, erwartete man etwas Größeres als das, was dann stattfand. Wir hatten nicht erwartet, dass das menschliche Bewusstsein sich schon so weit erhoben hatte, dass nichts Physisches geschehen würde. Es ist das erste Mal, dass dies je passiert ist. *Eine wesentliche Veränderung dieses Planeten fand statt, ohne dass es zu desaströsen oder tödlichen Herausforderungen kam.* Versteht, dass diese Verbindung im Zeichen der alten Energie mit Mitgefühl zu tun hatte. Und der einzige Weg, die Art von Mitgefühl zu erzeugen, die für eine größere Veränderung erforderlich ist, bestand in der Art von Dingen, die Ihr alle gewohnt wart ... aber so kam es nicht.

Da gab es all die Vorhersagen. Was war mit der Landung der fliegenden Untertasse? Nun, interdimensional betrachtet ist dieser

Planet mehr von der Weisheit der Alten durchdrungen als je zuvor. Also wurde das erforderliche Mitgefühl auch ohne jegliche Herausforderung, ohne eine Erdbewegung bereitgestellt. Gut, ist es zu einer Landung gekommen? In gewisser Weise ja, denn nun schwingt der Planet auf einer höheren Frequenz als zuvor. Es ist ein Umschwenken des Bewusstseins, das normalerweise eine physische planetare Beteiligung gebraucht hätte, aber Ihr habt das Ganze regelrecht verschlafen, oder?

Gesegnet ist der Mensch, der es verschlafen hat, denn es vollzieht sich hier ein neues Paradigma: Veränderung ohne mit ihr verbundene Herausforderungen. Das ist das Ziel, aber es lässt sich nur erreichen, wenn das menschliche Bewusstsein eine höhere Stufe einnimmt als bisher. Nun kann ich Euch sagen, dass es nicht jedes Mal so sein wird. Aber diesmal war es so. Es ist alles rasant schnell in Bewegung, und selbst die besten Futuristen werden verblüfft sein über die fehlende Einheitlichkeit der Visionen – denn so wirkt es sich auf ein zeitloses Objekt aus, das sich fortwährend in einem schwingungsmäßigen Übergang befindet.

Auch hier hat der unfassbare Mensch uns wieder alle schockiert, wie schon 1987 bei der Harmonischen Konvergenz. Die Veränderung ist im Begriff, wirksam zu werden. Weniger als ein halbes Prozent von Euch müssen aufwachen, um Frieden auf Erden zu erschaffen. Viele rufen jetzt aus: »Ach, Kryon – wann ist es endlich so weit?« Es liegt an Euch. Aber es wird schneller geschehen, als Ihr denkt, und alles, was es für Euch zu tun gilt, ist nach innen zu schauen, um den Prozess zu unterstützen. Befreit das Licht, das Ihr in Euch tragt. Es geht darum, sich selbst zu entdecken.

12

Das Große Experiment in Sachen Mitgefühl

*K*ryon, ich finde, zum jetzigen Zeitpunkt sollten wir alle humanitär denken. In diesem Sinne verspüre ich schon länger den Drang, eine richtig große Bewegung ins Leben zu rufen – eine Bewegung, die von Mitgefühl getragen ist. Ich will ein Netzwerk von zehntausend Menschen auf die Beine stellen, die die Intention aussenden, gemeinsam dabei mitzuwirken, die Welt durch Mitgefühl zu verändern. Ich denke wirklich, dass das Mitgefühl uns zusammenbringen wird.

Ich will zehntausend Menschen aufs Neue zusammenbringen, um das Leben von einer Million Menschen zu verändern. Es geht um den Aufstieg des Bewusstseins durch unser Handeln. Das Ganze würde jede Menge Projekte beinhalten, vor allem solche, durch die Frauen ihre Macht und Kinder ihre Würde zurückerhalten. Eines ist sicher: Unsere Schwestern auf der ganzen Welt haben Probleme, und es ist nicht hinzunehmen, dass diese Situation weiter fortbesteht. Wenn wir im Namen der Frauen einschreiten, werden die Kinder automatisch ebenfalls davon profitieren.

Wie viele andere in der heutigen Zeit fühle ich mich einfach stark dazu aufgerufen, etwas zu tun: einander zu dienen, Dinge zu verändern, gemeinsam das Leben von Menschen zu verändern. Nicht nur von Veränderung zu reden, sondern sie in die Tat umzusetzen.

Ich bin überzeugt, dass man ein solches Projekt im Rahmen der neuen Energien ins Leben rufen und vielleicht den einen oder anderen Einfluss auf die Welt nehmen könnte. Notfalls mache ich es auch allein. Aber wenn man viele Menschen hat, die die gleiche Richtung einschlagen, kann sich schneller etwas ändern. Jedenfalls habe ich die Kühnheit, zu hoffen.

Davon abgesehen ist mir klar, dass dieses Experiment nicht nur das Leben der Menschen verändern könnte, bei denen unsere Intention ankommt. Noch mehr wird es uns, die Mitwirkenden, verändern. Ich will es wirklich ausprobieren und sehen, was eine Gruppe von Menschen gemeinsam ausrichten kann. Ein Experiment mit einer Intention.

Und dazu, Kryon, hätte ich gerne Deinen Kommentar: Was kann Intention bewirken, wenn zehntausend Menschen sich zusammentun, um etwas zu verändern? Wie viel Einfluss hätte eine solche Gruppe?

Träume ich hier den großen Traum? Ist die neue Energie überhaupt schon so weit, ein solches Projekt zu unterstützen? Kann man zu Recht sagen, dass ein solches Experiment tatsächlich zehntausendfach multipliziert würde, da es ja vom Höheren Selbst von uns allen unterstützt würde?

Ja, so funktioniert es bei Derartigem. Es gibt sogar einen Beschleunigungsfaktor, der ins Spiel kommt, wenn viele Menschenseelen eine solche Sache beschließen. Es gibt eine Energie, die aufgrund der Quantisierung der Intention alles vergrößert. Wisse, dass dieses Projekt sich durch Deinen eigenen Prozess eingestellt hat und nicht als Botschaft von Gott. Alle Entscheidungen, die Auswirkungen auf die Welt haben, gehen auf genau solche menschliche Gedanken zurück. Die Energie ist heute startbereit für etwas in dieser Art, aber es wird die Neigung bestehen, es zu etwas Linearem zu machen – etwas zur gleichen Zeit organisieren zu wollen, in der man sich Gedanken darüber macht. Das scheint eine gute Idee zu sein. Man hat es früher schon so gehandhabt, und es war ja auch nett, jetzt aber befindet Ihr Euch in einer ganz anderen Energie – einer, die *non-linear* ist.

Es wird Zeit für eine Quantengruppe, die dafür einen Bewusstseinsraum schafft, so dass er zu ihnen wird. Dann ist es keine Frage von Planung mehr; dann ist es eine Frage des Bewusstseins. Die andere Seite arbeitet durch die Magie des Systems der Potenziale mit Euch zusammen (wieder einmal). Sie richtet Gedanken harmonisch aufeinander aus und verstärkt die Intention einer Gruppe – selbst wenn deren Mitglieder einander nicht kennen, nicht auf die Uhr schauen, um zusammenzukommen, sondern lediglich vereinbaren, in jedem Moment, in dem sie daran denken, Mitgefühl aufzubringen.

Baue die Gruppe auf. Die Leute werden sich einfinden.

Befinden wir uns wirklich am Punkt des Übergangs der alleinigen Arbeit zur gemeinsamen Arbeit? Wäre das ein Beispiel für ein Projekt, das in der Lage ist, uns allen beizubringen, wie wir gemeinsam vorgehen könnten, ohne physisch zusammen zu sein?

Ich wüsste jeden Beitrag hierzu sehr zu schätzen, weil es kompliziert wirkt und dann auch wieder simpel. Es macht mir Angst, und gleichzeitig freue ich mich riesig. Jedenfalls weiß ich, dass ich es tun muss.

Genau das ist die Idee, meine Liebe.

13

Potenzial und
Wahrscheinlichkeiten

Aktuelle Ereignisse

DAS WETTER

Im Hinblick auf das Wetter ist unser Rat ganz einfach: Versteht, dass es nicht besser wird. Wenn Ihr da sitzt und Euch das wünscht, bessert sich dadurch gar nichts. Wir haben es schon zu einem früheren Zeitpunkt erklärt und sagen es gern noch einmal: Ihr befindet Euch in einem Wasserzyklus, der absolut das Zeug dazu hat, eine *Mini-Eiszeit* auszulösen. Es mag Euch merkwürdig vorkommen, dass es erst heiß werden muss, bevor die Kälte einsetzt, aber wenn Ihr Euch die Aufzeichnungen Eurer Geologen anseht, werdet Ihr feststellen, dass genau das auch früher schon passiert ist. Ihr habt damals im fünfzehnten Jahrhundert nicht genauso Buch darüber geführt wir heute, aber es ist damals so gewesen, und Ihr habt es überlebt. Also sagen wir Euch: Die Winde werden zurückkehren, und unser Rat ist, Euch darauf vorzubereiten, indem Ihr eine Situation schafft, in der Ihr Euch an das Neue anpasst. Lernt, darauf gefasst zu sein; baut anders. Nehmt Euch die Freiheit, dort, wo Gefahr droht, nicht zu bauen, oder lernt, Eure Häuser an sicheren Orten zu errichten.

Die Mahnung lautet jedenfalls: Seid nicht schockiert, wenn es wiederkehrt. Es wird wiederkehren. Seid nicht überrascht, wenn in den Südstaaten der Vereinigten Staaten, in New Orleans, erneut die Dämme brechen, denn das werden sie. Ihr wärt sehr viel besser beraten, die Erde in dieser Stadt vom Fleck zu bewegen und auf höher gelegenem Untergrund zu bauen. Bei diesem System, das sich Bermen bedient [Entwässerungsgräben mit Böschungen – die Übers.], errichtet Ihr Häuser auf etwas, das wie lang gezogene Reihen von Erdwällen aussieht, wo nur die Straßen sich unterhalb des Wasserspiegels befinden. Die Häuser werden alle auf den Erdwällen errichtet, was die Methode nachahmt, Getreide zu bewässern. Das ist klug. Wir werden sehen, ob das geschieht.

»Was sagst Du dazu, Kryon?« Ich sage dazu, dass der Mensch sich entsprechend anpassen kann, wie er es schon in der Vergangenheit tat und wie Ihr es heute tun könnt. Wenn Ihr klüger zu denken anfangt, könnt Ihr Euch an den Klimawandel anpassen. Übernehmt die Verantwortung dafür, wie Ihr ihn beeinflusst, statt danach zu schauen, wie er sich auf Euch auswirkt. Verwandelt Klimakatastrophen in Klimaereignisse.

Habt auch keine Angst vor dem, was sich da tut. Projiziert das, was Ihr heute seht, nicht auf irgendein Drama, das Ihr für morgen erwartet. Die Erwärmung ist ein Vorläufer der Kältewelle, wie bereits in der Vergangenheit ... genau wie in der Vergangenheit. Ihr könnt herumsitzen und Euch deshalb Sorgen machen, oder Ihr könnt Euch vorbereiten.

DIE WISSENSCHAFT DES INTERDIMENSIONALEN SEHENS

Im August 2008 fand ein gewaltiges Experiment statt. Die größte Maschine der Welt nahm die Erforschung der kleinsten Teilchen vor, die es gibt. Teilchen, die unsichtbar sind. Wir sprechen hier von dem gigantischen Atombeschleuniger in der Schweiz. Von vielen Seiten hieß es: »Das ist gefährlich.« Ist es nicht. Es wird dabei nicht mehr Energie erzeugt als in dem Sperrfeuer kosmischer Energie, das jeden Moment einer jeden Sekunde auf die Erde prasselt. Man erschafft dort lediglich dieselbe Energie unter kontrollierten Bedingungen, damit man sie erforschen kann. Diese Erforschung ist unter Zufallsbedingungen nicht möglich.

Man arbeitet dort mit Protonen und Antiprotonen und beschleunigt sie auf bis zu neunzig Prozent der Lichtgeschwindigkeit. Dann

lässt man sie im größten physikalischen Experiment aller Zeiten auf-
einanderprallen. Lasst mich Euch schildern, worin die Potenziale des
Ganzen bestehen, und merkt Euch, dass Ihr das hier zum ersten Mal
gehört habt. [Kryon-Lächeln] Was wir hier vor uns haben, ist interdimensionale Energie. Die Wissenschaftler sind auf der Suche nach
etwas, bei dem sie den Verdacht hegen, dass es da sein muss. Und sie
werden es finden – denn was sie da ergründen, ist die universelle Schöp-
fungsenergie. Lasst mich Euch sagen, wie profund das ist, was sie
innerhalb des nächsten Jahrzehnts entdecken werden: Das Szenario
der Entstehung des Universums wird neu geschrieben! Der Urknall
hat nie stattgefunden (wie von uns viele Male gesagt). Schon von der
Idee her ist der Urknall eine dreidimensionale Erklärung eines interdimensionalen Attributs. Universen werden ständig geschaffen, und
zwar durch eine interdimensionale Verschiebung – wo eine Dimension buchstäblich mit einer anderen kollidiert. Es ist ein grandioses
Quantenereignis. Dabei kommt es zu all den Merkmalen, die Ihr als
den Urknall beschreibt.

Ein Rückblick: In 3D gab es bei Euch eine Menge Wissenschaftler, die sich mit dem auseinandersetzten, was nach Ihrer Meinung
die Urknalltheorie bewies. Sie hatten das Überbleibsel von dem
gefunden, was sie für den Beweis hielten (die »Kosmologische Konstante«*). Namen wie Hubble und andere** waren hier an vorderster
Front. Durch Beobachtung der kleinsten bekannten Teilchen steht
dies jedoch kurz davor, in Frage gestellt zu werden.

Dabei kam selbst die Urknalltheorie am Anfang nicht ohne das Interdimensionale aus, denn man erkennt durchaus an, dass alles sich

---

* Eine physikalische Konstante in Albert Einsteins (1879-1955) Gleichungen
der allgemeinen Relativitätstheorie von 1916, welche die Gravitationskraft als
geometrische Krümmung der Raumzeit beschreibt, eingeführt, um ein statisches,
immer gleich bleibendes Universum beschreiben zu können. – Der Verlag
** Der amerikanische Astronom Edwin Powell Hubble (1889-1953) entdeckte
die räumliche Verteilung der Galaxien und stellte einen linearen Zusammenhang
mit der von ihm und Milton Humason (1891-1972) entdeckten »Rotverschie-
bung« fest, konnte ihn sich aber nicht erklären. 1929 folgerte der belgische Jesui-
tenpriester Abbé Georges Lemaître (1894-1966) daraus, dass der Weltraum sich
nach einem Urknall ausdehnt. – Der Verlag

schneller als mit Lichtgeschwindigkeit bewegt haben muss und dass alles gleichzeitig geschah. Damals, als diese Theorie aufkam, verstand man sie einfach so, dass es irgendwie für einen Moment einen Riss in 3D gab, der das entstehen ließ, was Ihr vor Euch seht. Heute hätte man das als Eigenschaft eines Quantenereignisses gesehen, und genau das wird man in dem genannten Labor herausfinden, denn man ist dort im Begriff, etwas zu Gesicht zu bekommen, was von einem interdimensionalen Zusammenstoß übrig geblieben ist. Es ist überall. Es ist die »neue« Kosmologische Konstante. Wenn Ihr erst einmal Zeuge der Dimensionen werdet, die unsichtbar sind, oder zumindest die Eigenschaften miterlebt, die man bei den künstlich herbeigeführten Explosionen verfolgen kann, wird es offensichtlich werden. Mit alldem will ich Euch auf diese kryptische Weise sagen, dass das Experiment, um das es hier geht, ungefährlich ist, langfristig, und dass Eure Wissenschaft endlich in der Lage sein wird, Interdimensionalität in Reinkultur zu beobachten.

Werdet Ihr Euch, wenn nichts passiert und die Erde nicht von einem in der Schweiz erzeugten Schwarzen Loch verschlungen wird, an diese Botschaft erinnern? Werdet Ihr entsprechende Blicke auf diejenigen richten, die sich anders geäußert haben, und sie für das Drama verantwortlich machen, das sie selbst geschaffen haben? Wir werden es sehen.

Wenn es Dinge auf diesem Planeten gibt, vor denen Ihr gewarnt werden müsst, so achtet darauf, ob von unserer Seite Konsens hierzu besteht und wir ebenfalls warnen. Erinnert Ihr Euch an HAARP?* Wir warnten Euch damals, und Ihr habt reagiert. Dieses Experiment wurde in einem Großteil Europas als gefährlich eingestuft, und es wurden Schritte eingeleitet, um zu regeln, was die Einrichtung tun durfte

---

* HAARP, ein 1993 gestartetes ziviles und militärisches Forschungsprogramm der USA, bei dem hochfrequente elektromagnetische Wellen zur Untersuchung der oberen Atmosphäre eingesetzt werden, soll angeblich auch Überschwemmungen, Stromausfälle und Vulkanausbrüche herbeiführen sowie für Gedankenmanipulation genutzt werden. Näheres hierzu in: Lee Carroll, *Über die Schwelle – die neue Energie des Jahrtausends verstehen lernen*, Kryon-Buch 6, übersetzt von Petra Ostergaard; die gebundene Ausgabe erschien 2003 bei Koha, wo seit 2007 auch eine Taschenbuchfassung vorliegt. – Der Verlag

und was nicht. Wenn viele ein wachsames Auge auf etwas haben, wird es sehr erschwert, etwas im Geheimen durchzuführen. Merkt Euch: *Die Energie des Denkens auf diesem Planeten ist im Umbruch.*

Ist die *Energie des Denkens* etwas Aktuelles? Ja, und sie durchläuft große Veränderungen, genau wie von uns angekündigt. Das Denken der Menschen ändert sich. Viele von ihnen gelangen zu einem neuen Verständnis und zu wahren Offenbarungen, selbst in der Wissenschaft. Es ist ein neues Denken im Gange im Hinblick darauf, wie alles funktioniert. Wir haben Euch ja gesagt, dass es schließlich dazu kommen würde.

Diejenigen, die nie im Leben Esoteriker sein werden, liefern Euch esoterische Informationen, und sie nennen es Wissenschaft. Es werden derzeit Entdeckungen gemacht, die ein interdimensionales Denken einläuten werden. Die Wissenschaft wird neu geschrieben, wenn es darum geht, was real ist und was nicht. All das verträgt sich mit dem, was wir Euch zu den Potenzialen dieses Planeten gesagt haben.

Nun, wie spiegelt sich das in den aktuellen Ereignissen wider? Ihr steht an der Schwelle zu etwas, und ich werde Euch sagen, zu was. Liebe Menschen, Ihr könnt den Frieden auf Erden haben, aber Ihr werdet noch so manche Drehung vollziehen, während Ihr herausfindet, was Ihr wollt und was nicht. Es begann 2008 und setzt sich bis 2010 fort. Es gibt da so einige potenzielle Ereignisse, die Ihr im Auge behalten solltet.

Das Jahr dazwischen, 2009, war ein Elfer-Jahr. Die Elf hat numerologisch viele Bedeutungen. Was sie für Euch nach der alten Numerologie bedeutet, spielt keine Rolle. Die Elf ist die Zahl dieses Zeitalters. Wir haben Euch das schon gesagt, als wir in Erscheinung traten. 1989 nannte ich Euch in der ersten Durchgabe im ersten Buch die Bedeutungen der Elf. Gerade habt Ihr wieder ein Elfer-Jahr hinter Euch gebracht (2009), und es war das letzte Mal vor 2012, dass Ihr es mit der Elf zu tun hattet. Und jetzt möchte ich Euch eines sagen: *Achtet darauf, wie die jungen Leute auf diesem Planeten in den nächsten paar Jahren etwas bewegen – etwas bewegen, wie Ihr es von der Jugend nicht erwartet.*

Einer der gewaltigsten Punkte ist der potenzielle Sturz von Diktatoren. Das ist das Potenzial, von dem wir sprachen, als wir Euch sagten, dass die sich gegen den Brustkorb trommelnden Diktatoren dieser Erde Auslaufmodelle sind und durch wohlwollende politische Führer ersetzt würden. Es ist der Anfang eines veränderten Bewusstseins, das neue Vorstellungen darüber hat, wie staatsmännisches Gebaren aussehen sollte und was gewöhnliche Menschen von ihrer Führungsspitze erwarten.

In der alten Energie hat man die Regierung in manchen Ländern einfach hingenommen. Ohne sie wäre das Chaos ausgebrochen, von daher war es akzeptabel, eine solche Instanz zu haben, wie auch immer sie im jeweiligen Land beschaffen sein mochte. Das ist deshalb eine Vorstellung, die der alten Energie entspringt, weil sie diejenigen hervorgebracht hat, die schließlich an den Schalthebeln der Macht saßen, ohne über die entsprechende moralische Integrität zu verfügen. Das wird sich ändern – auch in Eurem eigenen Land. Denn die Menschen werden jetzt zunehmend erwarten, dass politische Führer sich moralisch integer verhalten. Das ist neu. Achtet darauf!

Ein kurzer Blick auf die nächsten beiden Generationen

Lasst mich Euch etwas sagen: Das Erste, was Ihr bei den nächsten beiden Generationen erleben werdet, ist eine Veränderung bei Dingen, von denen Ihr gedacht hättet, sie würden nie anders. Viele, die dies lesen, werden sagen, dass das, was ich Euch gleich sagen werde, unmöglich ist. Denn es geht um eine Veränderung der *grundlegenden menschlichen Natur*. Wie geht Ihr miteinander um? Was denkt Ihr über andere? Was haltet Ihr für korrekt und richtig? Wie reagiert Ihr spontan auf Herausforderungen? Großes Drama? Neid und Eifersucht? Es wird zu einer Mäßigung des Unangemessenen im Leben kommen. Diese Aspekte stehen für Dualität, und diese Dualität ist im Wandel begriffen.

Es wird gerade einmal zwei Generationen dauern, bis der Tag kommt, an dem die Dinge nicht mehr so sind wie heute. Hier ein paar Beispiele:

Staatsmänner

Es wird schließlich der Punkt kommen, an dem sich dies an der Spitze der Staaten spiegelt. Politische Führer werden aufgrund ihres Mitgefühls für die anderen um sie herum und wegen ihrer guten Ideen für sie gewählt werden – nicht nur, weil sie beliebt sind oder Charisma haben. Könnt Ihr Euch eine solche Veränderung vorstellen?

Könnt Ihr Euch vorstellen, wie sich etwas am gesunden Menschenverstand ändert? Ihr sagt: »Moment mal, Kryon. Gesunder Menschenverstand ist eben gesunder Menschenverstand.« Nein, ist er nicht. Der gesunde Menschenverstand ist durchaus dynamisch. Er ist einfach Eure Vorstellung davon, was naturgemäß funktioniert, geprägt vom gerade vorherrschenden Bewusstsein. Was passiert, wenn ein Bewusstsein sich verändert? Den Merkmalen des gesunden Menschenverstandes ergeht es dann nicht anders.

Ich sage euch eines: Wenn Ihr bei einigen Gesprächsrunden in fünfzig Jahren anwesend sein und hören könntet, was man dort für gesunden Menschenverstand hält, wäret ihr bass erstaunt. Es ist buchstäblich ein Hohn gegenüber dem, was Eurer Erwartung nach passieren wird. Schaut Euch an, was in den letzten dreißig Jahren mit Amerika passiert ist – was Ihr jetzt offen erörtern, worüber Ihr reden und was Ihr verändern könnt. Schaut Euch an, was Ihr allein schon in Eurem Land zustande gebracht habt – gegen alle Widrigkeiten in Form von dem, was man einmal – jeweils kulturell bedingt – als die menschliche Natur betrachtete. Nun, macht das einfach noch mal! Verstärkt es. Ich sage Euch Folgendes: Die Vorstellung von der menschlichen Natur und dem gesunden Menschenverstand wird sich vollständig ändern, und das Gleiche gilt für das Ziel – das Ziel Eures Daseins.

So viel also zu dem, was vor Euch liegt. Es hat mit der Erschaffung von Ordnung hinsichtlich der Integrität von allem in Eurer Gesellschaft zu tun. Was habt Ihr im letzten Jahr erlebt? Wie viele politische Führer hat man wegen bestimmter Enthüllungen vom Thron geholt? Ist Euch das aufgefallen? Ist die Sache mit der Integrität etwa ansteckend? [Kryon-Lächeln] Die Antwort lautet: »Ja.« Es wird auch Zeit dafür, und das wisst Ihr. Lasst mich Euch sagen, dass es noch drei weitere politische Führer gibt, denen bereits die Knie schlottern, während wir hier sprechen. Ihr werdet es sehen. Es wird Zeit, sie wegen solcher Dinge zur Rede zu stellen, oder? Und genau das tut Ihr gerade.

Terrorismus

»Tja, Kryon, den ganz dicken Brocken hast Du aber noch nicht angesprochen: den Terrorismus.« Ich schätze einmal, Ihr meint, Kryon wüsste nichts von ihm? Die Informationen, die ich Euch jetzt geben werde, habt Ihr nicht erwartet: *Ihr werdet Terrorismus nicht mit Terrorismus besiegen, niemals.* Ihr werdet eine Gewalt, die der alten Energie angehört, nicht mit Gegengewalt bezwingen. Es wird einfach nicht funktionieren. Probiert es. Es wird jedes Mal fehlschlagen. Kaum habt Ihr den einen Brand gelöscht, flammt an anderer Stelle der nächste auf. Es schlägt permanent fehl.

Den Terrorismus bekämpft Ihr so: mit einem neuen Bewusstsein der neuen Menschheit. Es wird auf diesem Planeten eine Zeit kommen, nicht allzu fern der heutigen, wo der Menschheit der Terrorismus schon allein als Idee bewusstseinsmäßig nicht schmecken wird, weil man eines Besseren belehrt wurde. Je öfter er nicht funktioniert, desto weniger wird es von ihm geben, da er ja nicht mehr zu dem gewünschten Resultat führt ... Da ist es eine Frage des gesunden Menschenverstands, nicht damit weiterzumachen. Terrorismus wird nicht einmal mehr Angst erzeugen! Vielmehr werden ihn selbst diejenigen, die ihn einmal als den einzigen Weg gesehen haben, verabscheuen. Ist Euch klar, was ich da sage?

Afrika

In zwei Generationen wird Afrika als größter Teilnehmer des globalen Wettbewerbs auf der Erde auftauchen, mit einer gewaltigen Volkswirtschaft, die sogar der Chinas Konkurrenz macht. Ganz gleich, was China unternimmt, ganz gleich, wie hoch die Bevölkerungszahl dort auch sein wird – diese neue Volkswirtschaft wird sich im Wettbewerb erfolgreich behaupten, denn in China kommt nur langsam etwas in Bewegung und das Land muss sich erst durch sein eigenes historisch gewachsenes Bewusstsein durchackern.

Da ist ein ganzer Kontinent, der reif dafür ist, geheilt zu werden. Im Moment herrschen dort Krieg und Bürgerkrieg, und das war schon bei Eurer Geburt so. Er ist krank, aber er wird nicht für immer krank bleiben. Millionen und Abermillionen von Einzelpersonen spielen dabei eine Rolle und wissen noch nicht welche, denn wie bei fast allem anderen ist auch hier eine Heilung höchst unwahrscheinlich.

Was geschieht, wenn man einen Kontinent heilt? Ihr werdet es sehen, denn er ist im Begriff, geheilt zu werden. Wenn es dazu kommt, werden die Menschen dort entdecken, dass sie eine Wirtschaft aufbauen können, die so gut ist wie Eure, denn Ihr habt den Standard dafür vorgegeben! Sie werden es so in Angriff nehmen, dass sie zunächst auf Euch schauen. Wir sprechen hier von Afrika. Wir sprechen letztlich vom Potenzial einer Staatengruppe, die aus alldem hervorgehen wird, die »Afrikanische Union« oder etwas Ähnliches. Sie wird sogar ein noch größeres Konglomerat sein als die Vereinigten Staaten, nach dem gleichen Muster aufgebaut und strukturiert, mit einer Wirtschaft, die auf genau die gleiche Weise entsteht. Fast im Handumdrehen werden Millionen an ihr beteiligt sein.

Als Ausgangsenergie werden die Afrikaner sich der Lösungen bedienen, die Ihr hier für Eure Rezession findet. Dahingehend sind sie anders als andere Schwellenländer. Viele von ihnen beginnen mit und wachsen an all den Fehlern, die Ihr während Eures Wachstums gemacht habt, und durchlaufen sie aufs Neue. Nur dass die Afrikaner nicht jede Drehung und Wendung der ersten zweihundert Jahre durchmachen müssen, die Ihr hinter Euch habt. Sie werden Amerika sehen und daraus das ableiten, was Ihr ihnen beibringt. Der geheilte Kontinent wird dann ebenfalls haben wollen, was Ihr habt. Die Afrikaner werden selbst Wohlstand und ihr eigenes Bankenwesen haben wollen, das frei ist von nennenswerter Gier. Sie werden alles haben wollen, was eine Gesellschaft grandios und großartig macht, und sie werden kein Problem haben, dafür die Mittel aufzubringen. Viele stehen schon parat dafür, eine neue Gesellschaft zu gründen, in der es Kreditnehmer für Geschäfte und Eigenheime gibt. Wenn Ihr Millionen und Abermillionen von Menschen nehmt, bei denen es nicht mehr um das nackte Überleben geht, werden sie Häuser, Schulen, Fabriken und Land haben wollen. Achtet einmal darauf. Es ist unvermeidlich. Es wird schon zu der Zeit einsetzen, in der Ihr noch hier seid. Schaut Euch an, was in China geschehen ist – trotz einer nicht-kapitalistischen Regierung an der Spitze. Und dann verstärkt diese Idee für Afrika.

Eine neue Toleranz

Auch eine sehr alte Religion des Ostens wird eine Renaissance erleben, und es wird ihr ein nie gekannter Respekt entgegengebracht werden. Es wird eine Zeit kommen, in der es als barbarisch gilt, im Namen Gottes zu töten. Stattdessen wird der Grundgedanke der östlichen Religion darin bestehen, diejenigen, die mit ihr in Berührung kommen, mit funktionierenden Systemen zu missionieren sowie mit Ideengut, das Harmonie herstellt und Bekehrungswillige anzieht.

Toleranz wird sich hauptsächlich deshalb durchsetzen, weil die Jungen an die Führungsspitze kommen. Und diese jungen Leute werden ein Konzept haben, das sich sehr von der alten Energie unterscheidet. Sie werden absolut klar wissen, dass Gewalt keinen Frieden schafft. Andere Fundamentalisten vieler sonstiger Religionen, die davor durch ihre Gewaltbereitschaft von sich reden machten, werden ebenfalls zunehmend herausfinden, dass Gewalt keine Neuzugänge zu ihrer Gemeinschaft schafft – das kann nur Harmonie. Wenn es nach dem geht, was Ihr gesehen habt, haltet Ihr das für verrückt, oder? Es wird sich zunehmend ändern. Gebt dem Ganzen Zeit. Aber es passiert nicht ohne Lichtarbeiter, meine Lieben.

Wir möchten einmal einen Ausdruck verwenden, der in Eurer Kultur weit verbreitet ist: »Im Dunkeln ist gut munkeln.« Das seid Ihr. Denn je mehr Licht Ihr durch Euer Wissen auf diesen Planeten bringt – durch Kontakt mit dem Höheren Selbst, durch längeres Hiersein und indem Ihr Euch die Akasha-Chronik vornehmt –, desto mehr Licht kommt auch für alle anderen auf den Planeten, und es wird für sie sichtbar, was zuvor im Dunkeln lag. So funktioniert das Ganze. So hat es schon immer funktioniert, und nun beginnt Ihr es zu definieren. Dadurch werdet Ihr verstehen, warum Ihr hier seid.

Das ist der Anfang einer Überschneidung von Energien, und sie steht Euch unmittelbar bevor, meine Lieben. Aus diesem Grund seid Ihr hier, jeder und jede Einzelne von Euch. Hört zu: Einige von denen, die das hier lesen, haben in letzter Zeit Schreckliches durchgemacht. Ich will Euch sagen: Ich weiß, wer Ihr seid. Es gibt ja den Ausdruck: »Eisen wird mit Eisen geschärft.« Wie das Stück Eisen, auf das der Schmied einschlägt, während es noch glutrot ist, damit aus ihm ein Werkzeug wird, wenn es abgekühlt ist, so werdet auch Ihr geschärft. Dieses Werkzeug dient dann dazu, andere Werkzeuge herzustellen, und mit diesen wiederum werden wieder andere hergestellt. Wir wissen, was Ihr hinter Euch habt, und wir gratulieren Euch dazu, auf der anderen Seite bei hellerem Licht herausgekommen zu sein, als es an Eurem Ausgangspunkt herrschte.

Bringt uns das Jahr 2010 einem Ende der Dualität näher? Wie können wir an diesem Aspekt von uns selbst arbeiten? Durch Mitgefühl?

Wie wir es derzeit sehen, bringt jedes Jahr Euch näher. Wisst aber: Es ist ein sehr langsamer Prozess. Schaut Euch an, wie lange die Vereinigten Staaten gebraucht haben, bis sich dort etwas geändert hat. Einige sagen, vor acht Jahren hätte man ein ganz anderes Bewusstsein von politischer Führung gehabt.

Es hat so lange gedauert, weil solche Dinge langsam gehen. Ihr könnt also nicht erwarten, dass sich über Nacht etwas ändert. Mitgefühl ist hier der Schlüssel. Schaut Euch die neue politische Führung an – Obama. Seine mitfühlende Natur und das, was Ihr in seinen Reden seht, ziehen seine Zuhörerschaft unglaublich stark an. Mitgefühl ist der Schlüssel, und nur wenige an der Führungsspitze verfügen darüber. Viele sprechen davon, haben es aber nicht wirklich. Er schon.

Mitgefühl ist ein Ergebnis davon, quantenorientierter zu werden, nach innen zu blicken und die Frage zu stellen: »Gott, bist Du wirklich da?« Die Antwort wird »ja« heißen. Und sie wird immer mit einer Welle von Liebe einhergehen und damit, dass die Fragenden merken, dass sie eine Antwort erhalten haben! Was im Laufe der Zeit dann folgt, ist eine Zunahme des Mitgefühls.

Es ist Teil eines Bewusstseins, das sich weiterentwickelt. Seht Euch die Meister der Vergangenheit an. Alle hatten sie Mitgefühl.

Ich denke, dass wir uns alle darüber einig sind, dass das menschliche Mitgefühl einen Punkt erreicht, an dem es noch nie zuvor gewesen ist. Aber das menschliche Bewusstsein ist nur ein Teil von dem, was sich hier gerade abspielt. Jede Pflanze, jedes Tier, jeder Stein oder Baum wird für ein höheres Licht gerüstet und erhält ein neues Programm für die Rückkehr zur Höchsten Quelle.

Heißt das, dass jedes empfindungsfähige Wesen innerhalb seiner eigenen biologischen Familie ein neues Programm erhalten wird und ein neues Hologramm, mit einer anderen Speicherbank?

Es liegt ein übergeordneter Lehrplan vor, ein Plan für die Menschheit, den Ihr für 1987 bis 2025 für Euch festgelegt habt. Das sind achtunddreißig Jahre, numerologisch gesprochen eine Elf. Man könnte sagen, dass es um eine vollständige Umprogrammierung der menschlichen Natur und der Natur Gaias geht. Er ist auf das kristalline Gitter abgestimmt, und das ist etwas, was ich bald offenlegen werde.

Die Antwort ist also ein behutsames »Ja«. Allerdings haben wir es hier mit etwas zu tun, das langsam vonstattengehen wird, ebenso wie der Bewusstseinswandel, den Ihr bei der Wahl des neuen amerikanischen Präsidenten am Werk sehen konntet. Keiner ist in der Lage, den Zeitpunkt festzumachen, an dem dieser Bewusstseinswandel einsetzte – er schien einfach ganz langsam zustande zu kommen.

Der andere Gedächtnisspeicher ist nicht neu, sondern beginnt das Positive in den Akasha-Aufzeichnungen herauszufiltern und wird nicht vom Negativen gesteuert – eine vollkommen neue Richtung für die Menschheit.

Soweit ich das sehe, war 2009 ein Jahr des Schließens von Partnerschaften, aber auch ein Jahr, in dem es weiter loszulassen galt. Wir scheinen in einem dauerhaften Zustand von Frühjahrsputz zu sein, und doch habe ich das Gefühl, dass 2010 ein besseres Verständnis der Bedeutung dieses Übergangs mit sich bringen wird.

Was ist das größte Potenzial, das 2010 für uns bereithält? Im Jahr 2008
hast Du von einem zentralen Ereignis gesprochen, das vieles ändern könnte.
Kommt das planmäßig? Was ist mit dem Nahen Osten?

Das zentrale Ereignis ist schon eingetreten, und es stellt die Weichen
für 2010. Du hast schon eine Frage dazu gestellt, erinnerst Du Dich?
Der neue Präsident. Es geschah 2008; numerologisch entspricht dieses Jahr einer Eins. Eins steht für Neuanfang, von daher läuft alles
nach Plan mit dem, was ich Euch gesagt habe.

2010 wird als ein Jahr katalytischer Energie gesehen. Ja, es wird ein
Ereignis geben, und es wird für Mitgefühl sorgen. Macht Euch keine
Sorgen diesbezüglich und versucht nicht, es zu analysieren, denn es
ist nur ein Potenzial. Was, wenn es positiv wäre?

Ihr wisst nicht, wie die Potenziale aussehen. Was auch immer
geschieht, es wird helfen, den nächsten Schritt im Nahen Osten
voranzutreiben.

Nun, wer hat Dir gesagt, dass Du diese Frage stellen sollst, Martine? Manchmal lagern die Potenziale dort so offensichtlich, dass
Derartiges schon vor den Antworten bekannt ist!

14

Der Iran

*K*ryon, *Anfang 2007 stellte ich Dir bei einer Veranstaltung eine Frage zum Iran. Ich wollte gern wissen, wie Informationen zu diesem Land aus zwei zuverlässigen Quellen so unterschiedlich sein konnten. Dabei bezog ich mich einerseits auf Dein Buch* Hinter dem Schleier,* *in dem Du sagst, dass wir überrascht feststellen werden, welche Weisheit uns aus zwei Teilen der Welt, China und dem Iran, begegnen wird. Aber andererseits steht in einem Buch, das in meinen Augen ebenfalls eine sehr zuverlässige Quelle darstellt, dass die nächste Atombombe aus dem Iran kommen und natürlich im großen Stil Auswirkungen auf die Menschheit haben wird. Das ist, gelinde gesagt, verwirrend für uns.*

Im Hinblick auf den Iran besteht, was die Weltuntergangs-Prophezeiungen angeht, kein Unterschied zu denen hinsichtlich der Sowjetunion. Vom Prinzip her läuft es genauso.

Damals war nicht das russische Volk der Feind, sondern seine diktatorische Führungsspitze. Als diese Führung sich auflöste, gab es, wie Euch ja aufgefallen sein dürfte, keine Endzeitschlacht. Wie Ihr bemerkt haben werdet, geschah die Auflösung von innen heraus, und es war das russische Volk, das das System kippte. Es hatte die Weisheit, es selbst in die Hand zu nehmen, den Lauf der Geschichte zu ändern, und dabei nutzte es das Licht aller anderen auf der Erde, die sich in dem Bestreben, Frieden zu schaffen, an seine Seite stell-

---

* Lee Carroll, *Hinter dem Schleier – die Apokalypse der neuen Energie*, Kryon-Buch 9, übersetzt von Silvia Autenrieth; der Hardcover erschien 2007 im Koha Verlag, Burgrain. – Der Verlag

ten. Keine Schlacht, kein Tod, keine Bombe ... und der Westen konnte nur staunen.

Die Menschen im Iran sind sehr weise. Viele von ihnen sind noch jung – jünger als der Durchschnitt in Eurer Zivilisation. Bei ihnen gibt es nicht in solcher Zahl ältere Menschen wie bei Euch, von daher denken sie anders. Und es sind auch nicht alle radikal und bereit, sich für ihren Gott in einer Art Endzeitschlacht zu pulverisieren, sondern viele fragen sich im Stillen, wie sie ihre politische Führung wieder in den Griff bekommen und dabei trotzdem ihrem Glauben treu bleiben können. Viele haben den Wunsch, eine Situation zu schaffen, die ihnen in ihrer Region Wohlstand und ein friedliches Leben bringt.

Vertut Euch nicht. Sie sind nicht mit dem Westen verbündet, und sie sind auch nicht im Begriff, das zu tun. Sie wollen es gar nicht. Sie lieben ihre eigene Tradition und ihren eigenen Propheten. Aber sie möchten etwas ändern an der Idee, dass sie alle frei verfügbare Märtyrer sind, bereit, ihr Leben wegzuwerfen, wie die Älteren unter ihnen es vorgeben, die bereit zu sein scheinen, sie an den Rand der Zerstörung zu führen.

Sie verfügen in diesem kleinen Land über Ressourcen, die so gut wie jedem Bürger dort Wohlstand bescheren könnten. Ihre Weisheit ist daher die von Friedensstiftern und Unternehmern gleichermaßen. Ihr großer Prophet lehrte sie Einheit, und dennoch treiben die Regierenden bei ihnen auf der höchsten Ebene die Spaltung voran und machen gegen die karmische Ahnenlinie des Planeten (die Juden) mobil.* Diese Bürger des Iran beobachten das törichte Verhalten ihrer Führung, und es herrscht große Angst unter ihnen, dass sie ihr Leben und ihr Land verlieren werden ... und sie mögen im Recht sein, wenn sie nichts unternehmen. Auch hier herrscht wieder der freie Wille.

Als ich das hier schreibe, haben wir den Mai 2009, und ich schaue gerade eine meiner Lieblingssendungen, 60 Minutes. Ein Programmpunkt befasst

---

* Hier sei angemerkt, dass Kryon in seinen Schriften immer sagt, die Juden seien die karmische Ahnenlinie des Planeten. Wie es mit den Juden liefe, so liefe es mit dem Planeten. – Die Herausgeberin

sich mit dem Iran und den Veränderungen dort. Wie ein Reporter sagt, sei ein Großteil der Bevölkerung unter zwanzig und wolle Veränderung – er wolle Freiheit und lege keinen Wert darauf, als Terroristen oder dergleichen von sich reden zu machen. Seine Gesprächspartner äußerten sich von einer anderen Stadt aus, da sie in Teheran nicht die Freiheit genossen, die sie wollten und die ihnen erlauben würde, offen zu sprechen. Als ich das hörte, erinnerte ich mich sofort an das, was Du über den Iran gesagt hattest. Es tat sich etwas. Wir erlebten, wie der Iran wach wurde, aber ich hätte nie gedacht, dass ich das so bald erleben würde! Sie äußerten sich mit so viel Leidenschaft und Weisheit. Sie hatten Hoffnung.

Einen Monat später wurde im Iran gewählt, und es gab dort noch größere Veränderungen. Selbst wenn die Tür wieder verschlossen zu sein schien – einen Moment lang hatte sie weit offen gestanden. Und wir konnten durch diese offene Tür das ganze Land sehen, wie es die Welt sehen ließ, was dort gerade geschah, und uns zu verstehen gab, dass der Iran nie wieder so sein würde wie zuvor.

Ich verfolgte und las alles, was mir zu der Lage im Iran in die Finger kam, zu dem, wie ich es empfand, enormen Wandel, der sich dort abspielte. Ich las von einer jungen Frau, die sagte: »Wir wollen, dass unsere Stimmen mitgezählt werden, denn wir wollen Reformen, wir wollen Güte, wir wollen Freundschaft mit der Welt ...«

Eine andere Frau trug ein Friedenszeichen, auf dem stand »Nur Moussawi.« Sie sagte, dass das, was sie für ihr Land tat, viel wichtiger war als nach Hause zu gehen und ihren Kindern etwas zum Abendessen zu machen: »Was ich hier tue, hat größere Bedeutung für ihre Zukunft.« Einmal hatte man ihr gesagt, sie könne dafür, dass sie so offen sprach, zusammengeschlagen werden, und ihre Antwort war: »Sollen sie doch. Mein Land rast ins Verderben – was bin ich im Vergleich dazu schon wert?« Genau in diesem Augenblick schoss anscheinend ein Basiji auf sie zu, einer dieser freiwilligen Staatsbüttel mit paramilitärischem Hintergrund, und wollte auf sie einschlagen ... da geschah ein weiteres Wunder: Eine Gruppe von Männern stieg aus ihren Fahrzeugen aus, überwältigte den Mann und attackierte ihn ihrerseits mit Schlägen! Sie verteidigten die Frau!

Auch hier sagt mir die Tatsache, dass wir mitbekommen, wie mutige Menschen bereit sind, ihr Leben aufs Spiel zu setzen, damit sich in einem Land wie dem Iran etwas ändert, dass dieses Land eine Schwelle überquert hat.

Kryon, würdest Du bitte einen Kommentar zu dem abgeben, was ich das Aufwachen des Iran nenne und den Mut seines Volkes? Es erscheint so wundersam, und ich habe irgendwie das Gefühl, dass die Iraner anderen Ländern den Weg zeigen werden, auch wenn die Wogen dort sich wieder geglättet haben und sie weiter an Ihrem politischen Führer Ahmadinedschad festhalten, der sich an der alten Energie orientiert. Das ist nur der Anfang. Ich bin sicher, dass es keine fünfzig Jahre mehr dauern wird.

Wie können wir diesen Menschen bewusst helfen, ihre Ziele zu erreichen?

Meine Liebe, was Du da gesehen hast, ist in der Tat die sanfte Revolution,* von der wir gesprochen haben. Wir sollten hier einmal innehalten und prüfen, was wirklich passiert ist, da die Geschichte voll ist von Situationen dieser Art – kurzlebig, nur ein Moment der Unruhe, bevor die Behörden wieder die Kontrolle übernehmen.

Dies geht weit darüber hinaus, und es wird nicht aufhören. Die Saat ist nun ausgebracht, und alles, wonach es diese jungen Leute verlangt – was ihrer Führungsspitze offen und ehrlich vorgetragen wurde –, ist jetzt in den Untergrund abgetaucht. Die politische Führung hatte eine Chance, ihr Land zu verändern, aber sie hat versagt, und ein altes Bewusstsein hält sie davon ab, zu erkennen, dass sie versagt hat. In ihren Augen haben sie den Kampf gewonnen. Aber wie bei einer Schneeschmelze, die im Frühling einer besseren Zeit noch die größten Schneebänke zu unterlaufen beginnt, sind die politischen Führer dem Untergang geweiht.

Die Potenziale sind nun vorgegeben, und im Iran wird ein Wandel eintreten. Das Gros der Bevölkerung lauert jetzt nur auf den Moment, die Kontrolle an sich zu reißen, und wenn das bedeutet, ihre alternde spirituelle Führerschaft gewaltsam auszutauschen, werden sie es tun. Die Zeit schreitet voran, und in einer scheinbar fremdgesteuerten Gesellschaft erwacht eine neue Energie der Hoffnung und Sinnhaftigkeit, die den Iran schließlich von Grund auf verändern wird.

---

* Eine sanfte Revolution ist nach Kryons Definition alles, was nicht in Richtung eines Bürgerkrieges geht oder einer Auseinandersetzung, die Nationen spaltet, wie etwa die Konflikte in Korea und der Tschechoslowakei. – Die Herausgeberin

Die neue Energie hat dieser Sache weitaus mehr Macht verliehen, als sie es zu jedem anderen Zeitpunkt der Menschheitsgeschichte besaß. Das ist der Unterschied, und ihr könnt danach Ausschau halten.

Außerdem sind zwei bedeutende Diktaturen möglicherweise drauf und dran, aus ähnlichen Gründen zu stürzen. Nicht mit dem Ergebnis, dass ein anderer Diktator an die Spitze kommt, wie schon zuvor in der Geschichte geschehen, sondern dass sich ein System etabliert, das die Macht in die Hände einer repräsentativen Regierung legt. Denkt daran: Der freie Wille ist ein spirituelles Konzept, kein politisches.

Um noch einmal auf den Iran zurückzukommen: Statt in einem Schurkenstaat zu leben, der ein westliches System von Ungläubigen bekämpfen will, hätten diese jungen Leute viel lieber ihr eigenes System, eines, das sich komplementär zum Rest der Welt verhält, komplementär zu ihrem Glauben – und eines, das sich für freien Handel und die Hoffnung auf Wahlfreiheit für die Mehrheit der dort Lebenden öffnet. Es gibt viele islamische Nationen, in denen man dies bereits umsetzt, und es tut dem Glauben keinen Abbruch und verändert nichts an den Lehren des Propheten. Denn, um es noch einmal zu sagen, ihm ging es um Einheit. Er sprach von einem mitfühlenden Gott ... einem, der Euch alle liebt!

Der Iran kann auf eine überaus erstaunliche Geschichte zurückblicken und hat in großem Maße zur Kultur in seinem Teil der Welt beigetragen. Er ist dabei, sich als bedeutender Akteur zu etablieren, der sogar helfen wird, diesen Teil des Nahen Ostens zu stabilisieren, statt ihn zu zerreißen. Dies schafft die Möglichkeit einer mit Macht einsetzenden Renaissance des Iran. Könnt Ihr die unglaubliche Ironie in alldem sehen? Was zur »Achse des Bösen« erklärt wurde, wird stattdessen zu einem Akteur, der das Potenzial für die Stabilität in einem sehr wichtigen Bereich des Planeten mitbringt. Könnt Ihr sehen, wie sich das vielleicht irgendwann auf Israel auswirkt? Uralte Feinde erkennen bei all der Zwietracht immer mehr das Gemeinsame der menschlichen Familie. Es ist noch Generationen lang nicht davon auszugehen, dass sie Freunde sein werden, wenn überhaupt jemals, aber sie beginnen zu erkennen, dass man, um den anderen auszuschalten, nur Leid und Elend für das Leben aller fortschreibt. Der Fokus verschiebt sich zunehmend in Richtung Toleranz.

Geduld ist der Schlüssel, wie immer in dieser neuen Energie, und sich zurückzuhalten und Licht zu schicken statt Gewalt, ist die Aufgabe, die heute ansteht.

15

Frauen und die
Veränderungen im Nahen Osten

Ich weiß in meinem Herzen, dass Frauen von Natur aus Problemlöserinnen sind. Sie sind immer bestrebt, Konflikte zu lösen, statt welche zu erzeugen. Ich denke, die größte Hoffnung für nachhaltigen Frieden auf der Welt sind die Frauen. Wir haben es in zahlreichen afrikanischen Ländern erlebt, etwa in Liberia, Burundi, Sierra Leone und vielen weiteren. Wir hören selten davon, aber es ist bei näherer Betrachtung eine gut dokumentierte Tatsache. Frauen setzen sich über politische Parteien, religiöse Unterschiede und ethnische Hintergründe hinweg, um mit einer Stimme zu sprechen und Probleme zu lösen und Kriegen in ihrem jeweiligen Land ein Ende zu setzen – um ihrer Kinder willen.

Ich denke, das Gleiche geschieht derzeit im Nahen Osten. Frauen kommen zusammen und stoßen Veränderungen an. Die Medien gewähren uns keinen Einblick, aber es geschieht. Sie ziehen es vor, uns den Konflikt vorzuführen statt der Bemühungen, ihn zu lösen ... vor allem, wenn die Lösung von den Frauen kommt. Ich denke, die Afghanen sind die Vorläufer für eine neue Generation weiblicher politischer Führungskräfte. So vieles an dem Muster »Krieg« im Nahen Osten beruht auf dem Fehlen der heiligen weiblichen Energien.

Könnte man aufgrund dessen sagen, dass Frauen, die zu diesem Zeitpunkt im Nahen Osten inkarnieren, einen besonderen Schlüssel zum heiligen weiblichen Prinzip in sich tragen, um dem Göttlich-Weiblichen eine Gestalt zu geben, so dass schließlich Frieden einsetzen kann? Ich denke, dass sich in ihrer DNS ein besonderer Schlüssel für Mitgefühl findet – weitaus eher als an Orten, an denen es nicht zu Konflikten oder Kriegen kommt. Gibt es einen Plan des Mitgefühls im Nahen Osten durch die Frauen?

Meine Liebe, bei dem Schlüssel wird es sich um die Verschmelzung der Energien von Gott und Göttin handeln. Frauen kommt die behutsame Aufgabe des Mitgefühls zu, und in der Tat ist das die Energie, die man überall auf der Erde brauchen wird, vor allem in jenen Gebieten, in denen man die Energie der Göttin noch nicht erkennt. Von daher werden die Frauen gebraucht, um ein noch größeres Mitgefühl an den Tag zu legen als zuvor und auf diese Weise denen in ihren jeweiligen Kulturen bei der Veränderung zu helfen.

Friede auf Erden ist nur dann möglich, wenn es eine Vielzahl mitfühlender Menschen gibt – nicht wenn ein Geschlecht sich unterwirft und das andere die Kontrolle hat. Dieses alte System hat ausgedient – es hatte einmal seine Zeit und seinen Ort, ist jetzt aber nicht mehr überlebensfähig. Die Systeme auf diesem Planeten, bei denen dies einer der Eckpfeiler ist, werden merken, wie sie unter dem Druck der neuen Energie zu zerfallen beginnen.

Aber wisse, dass diese besonderen Frauen, bei denen Du angedeutet hast, dass sie vielleicht deshalb jetzt inkarnieren, im Grunde schon die letzten zwanzig Jahre über zu diesem Zweck auf Eure Welt kommen. Was Ihr gerade seht, lässt Dich glauben, dass etwas anders geworden sei. Der Umschwung, der sich in diesem Teil der Welt vollzieht, wird wesentlich von den leisen Kräften angestoßen, die aus genau diesem Grund auf die Erde gekommen sind.

Ihr seht es gerade überall. Und doch geschieht mit den Akasha-Aufzeichnungen in diesem Moment etwas anderes, als Ihr meint. Statt dass mehr Seelen als Frauen im Nahen Osten inkarnieren, trifft das Gegenteil zu. Frauen kehren als Männer zurück, und Männer kehren als Frauen zurück. Dadurch entsteht ein System, in dem ein größeres Gleichgewicht in Sachen Mitgefühl besteht, denn es gibt nichts, was Frauen allein tun können, um diesen Planeten zu verändern. Die Männer müssen es übernehmen, den Mantel des Mitgefühls zu teilen – etwas, worauf Mütter sich schon von Anbeginn der Zeit verstanden haben. Die Männer müssen ein altes System verändern, und das hast Du gespürt, Martine: Diese Göttinnen-Energie – die mitfühlende weibliche Energie – ist der Schlüssel. Ihr könntet also sagen, dass die sich reinkarnierenden Seelen dies stärker wahrnehmen als je zuvor und dass sie die Rollen tauschen, um bei der Herstellung des Gleichgewichts zu helfen.

Vergesst nicht: Die DNS trägt alle Erfahrungen aus früheren Leben in sich. Attribute erst unmittelbar stattgefundener früherer Leben und ihrer Energien sind also bei neu inkarnierenden Menschen sehr stark. Hinzu kommt, dass die neue Energie auf dem Planeten ein System erzeugt, bei dem das historische Protokoll gegenüber dem neuen Gedankengut zunehmend ins Hintertreffen gerät. Das bedeutet, dass die Verschmelzung der Energie von Gott und Göttin weiter verbreitet sein wird als je zuvor, was dann so etwas wie die sanften Revolutionen erzeugt. [Kryon-Lächeln]

Ihr könnt es somit als Witz über die Frauen auf diesem Planeten betrachten, der wie folgt geht: *Die Frauen bringen das höchste Opfer dar ... Sie kommen als Männer zurück!* In Wahrheit ist es so, dass alle Seelen hinsichtlich ihres Geschlechts Rollen spielen, die im Laufe der Zeitalter wechseln. Aber gerade jetzt – da leistet Deine Intuition Dir gute Dienste – tut sich in der Tat etwas in Bezug auf die Akasha-Chronik, was den Nahen Osten angeht, und es wird gefeiert, während es geschieht.

Schließlich besteht der Sinn und Zweck des ganzen Systems darin, sich anzusehen, wie sehr das Bewusstsein die menschliche Zivilisation verändern kann, und die Erfolgsbilanz der letzten zwanzig Jahre zeigt, dass es das kann.

16

Schlusswort

Kryon, ich denke oft über den Spruch nach: »Wenn du Erleuchtung willst, leuchte.« Würde es uns bei diesem Übergang helfen, wenn wir einfach leuchten?

Ja, Ihr Leuchttürme, entzündet Euer Licht – lasst es aufleuchten! Wir brauchen dieses Aufleuchten. Immer wenn Menschen sich selbst prüfen, erzeugt das Energie. Gaia und das Kristallgitter nehmen diese Energie wahr, und die Absicht dahinter geht zur Gänze in den Planeten ein. Die in Echtzeit erfolgenden Bemühungen sind neu; sie existieren erst seit 2002 und beschleunigen den Prozess, wie Menschen auf dem Planeten Licht erschaffen. Nennt es eine kooperative Energie, wenn Ihr möchtet, aber in dieser Form gab es das noch nie. Bringt es Euch aus der Dualität heraus? Ja, wenn Ihr Dualität als eine Art von Hell-Dunkel-Eigenschaft der alten Energie betrachtet. Licht bringt Euch aus der Ignoranz heraus. Es bewirkt, dass Menschen mehr und mehr den Unterschied zwischen religiöser Mythologie und spirituellem Selbstgewahrsein erkennen. Das ist die wahre Schlacht, die Ihr schlagt: die neue Energie in eine Menschheit mit alter Energie hineinzutragen.

Dieses Buch wurde im Jahr 2009 geschrieben. 2009 ist eine Elf – eine Meisterzahl also, die Erleuchtung erzeugt. Sie besteht aus zwei Einsern hintereinander. Die Eins ist der Neuanfang. Seht Ihr, inwieweit das wichtig ist? Es ist kein Zufall, dass wir jetzt davon sprechen, Erleuchtung durch Selbstgewahrsein zu erschaffen. Das wird in den nächsten Jahren noch weiter Thema dessen sein, was ich Euch lehre: *Ändere Dich selbst ... ändere den Planeten.*

Und so ist es.

ZWEI

GAIA

DIE ERDE

Einführung von
Pepper Lewis

L iebe Leserinnen und Leser,
seit mehr als fünfzehn Jahren habe ich das Privileg, die gechannelte
Weisheit von Gaia zu empfangen, dem Bewusstsein, dem Empfindungskörper unseres Planeten, und ich bin dankbar für die Chance, sie
Ihnen hier mitteilen zu dürfen.* In Durchgaben liegt eine Weisheit, die
ich nie in irgendetwas sonst, womit ich mich befasste, oder in irgendeiner anderen spirituellen Praxis gefunden habe. Meditation wird
manchmal so beschrieben, dass man dabei auf Gott/Alles-was-ist lauscht,
und entsprechend hat man das Beten ein Gespräch mit Gott/dem
Universum genannt. Wenn das zutrifft, ist Channeling beides.

Auch wenn es Zeiten gab, in denen ich einsam war – wenn Spirit,
der alles beseelende göttliche Geist, durch mich spricht, habe ich
mich doch nie einsam gefühlt. Die Worte waren immer warm, mitfühlend und direkt, die Informationen unterstützend und ermutigend.
Vielleicht sollte ich auch erwähnen, dass es immer mir überlassen
blieb, zu entscheiden, welche Richtung mein Leben nimmt – mit
Spirit (oder Gaia) als Copilot.

Alles verändert sich heute rasend schnell, und sobald wir das Gefühl bekommen, dass wir die gegenwärtige Situation oder die aktuelle

---

* Wir möchten an dieser Stelle darauf hinweisen, dass komplette Bücher von
Pepper Lewis mit den gechannelten Weisheiten Gaias bei Amra in Vorbereitung
sind. Der erste Band, *Lösungen für einen kleinen Planeten*, erscheint in der zweiten
Jahreshälfte 2010. – Der Verlag

Herausforderung gemeistert hätten, zeigt sich uns die nächste. Channeling räumt uns zwar nicht die Steine aus dem Weg, aber es bietet uns ein tieferes Verständnis von dem, was sich gerade abspielt. Und eine Möglichkeit, uns mit möglichst geringem Aufwand durch Turbulenzen hindurchzumanövrieren.

Gaia sagt uns, dass 2010 ein Jahr persönlicher und planetarischer Entdeckungen ist. Ein Jahr, in dem wir mit dem Herzen denken und mit dem Kopf fühlen. Außerdem hat sie dieses Jahr als ein Jahr der »Umkehr« beschrieben, was bedeutet, dass wir vielleicht umdenken und in eine andere Richtung weitergehen werden oder dass das Blatt sich für uns wendet. »Seid zuallererst der Beobachter und erst als Zweites der Beteiligte. Seid der Zeuge, nicht der Richter. Seid die Stimme der Vernunft, wenn diese nirgendwo sonst mehr existiert, und sorgt vor allem dafür, dass Eure Stimme zunächst einmal von Eurem eigenen Herzen gehört wird, damit Eure Wahrheit so kommuniziert wird, wie Ihr es Euch wünscht.«

Ich überlasse es Gaia, Sie auf ihre eigene, unverwechselbare Weise mit ihrem Bewusstsein, ihrem Empfindungskörper bekannt zu machen und Sie einzuladen, die Erde, die Naturreiche auf ihr und die Elemente anders zu erleben, als es Ihnen bislang vielleicht in den Sinn gekommen wäre.

Mit tiefem Respekt für Ihre Reise,
Pepper Lewis

Gaia spricht

Werte Leserinnen und Leser,
ich bin der Empfindungskörper dieses Planeten, und seine Seele und sein Daseinszweck sind auch die meinen. Ein Empfindungskörper ist wie ein Gedanke, der gleichzeitig auch ein Gefühl ist, das auch ein Wissen ist – es ist immerzu ein Ausdruck davon, uneingeschränkt. Ich bin mir Eurer individuellen Gedanken gewahr, selbst wenn ich Euch nicht individuell anspreche. Ich bin mir Eurer Empfindungen im Hinblick auf die Erde und Euer Leben gewahr. Mein Gewahrsein erlaubt mir nicht, persönliche oder planetarische Umstände zu verändern, aber es erlaubt mir durchaus, neue Möglichkeiten zu ermitteln und einzuladen. Vor allem, wenn sie auch für Euch von Interesse sind.

Dieser Planet ist bis auf Weiteres Euer Zuhause, und Ihr könnt ihn gestalten, wie es Euch beliebt. Als einzigartige Repräsentanten des Menschenreichs steht es Euch frei, die Dimensionen und die dünnen Schleier zu erkunden, die diese aneinander binden, und so den Anschein erwecken, es gäbe nur eine Dimension und nur eine Realität. Gemeinsam können wir die unterschiedlichsten Dimensionen und Realitäten erkunden, in denen *dort* auch *hier* ist. Es entspricht zwar nicht meiner Absicht, Eure Reise abzukürzen oder Euch in dem Vermögen zu beschneiden, jede Erfahrung voll und ganz auszuloten. Aber Ihr werdet vielleicht feststellen, dass Ihr problemlos und auf kreative Weise selektiver vorgehen könnt.

Habt Ihr schon einmal ein Kleidungsstück aufgetrennt, um es abzuändern, damit es Euch besser passt? Selbst in aufgetrenntem Zustand war es immer noch das Eure, und Ihr konntet Euch vorstellen, wie es nach Abschluss der Arbeit sitzen würde. Nun, 2010 ist ein wenig damit vergleichbar. Zunächst erweckt es den Anschein, jemand hätte Euch ein schlecht sitzendes Kleidungsstück überreicht und Euch gesagt, Ihr solltet das Beste daraus machen. Dann fällt Euch ein, dass es sich mit ein wenig Kreativität und Geschick immens verbessern ließe. Und selbst wenn Ihr es nicht so erlebt, verfügt Ihr über das Geschick und Können, um die nötigen Veränderungen vorzunehmen – Ihr werdet merken, dass Ihr ja andere finden könnt, mit denen Ihr Euch zusammentut und die Euch behilflich sein können.

Vielleicht erlaubt Ihr mir, ein Mitglied des erweiterten Familienkreises zu werden, auf den Ihr in kleinen wie auch großen Momenten baut. Vielleicht werdet Ihr merken, dass ich präsent bin in dem, was Ihr seid und was Ihr tut, in dem, was Ihr denkt, und sogar in dem, was Ihr esst. Ich bin die Ressourcen, die euch einfallen, und ich bin einfallsreich. Ich bin die Mutter alles Irdischen, und gleichzeitig bin ich eine Gefährtin und Freundin, der Ihr vertraut.

17

Einsichten

Ich grüße Euch,
ich heiße Euch in diesem Augenblick willkommen, ich heiße
Euch zu Eurem Leben willkommen. Es ist jetzt an der Zeit, in den
Seinszustand einzutreten, der das Leben ist. Leben ist Erfahren, das
Leben liegt in der Entdeckung des Augenblicks, und das Leben entfaltet sich weiter, ganz gleich, ob Ihr Eurem Leben oder dem Leben
allgemein Beachtung schenkt oder nicht. Deshalb besteht der Zweck
dieses Planeten Erde, des Himmelskörpers Erde, auch darin, unaus-
gesetzt Leben zu entwickeln. Wenn sich Leben entwickelt, ist es wichtig, es zu erhalten. Das Leben muss als heilig bewahrt werden, damit
es sich weiterhin offenbart, und wenn das Leben weniger heilig wird,
muss das wieder ins Lot gebracht werden. Heute ist die Zeit dafür
gekommen. Jetzt ist die Zeit der Wiederherstellung, die Zeit, Dinge
wieder ins Gleichgewicht zu bringen, die Zeit erneuter Weihe. Es ist
also keine Zeit der Endpunkte, sondern der Neuanfänge.

Es wird somit Zeit, die Erde neu zu weihen, Euer Leben und Euer
Herz neu zu weihen. Auch wird es Zeit, eine Leidenschaft neu zu
entfachen, das Selbst wieder zu entdecken, damit anzufangen, die
Heiligkeit eines jeden Augenblicks zu erkennen. Durch diese Erkenntnis entwickelt sich alles, dem das Vermögen zu mehr Leichtigkeit
innewohnt. Ohne diese Erkenntnis lastet auf dem Leben ein wenig
mehr Dichte, eine etwas größere Bürde, ein bisschen mehr Verantwortung. Wisst, dass das Leben immer wieder ins Lot zu gelangen
wünscht, diese Bürde abzuschütteln wünscht. Und wenn sie von
ihm abfällt, purzelt sie geradezu herunter, und von da an entwickelt
sie eine Eigendynamik. Ob die Kraft, die sich dabei zusammenballt,

Licht ist oder Dichte – sie purzelt jedenfalls herab und setzt sich in Bewegung und sammelt sich, bis sie irgendwo landet!

Nun ist diese zusammengeballte Energie gelandet – da ist sie nun, und alle können sie sehen. Sie weist monumentale Ausmaße auf. Jetzt ist da niemand mehr, der wegschauen und sagen könnte: »Das habe ich nicht gesehen.« Ihr könnt sagen, Ihr habt es nicht kommen sehen, aber Ihr könnt nicht mehr sagen: »Ich sehe es nicht. Ich erkenne nicht an, dass es da ist.«

Was es mit diesem *Es* auf sich hat – auch darauf werden wir noch eingehen. Im Hinblick auf die Welt, wie Ihr sie heute seht, geschieht nichts weiter, als dass sie das abzuschütteln beginnt, was keinem mehr dient, was nicht mehr angemessen ist, was sich nicht selbst erhält. Für ihren Fortbestand muss die Erde heute in der Lage sein, sich selbst komplett zu tragen. Um Eure Gesundheit zu erhalten, müsst Ihr in der Lage sein, für Euren Erhalt auf dieser Welt selbst zu sorgen. Mit anderen Worten: Es obliegt Euch, ein- und auszuatmen, wie es für Euch angebracht ist. Es obliegt Euch, Euren Körper immer angemessen mit Flüssigkeit zu versorgen. Es obliegt Euch, Euch fortwährend um Euren Allgemeinzustand, Eure Verdauung, Eure Ernährung zu kümmern. Es obliegt Euch, für den Erhalt Eures Körpers zu sorgen und von daher das Leben einzusetzen, wie es ihm gebührt.

Und für die Erde, meinen Körper, gilt somit genau das Gleiche. Auch sie muss für ihren Erhalt sorgen und sich selbst tragen, damit das Leben einen Ansporn hat, Leben zu fördern. Das ist das Gleichgewicht, das derzeit wiederhergestellt wird. Die Behauptung, dass sie aus dem Gleichgewicht geraten sei, lässt sich bestätigen. Beim Menschen besteht die Schwierigkeit jedoch darin, dass in dem Moment, wo wir bestätigen, dass etwas aus dem Gleichgewicht ist, der anklagende Zeigefinger erhoben wird und es heißt: »Ihr seid daran schuld«, »Das kommt davon«, »Das liegt an dem und dem«, »Das liegt an dieser Regierung«, »Das liegt an jenem Präsidenten«, »Das liegt an der und der Ressource«, »Das liegt am Missbrauch von ...« und so weiter. Und dennoch sage ich Euch, dass das Leben ständig einen Punkt des Gleichgewichts erreicht und ihn wieder verlässt. Den ganzen Tag über strebt Ihr auf einen Punkt des Gleichgewichts zu, erreicht ihn und entfernt Euch wieder davon. So gibt es auch einen natürlichen

Fluss, ein Fortschreiten der Aufwärtsbewegung und der Nachhaltigkeit, bei dem das Gleichgewicht in Euch überwiegt, und dennoch ist das Gleichgewicht als solches Ebbe und Flut. Es ist eine Kraft, die sich selbst abstößt und anzieht. Anziehung und Abstoßung, daraus setzt sie sich zusammen.

Der Zeitraum von 2009 bis 2012 und darüber hinaus dient dazu, all die neuen Ressourcen und neuen Gedanken, das neue Paradigma der Erde und der Menschheit wiederherzustellen und neu zu entfachen, ins Gleichgewicht zurückzubringen, voranzutreiben und nachzuprüfen. Also werden alle sich damit befassen müssen. Wenn Ihr an Eure eigenen Belange denkt, schaut Euch einmal an, was sich da entfachen, wiederherstellen und entdecken lässt. Denkt Euch dabei, dass der Punkt, an dem ihr das tut, sowohl ein Anfang als auch eine Mitte ist. Dann werdet Ihr Euch nicht schwer damit tun, Euren Radius bis weit in die Zukunft hinein auszudehnen. Sie ist bereits hier. Alles, was Ihr braucht, ist bereits hier, oder doch beinahe. Was fehlt, ist die Menschheit, meint Ihr? Es fehlt die Bestätigung. Zu sagen: »Ja, ich entscheide mich dafür. Ich rufe es herbei. Ich begrüße es. Ich arbeite dafür. Ich entdecke es.«

18
Weltwirtschaft und Vermögensverwaltung

Derzeit richtet sich alle Aufmerksamkeit auf die weltweiten Wirtschaftssysteme, und vielleicht stimmt Ihr mir zu, dass sie heute gewissermaßen ein Scherbenhaufen zu sein scheinen, weshalb es sie wiederherzustellen gilt. Das wird nicht über Nacht geschehen. Nun, das könnte es durchaus, aber die Menschheit wird nicht zulassen, dass es über Nacht geschieht. Warum? Ein Grund dafür ist, dass die Menschheit einen Vergleichspunkt namens »die Vergangenheit« hat. Jeder Mensch hat eine Idee oder ein Ideal von einer Zeit, in der das Leben sinnerfüllt war, in dem das Leben so lief, wie es laufen sollte, in dem es subjektiv ein Leben in Wohlstand oder ein kreatives Leben war. Diese Vorstellung habt Ihr allesamt irgendwo im Hinterkopf, und das gilt auch für alle Strukturen, jede Instanz und jedes Organ. Ein Unternehmen kann als Organ einen Bezugspunkt dieser Art haben – eine innere Messlatte, einen Maßstab –, ebenso wie jeder einzelne Mensch.

Die Schwierigkeit besteht nun also darin, dass die Menschheit die Wirtschaft wieder auf die Beine bringen möchte, indem sie sie in den alten Stand zurückversetzt. Ihr sagt: »Kehren wir doch zu dem und dem Wirtschaftssystem, dem und dem Präsidenten, der und der Zeit, dem und dem Bankenwesen, der und der Währung zurück.« Da sage ich Euch: Hierzu wird es nicht kommen. Es ist nicht angebracht, einen bereits gelebten Augenblick noch einmal zu durchleben. Vielmehr muss er neu geschaffen, neu entdeckt und neu entfacht werden. Es muss die Geburt des Neuen aus dem Alten stattfinden oder aus dem heraus, was jetzt ist. Solange man sich dafür nicht entscheidet, wird dieses zähe Ringen weitergehen, das Ihr heute kennt – dieser Zyklus, bei dem Ihr am einen Tag ganz oben seid und am nächsten am Boden. Das kann Eure Stimmung betreffen oder Eure Währung. Aber ich sage Euch, dass eben Eure Stimmungen Eure Währungen steuern, die Zahlen, die über Eure Bildschirme flimmern. Diese Zahlen wirken sich dann wiederum auf Eure Stimmung aus.

Der Maßstab, anhand dessen die Menschheit von der richtigen Entscheidung oder dem richtigen Wirtschaftssystem spricht, muss sich also ändern. Die Menschen sagen: »Lasst Veränderung eintreten. Wir haben uns für Veränderung entschieden«, aber das entspricht nicht ganz der Wahrheit. Sie haben sich für das Wort *Veränderung* entschieden. Aber Euer Leben hat sich noch nicht verändert. Folglich habt Ihr Euch für ein Ideal entschieden. Es wird sich noch zeigen, ob dieses Ideal auch wirklich gelebt wird.

Im nächsten Vierjahreszeitraum wird Euch die wahre Bedeutung des Wortes *Veränderung* aufgehen. Dann werdet Ihr das Wort leben. Aber jetzt noch nicht, nicht mit der sofortigen Wirkung, die Ihr gerne hättet oder Euch erhofft. Und das liegt nicht etwa daran, dass »die da drüben« nicht bereit sind, etwas zu verändern, sondern es kommt daher, dass »Ihr hier« auch noch nicht ganz bereit seid für die anstehenden Veränderungen.

Ihr lebt in einer Zeit des Entdeckens, einer Zeit, in der es gilt, seinen Frieden zu schließen mit dem, was ist und mit dem, was nicht ist. Hinsichtlich der anstehenden Veränderungen in den Wirtschaftssystemen begann es im Jahr 2009, dass das Pendel wieder in die andere Richtung ausschlug. Es kam erneut zu einer Umverteilung von Vermögen über die Währung, und Ihr werdet sehen, dass ein Land tatsächlich ein anderes in Besitz nehmen kann, ohne in den Krieg ziehen zu müssen. Die Gegenseite wird sich einfach ergeben.

Währungen werden sich auflösen, andere werden an Kaufkraft gewinnen, und das ganze Thema wird sehr zentral bleiben. Nichts hat sich diesbezüglich geändert. Man wird sich im gesamten Bankenwesen darum streiten, welche Währung zunächst aus der Talsohle geholt werden soll, weil es den Anschein hat, als ginge es in dem Moment, in dem es mit einer Währung aufwärtsgeht, mit einer anderen bergab, und in der Minute, in dem sich in einem Sektor der Welt etwas bessert, ist plötzlich ein anderer ernsthaft in Gefahr. Während einige Weltwährungen scheitern, werden andere einen Aufschwung erleben, und die, denen man zum Aufschwung verhilft, werden dann an Bedeutung gewinnen. Wie Ihr Euch vorstellen könnt, sind jene, die heute auf der Weltbühne die größten sind, auch die, die man für sich beanspruchen wird und die wieder stark auf dem Vormarsch sein werden.

Ihr müsst das folgendermaßen sehen: Die Länder, die am stärksten verschuldet sind und bei denen sich diese Schulden eintreiben oder umverteilen lassen, deren Währungen werden den stärksten Aufschwung erleben. Ich sage Euch hier also, es könnte sein, dass der amerikanische Dollar steigt. Ich sage Euch, dass die Währung des Roten Drachen – jenes Landes, das Ihr China nennt – ebenfalls einen Aufschwung erleben wird, und es wird Aufstieg und Niedergang geben bei der Währung Japans und der Währung, die die europäischen Märkte in Gang hält. Die Währungen Südamerikas bleiben zunächst einmal außer Acht.

In den nächsten paar Jahren wird es zu einer Neuinterpretation aller Wertsysteme kommen, nach denen Eure Aktienmärkte beurteilt werden. Was Ihr jetzt den Dow nennt, wird ebenso aufgehoben und verändert werden wie alles andere, es wird durch andere Systeme ersetzt werden, denn jene Komponenten, aus denen die derzeitigen Systeme bestehen, sind nicht mehr aussagekräftig. Und da dieser Verlust an Aussagekraft dann fortwährend Angst und Misstrauen verbreitet, wird man diese Systeme neu erfinden müssen. Ein anderer Maßstab wird entstehen, nach dem Investitionen beurteilt werden. Mit den neuen Systemen kommt auch die Einführung einer Absicherung dieser Investitionen. Ziel wird es sein, alle Weltmärkte voranzubringen. Es wird nicht einfach nur die Währung eines bestimmten Landes sein, nach der der Markt beurteilt wird, sondern das Ganze wird als weltweite Organisation auf den Weg gebracht werden, um den Wert aller Weltmärkte und -währungen zu erhalten. Jetzt gerade, während Ihr dies lest, kommt man zusammen, um eben diese Zusammenhänge voranzutreiben. Wir sprechen hier von einem Ereignis in allernächster Zukunft.

Die Einführung eines neuen Systems wird zu einem Zusammenbruch des älteren Systems führen, aber es ist kein wirklicher Zusammenbruch. Es ist eher so, dass das eine System sich das andere einverleibt. Wie wenn ein Unternehmen die Schulden eines anderen übernimmt und einfach ein neues Logo verwendet, das etwas netter aussieht. Genauso wird es auch hier laufen, und auch das wird man entsprechend verkaufen. Man wird es Euch ziemlich schmackhaft machen. Ihr werdet Euch damit so richtig wohl und sicher fühlen. Ihr werdet wieder das Gefühl haben, dass Eure Regierungen und Wirtschaftshüter Euer Vermögen und das der anderen Menschen beschützen.

Aber für eine gewisse Zeit werden die Weltwirtschaftssysteme ein Pflaster tragen, vor allem die Wirtschaft Nordamerikas. Ob es einem gefällt oder nicht: Die nordamerikanische Wirtschaft ist die, auf die alle Welt schaut. Der Rest der Welt wird den Eindruck haben, wenn Nordamerika es schafft, seine Probleme in den Griff zu bekommen und Lösungen zu finden, dann könne die restliche Welt in seine Fußstapfen treten. Aufgrund dieses Verständnisses wird genau das eintreten.

In der nahen Zukunft werdet Ihr den Schwund einiger Ressourcen erleben, die Kontrolle über andere, den Schutz wieder anderer und die Entwicklung neuer Programme, um die Weltwirtschaftssysteme zu erhalten und aus der derzeitigen Talsohle herauszubringen.

Die Wirtschaftssysteme der Welt müssen sich eigenständig tragen, so wie ihr selbst - wie wir bereits erwähnten - für alles sorgen müsst, was Ihr zum Leben braucht. Einigen wird das gut gelingen, anderen nicht. Ihr werdet sehen, dass bestimmte Zustände auf dem Planeten in den Mittelpunkt treten. Bestimmte Länder werden für kurze Zeit stark im Brennpunkt stehen, wie eine Sonneneruption, die jäh von der Sonne ausgeht und aus ihr hervorbricht, um nur für einen Moment wahrgenommen und erkannt zu werden, um dann wieder in Vergessenheit zu geraten.

Das wird nahezu jedes Land betreffen, nicht nur die Vereinigten Staaten, da die Welt hungrig nach einer Lösung ist und fast jede Idee aufgreifen wird, die Entsprechendes verheißt, selbst wenn noch so viele Bedingungen daran geknüpft sind - von denen die meisten unsichtbar sind, jedenfalls zunächst einmal. Und das sind die Fallstricke für die bevorstehende Zeit: Die Vorsicht, zu der hier gemahnt sei, bezieht sich darauf, dass Ihr nicht sehen könnt, welche Bedingungen an das Ganze geknüpft sind. Man sagt Euch, sie seien transparent. Ich sage Euch, dass sie unsichtbar sind, und das ist ein Unterschied.

Passt also auf, für welche Welt Ihr Euch jetzt entscheidet. Wählt die Welt, in der Ihr leben möchtet. Wenn Ihr das tut, werdet Ihr sehen, dass Euer Bewusstsein sogar die von Euch gewählte Lebensphilosophie bestimmen wird. Das ist der Grund für das, was jetzt zum Vorschein kommt. Während sich die Weltwirtschaftssysteme verändern, sich durch andere austauschen, werden sich auch diejenigen verändern, die dort an vorderster Front stehen.

19

Der Weg des Helden
und die neue Art der Führerschaft

Hier etwas sehr Wichtiges: Wählt Euch Eure persönlichen Helden, die heute auf der Weltbühne stehen. Heftet Euch an ihre Fersen, gedanklich, mit Eurem Bewusstsein. Seht Euch an, welche Richtung sie einschlagen und ob Euer Bewusstsein ihnen dahin folgen möchte. Seht Euch an, ob sie wirklich Eure Helden sind oder sich nur vorübergehend auf einer Bühne bewegen, auf eine bestimmte Weise gekleidet, die Ihr ansprechend findet, und dann trefft Eure Entscheidung. Vielleicht entdeckt Ihr, dass *Ihr* ein Held seid.

Der Weg, auf dem Ihr Euch befindet, den Ihr gewählt habt, der Euch zu dieser Zeit auf die Erde gebracht hat, wird als heroisch bezeichnet. Vielleicht habt Ihr das nicht gewusst. Die Reise, auf der Ihr Euch schon so lange befindet, die Schwierigkeiten, die Ihr auf Euch genommen habt, die Themen, zu denen Ihr Überlegungen anstellt – das alles wird »der Weg des Helden« oder »die Reise des Helden« genannt, und das aus gutem Grund. Vielleicht entdeckt Ihr den Helden in Euch. Vielleicht seht Ihr, dass jene, die Ihr auf der Weltbühne erlebt, nicht unbedingt heroisch sind, und vielleicht werdet Ihr in Eurem eigenen Umfeld, in Euch selbst die wahren Helden finden. Und indem Ihr sie entdeckt, sie aufbaut, gebt Ihr ihnen vielleicht eine Stimme – verleiht Ihr ihrem Dasein womöglich erst einen Sinn.

Möglicherweise ist das die Leidenschaft, die entfacht werden wird. Das Herz steht derzeit neben sich, und auch das Herz muss wieder aufgebaut werden – es gehört zurück an seinen glorreichen Platz. Positioniert Euer Herz dort, wo es wahrhaft hingehört. Euer Herz ist intelligent und mitfühlend. Es ist nichts als Wissen. Und für diejenigen, die es zulassen, wird das Herz sogar sehen. Lasst es also sehen. Lasst es die nächste Welt entdecken, diese Welt, die sich jetzt entfaltet, und zwar bewusst. Lasst das Herz die Regie übernehmen. Zu sagen, dass das Herz die Regie übernimmt, ist nicht das Gleiche wie zu sagen: »Fühle den Moment und lass das Herz den Gefühlen folgen.« Vielmehr geht es darum, das Herz die Regie über alle Organe des Körpers übernehmen zu lassen, über alle Arten von Gedankengängen, die Euch beschäftigen. Es ist das Herz, das den Sinn Eures Lebens lenkt. Es lenkt die Energie des Körpers. Es bestimmt, an wie viel von diesem Strom Ihr aktiv und direkt teilhaben werdet, und so ist es das Herz, das Organ, das aufgebaut wird – wenngleich nicht wirklich – zum Zentrum Eures Seins. Und wenn dies geschieht, wird das auch Eure Wirtschaftssysteme auf eine höhere Ebene heben. Auch in dieser Hinsicht können die Weltwirtschaftssysteme einfach nicht so weitermachen wie bisher.

Ihr lebt in einer Zeit der Ausnahmen, die die Regel bestätigen, und es ist eine Zeit der Ausnahmen für diejenigen, die die Regeln aufstellen. Von daher werdet Ihr sehen, dass es nun auf der Weltbühne viele gibt, die nicht überdauern. Die Zeichen stehen an der Wand oder im Kleingedruckten, je nach Sichtweise. Und selbst diejenigen, die an die Macht gelangen, werden mitunter schnell wieder in Ungnade fallen, um durch andere ersetzt zu werden. Es wird eine Zeit lang schwierig sein, sich zu merken, wer eigentlich das Sagen hat.

Ich sage Euch also, dass die neuen Wirtschaftssysteme der Welt neue Führungsgestalten mit sich bringen werden. Aber die Führungsgestalten, die für die Wirtschaftssysteme kommen werden, sind nicht unbedingt jene, die bei Euch in der Regierung sitzen. Die, die weltweit mit Regierungsaufgaben betraut sind, und diejenigen, die wirklich führen, sind nicht ein und dieselben. Eine Führungsgestalt und ein gewählter Funktionär sind nicht das Gleiche. Führen zu können ist eine Gabe, die sich bei denen einstellt, die ihr Leben der Unterstützung von etwas widmen, das größer ist als sie selbst. Führungsqualitäten lassen sich bei gewählten Staatsdienern entwickeln. Einige von ihnen entwickeln diese Qualitäten, nachdem sie aus dem Amt ausgeschieden sind. Vielleicht ist Euch das schon aufgefallen. Solange sie im Amt sind, sind sie Sklaven der Macht – das Verlangen, auf eine Weise mächtig zu sein, die Einfluss auf die Welt hat, wird zum gebieterischen Bedürfnis, und so werden sie erst dann wahre Führer, wenn sie gelernt haben, ihre Reaktion auf Macht zu steuern.

Und wenn Ihr also nach denen Ausschau halten möchtet, die Eure wahren Führer sind, so schaut Euch im Hinblick auf wahre Macht und Veränderung an, ob die Entscheidungen oder das Führertum von allen getragen oder nur auf wenigen beruhen soll, ob die breite Masse Macht erhält. So werdet Ihr für Euch selbst eine Unterscheidung treffen können.

Es werden neue Führungskräfte mit großartigen Führungsqualitäten aus der privaten Wirtschaft kommen, und sie werden erkennen, dass sie, um in ihrer Führungsrolle zu bleiben, ihren Fuß nicht in die Hallen der Regierungen setzen dürfen – und sie werden es auch nicht tun –, da diese mittlerweile größtenteils korrupt sind. Sie sind korrupter als korrupt. Selbst die gerade erst Gewählten und jene, welche die Veränderungen bejubeln, die sie bringen werden, wandeln weiterhin auf den gleichen Fluren der Korruption wie die anderen. Sie bewegen sich auf dem gleichen Fundament, sie atmen dieselbe Luft und sie können sich dieser Korruption in einem bestimmten Umfang nicht entziehen. Im Grunde sind sie zu Führern einer freien Welt gewählt worden und dennoch in einem Amt gefangen, das ihre Fähigkeit gefährdet, eine freie Welt zu führen.

Und so werden viele Eurer wahren Führer aus der privaten Wirtschaft hervorgehen. Das sind diejenigen, die es zu feiern, die es zu unterstützen gilt. Schaut Euch in Eurem eigenen Umfeld um. Schaut Euch nach dem um, was nur in Eurem Leben ist, nach der Führerschaft in Euch – und das baut auf, das würdigt. Wenn Ihr diese wahren Führer dann findet, nehmt sie wahr – was sie tun, wie sie es tun. Und wenn jemand zu ihnen sagt, wie großartig sie seien und dass sie kandidieren sollten, hofft, dass sie es nicht tun.

20
Der beste nächste Schritt

Ihr fragt vielleicht: Was ist die nächste Ressource, die nächste Investition? Sie besteht in dem, was sich in den Meeren findet, wovon die Meere voll sind. Das ist die beste nächste Investition. Durch das Schmelzen der Gletscher werden heute Teilchen in den Weltmeeren freigesetzt, die viele tausend Jahre lang dort festgehalten worden waren. Viele von ihnen bewirken nicht nur eine Sanierung der Meere, sie lassen sich auch messen, und so wird der Mensch sagen: »Wenn es so ist, dass all diese Teilchen die Meere sanieren können, was können sie dann für die Erde tun? Was können sie für die Gesundheit des Menschen tun?« Ich sage Euch jetzt, und das richtet sich an diejenigen, die auf der Suche nach etwas Derartigem sind: Ergänzt Eure Ernährung durch alles Nährstoffreiche, was aus den Meeren kommt – nicht nur durch Meersalz und dergleichen, sondern durch alles, was Ihr hinzufügen könnt an Kelp (Seetang), an Meeresalgen jeglicher Art und anderen partikularisierten Mineralstoffen aus dem Meer. Sie werden Eurem Körper viel schneller als andere Starthilfe geben, wenn es darum geht, sich zu regenerieren und Eure Gesundheit wiederherzustellen.

Ein weiterer Aspekt ist die Entsalzung. Auch sie bildet eine wichtige Ressource für die heutige Welt, denn es wird so *scheinen*, als stünde viel weniger Wasser zur Verfügung. Es ist zwar nicht so, aber man wird es so sehen. Auch lassen die schmelzenden Polkappen Ressourcen in Erscheinung treten, die zuvor unerreichbar waren. Es war einfach zu schwierig, an sie heranzukommen, sie abzubauen. Und nun hat der große Wettlauf begonnen. Vor einem Jahrtausend kam es zu einem Wettlauf um die Entdeckung anderer Welten, anderer Kontinente, und jetzt kommt es zu einem Wettlauf um die Ressourcen, und es geht darum, als Erster auf sie Anspruch zu erheben, sie zu besitzen und ihre Nutzung zu steuern. Und so werden die Vereinigten Staaten, der große Bär, der Russland ist, und andere, kleinere Länder um diese Ressourcen streiten.

Ich sage Euch, dass alles bestens ist mit der Welt, auch wenn es nicht so erscheinen mag. Es gibt genügend Ressourcen, um die Hungernden der Welt zu nähren. Es gibt genug Geld, das auf der Welt verteilt werden kann, genug, um die Weltwirtschaftssysteme wiederherzustellen. Es gibt noch andere Ressourcen als Eure fossilen Brennstoffe, Euer Öl und Gas und dergleichen mehr, und auch sie werden demnächst in Erscheinung treten, denn um die Wirtschaft rasant wieder anzukurbeln, braucht man die nächste Ressource. Da liegt die nächste Technologie. Da liegt das nächste Projekt.

Damit wir uns voll und ganz unserem nächsten Thema zuwenden können, müsst Ihr Euch – nein, nicht verantwortlich machen, aber Verantwortung übernehmen. Ihr müsst dafür sorgen, dass Ihr für Euch einen Zustand aufrechterhaltet, in dem Ihr in gewissem Umfang würdigt, dass Ihr Menschen seid, dass Ihr göttlich seid, dass Ihr bewusst wahrnehmt und Entscheidungen trefft. Gleichzeitig muss da ein Eingeständnis sein ... kein Eingeständnis von Schuld, sondern schlichtweg das Eingeständnis, dass nicht alles bekannt ist oder verstanden wird, dass nicht alle getroffenen Entscheidungen die besten sind.

Wird dies gewürdigt, stellt sich die Fähigkeit ein, kluge Entscheidungen zu treffen, neu auszuwählen, umzustrukturieren und wiederherzustellen.

Genau das ist erforderlich, um uns dem Thema Müll zu stellen, weil Müll für diese Welt derzeit eine große Frage ist. Von daher ist es wichtig, dass wir auf dieses Thema eingehen, weil es zu wissen gilt, wie man Müll umwandeln kann, ihn mit Stoffen behandelt, die helfen, ihn in seine Bestandteile aufzuspalten, ihn zu zersetzen.

Es gilt, das Problem als solches in den Griff zu bekommen, und das muss zuerst auf dieser Welt geschehen, damit ihr dann, wenn Ihr schließlich irgendwann etwas von anderen Welten nehmt, ausleiht oder abbaut, das auf eine Weise tut, die für jene Welt, jenen Planeten, jenen Himmelskörper Gerechtigkeit und einen Zustand des Gleichgewichts bedeutet. Aber dazu müsst ihr es zunächst einmal hier angehen. Wenn Ihr das nicht tut, werden sich die Lösungen noch weiter von den Problemen entfernen. Damit die Menschheit herausfindet, was sie mit dem Müll anfängt, der sich da angesammelt hat, und wie sie mit ihm umgeht, müsst Ihr Euch zuerst einmal eingestehen, dass Ihr viel Müll produziert *habt*. Es ist eine Sache, zu sagen: »Ich habe ein bisschen zu viel gekauft, mehr als ich brauchte, und das ist unnötig und produziert Müll.« Daran etwas zu ändern, ist etwas anderes.

Reden wir, bevor es um das Thema Abfälle im physischen Sinne auf Eurem Planeten geht, doch zunächst einmal von Müll auf der persönlichen Ebene. Ihr müsst wissen, auf dieser Welt gibt es viele Arten von Müll, nicht nur den, der sich in den Gruben sammelt, die man für ihn gegraben hat, oder der in den Feuern endet, in denen man ihn verbrennt, und für den der Mensch die unterschiedlichsten Wege findet, um ihn zu zersetzen. Es gibt auch Müll in den Gedanken, Müll im Kopf und Müll im Herzen.

Auf seine Weise ist dieser Müll kompakter als die physischen Abfälle, die Probleme bereiten. Auch sie sind Müll, und die letzten Jahre sollten eine Zeit gewesen sein, innerlich wieder ins Lot zu kommen, im Familienverband und in unseren Beziehungen zu anderen das Gleichgewicht wiederherzustellen. In diesem Gewahrsein und indem Ihr dies anerkennt, werdet Ihr Antworten in Hülle und Fülle finden – Ressourcen und Lösungen.

Wisst, dass dann, wenn ein Aspekt der Welt aus dem Gleichgewicht gerät, wenn ein Aspekt von Euch selbst instabil wird, ein Kaskadeneffekt einsetzt. Wie schon zuvor von uns erwähnt, purzelt der Ball dann hinunter und kommt ins Rollen, und dabei gewinnt er mehr und mehr an Schwung. Man kann ihn nicht ignorieren. In gewisser Hinsicht werdet Ihr alle gezwungen sein, ihn zu sehen. Und Müll ist einer dieser Bälle.

Wenn Ihr nicht mehr in der Lage seid, so zu kaufen wie bisher, oder Ihr kauft gar nicht mehr, was Ihr vorher gekauft habt, wird der Ball wachsen. All die Produkte, für die es keine Abnehmer gibt, verwandeln sich in Müll. Ihr habt es nicht mehr lediglich mit Produkten zu tun, die auf Lager gehalten werden, sondern man hat mit ihnen Müll produziert.

Um dafür eine Lösung zu finden – und zwar so schnell wie möglich –, gönnt Euch am besten eine kurze Pause und achtet einmal darauf, wo in Eurem Leben sich der Müll ansammelt.

Es geht hier nicht darum, zu kritisieren. Es ist nicht so, dass Gaia vor Euch hintritt und sagt: »Räumt Eure Schränke und Garagen aus«, obwohl das keine schlechte Idee ist. Vielmehr soll es heißen, einfach einmal darauf zu achten, wo in Eurem Leben es Müll welcher Art auch immer gibt. Überlegt Euch auch, wo Ihr Euch energetisch zumüllt. Es gibt da einen Teil Eures Seins, der unentwegt kreativ ist, der jedes bisschen Energie kreativ nutzen möchte, für eine kreative Lösung.

Befreit Euren Geist von unkreativen Gedanken – rangiert sie aus oder schreibt sie auf und legt sie dann zur Seite, um so Euer Denken frei dafür zu machen, anderen kreativen Gedanken nachzugehen, die Euch nicht zumüllen und nicht überflüssig sind. Wenn Ihr das innerlich würdigt, werdet Ihr sehr bald sehen, wie Euer äußerliches Leben sich um diese Gedanken herum zu verändern und umzugestalten beginnt. Entweder Ihr gewinnt zu einem Zeitpunkt, wo Ihr es am nötigsten habt, innerlich wieder Platz für kreative Gedanken, oder Ihr findet eine Lösung, auf die Ihr bislang noch nicht gekommen seid. Ihr werdet Euch frei machen dafür, kreativ und offen mit anderen zu kommunizieren. Ihr werdet sehen, dass einige der Themen, mit denen Ihr Euch in Eurem Leben beschäftigt habt oder bei denen Ihr Angst hattet, sie anzusprechen, zutage treten, einfach damit Ihr sie zur Kenntnis nehmen könnt. Ich sage Euch: Beachtet sie. Achtet darauf, ob sie nützlich oder unnötig sind oder ob sie auf dem Müll gelandet sind, wo Ihr sie zum Leben erwecken und ihnen einen Sinn geben könnt. Wenn sie zu nichts nutze sind, lasst sie links liegen oder löst sie auf angemessene Weise auf.

Stellt Euch jetzt vor, wie zentral die Themen Müll und Umgang mit Müll werden, wenn ein großer Teil der Menschheit dies zu tun beginnt. Es werden Fragen auftauchen wie: »Was machen wir mit Atommüll?«, »Was machen wir mit Industrieabfällen?«, »Was machen wir mit Hausmüll?« Die Menschheit hungert nach Lösungen; die Menschen werden vortreten und solche Fragen stellen.

Einer der Gedanken, auf die man kommen wird, ist der, den Müll einfach in den Weltraum zu schicken. Der Gedanke geht dann so: »Wir verdichten ihn so weit wir können, zertrümmern ihn und komprimieren ihn dann noch weiter. Da oben ist ja jede Menge Platz.«

Das ist eine der Lösungen, die Folgen haben wird. Lasst Euch gesagt sein: Etwas, was sich hier nicht gefahrlos abbauen lässt, ist anderswo auch nicht unbedingt gefahrlos abbaubar.

Wird dieser Idee näher nachgegangen, wird man den Müll in eine bestimmte Ecke des Alls verfrachten, die einen stabilen Eindruck macht und bei der es ganz so aussieht, als könne man sie von der Erde aus nicht sehen und als wäre da einfach nur Leere. Ich sage Euch, dass der Zersetzungsprozess diesen Teil des Alls instabil machen wird. Diese großartige Idee, dieser unnütze Gedanke, wird dann irgendwann eine Bruchlandung auf der Erde machen.

Durchforstet also, wie ich sage, Euren Geist und Euer Herz und haltet Ausschau nach dem, was Müll und unnütz ist – es ist enorm sinnvoll, das zu tun. Vielleicht rettet Ihr damit ja den Garten hinter Eurem Haus.

Das Genannte ist nur eine der Ideen, die man in Betracht ziehen wird. Eine weitere ist die, immer größere Mengen an Müll immer tiefer in der Erde zu lagern. Ihr seid mittlerweile in der Lage, schnellere und tiefere Grabungen im Erdreich vorzunehmen als je zuvor. Einige werden Lagerstätten einrichten wollen, um die Abfälle tief im Bauch der Erde zu verstauen. Geht man tatsächlich so vor, wird sich die Erdoberfläche noch viel mehr erhitzen. Der Zersetzungsvorgang, der stattfindet, wenn komprimierte Abfälle tiefer ins Erdreich hineingedrückt werden, wird den Zyklus der planetarischen Erwärmung weiter beschleunigen und wegen der Erwärmung der Erdhülle weitere Auswirkungen auf die Erde anstoßen.

In der Folge wird es zu heftigeren Erdbeben kommen. Das kann man ja unschwer beobachten. Man braucht nicht viel Wissenschaft, um zu erkennen, dass es sehr schnell dazu kommen könnte. Ideen wie diese spielt man derzeit gerade durch.

Die Schwierigkeit, dass mit Abfällen nicht entsprechend umgegangen wird, ohne dass dies eine Änderung erfährt, ist die, dass damit die Idee des Mangels in die Welt getragen wurde – Devisenknappheit, Ölknappheit, knappe Ressourcen und so weiter. Diese Vorstellung ist nicht totzukriegen, ob Ihr Euch darüber Gedanken macht oder nicht. Die Saat ist bereits auf der ganzen Welt gesät und verbreitet worden.

Während es zuvor immer hieß, Mangel sei ein Dritte-Welt-Problem, breitet sich dieses Thema mittlerweile überall auf dem Planeten aus. Abfallwirtschaft wird von daher wichtig, dass die Menschheit sich mehr Platz wünschen wird, dass sie größere Flächen dafür benötigen wird, Nahrung für eine hungrige Welt anzubauen, die zunehmend weiterwächst. Um also größere Anbaugebiete zu haben, werdet Ihr entscheiden müssen, was Ihr mit dem Müll anfangt und mit all seinen Nebenprodukten.

Einen weiteren unausgegorenen Lösungsvorschlag – denn genau darum handelt es sich –, den man machen wird, ist der, noch mehr Müll zu vergraben und zu kompaktieren und dann mit besonders gesundem Mutterboden abzudecken sowie mit allem, was bekanntermaßen dazugehört, um die Entwicklung von Leben zu unterstützen und es zu erhalten, und danach würde man einfach dazu übergehen, dort wieder Nahrungsmittel anzubauen. Ihr werdet sehen, was geschieht. Es wird immer schwieriger werden, zu erkennen, wo Nahrungsmittel angebaut oder hergestellt wurden, und zu sehen, aus welchen Ländern sie eingeführt wurden.

Ihr werdet feststellen, dass es Lebensmittel mit einem Gütesiegel gibt und daneben mit einem Prädikat versehene Lebensmittel aus kontrolliertem biologischen Anbau. Das ist nicht ein und dasselbe. Die einen, die Lebensmittel, denen ein staatliches oder behördliches Prädikat verliehen wurde, werden lediglich unter bestimmten Voraussetzungen zulässig sein. Und es wird noch viele weitere Untergruppen von dem geben, was Ihr »aus biologischem Anbau« nennen würdet, Naturkost, Nahrungsmittel mit Prüfsiegel, Importware, und es wird Euch zunehmend schwerfallen, noch zu verstehen, was die jeweiligen Bezeichnungen eigentlich für Eure Gesundheit bedeuten. Es gilt, die Themen Müll und Nahrungsmittelanbau sowie Euer Wohlbefinden gemeinsam anzugehen, nicht getrennt.

Während die Welt sich also weiterentwickelt und zu entscheiden versucht, was sie mit ihrem Müll anfängt, werden bestimmte Länder mehr tun als andere. Einige Länder werden zugeben, dass ein bestimmtes Maß an Schadstoffen vorliegt und andere nicht.

Das Ganze wird ganz nebenbei Jobs für diejenigen schaffen, die bereit sind, auch eine Beschäftigung anzunehmen, die gefahrvoller ist, und zwar in Verbindung mit dem Zerlegen von einigen der Dinge, die der Mensch geschaffen hat. Was damit gemeint ist? Nun, einige Jobs werden bestimmte Qualitäten erfordern, die nicht jeder mitbringt, weil die Arbeit gefährlich sein wird, weil man dabei zum Beispiel mit Sondermüll und gefährlichen Abfällen zu tun hat. Ihr werdet giftige Substanzen einsetzen, um den Müll aufzuspalten, und wenn man giftige Mittel einsetzt, um Giftiges zu zerlegen, ist das Gift ja weiterhin da. Auch dieses Missverständnis im Hinblick auf das Vorgehen wird es zu abzuwägen gelten.

Wer sich jetzt der Abfallwirtschaft widmet, dem kann ich sagen, dass ihm eine große Karriere bevorsteht, aber es erwarten Euch in dieser Hinsicht auch große Herausforderungen – und einige davon werden moralischer Art sein.

Die Welt wird sich mit diesem Thema weiterhin befassen und dabei auf andere Möglichkeiten stoßen, das Abfallaufkommen zu bewältigen und die Bemühungen Einzelner zu fördern, hier bessere Lösungen zu finden.

Schaut euch nach Gemeinschaften um, in denen wirtschaftliche Not herrscht, und wie man dort sehr kreativ wird, wenn es darum geht, mehr von allem für sich hervorzubringen – wie sie es schaffen, das zu erzeugen, was die Gemeinschaft dort braucht. Bei der Umsetzung dieser Ideen werden sich einige als besser erweisen denn andere, und einige werden zum Vorbild werden – Ideale, an denen sich auch andere Orte orientieren können und die man auch dort umsetzen kann.

Was Ihr jetzt einfach als Recyclingprogramme betrachtet, wird sich als nahezu überholt erweisen gemessen an dem, was möglich ist. Entsprechende Ideen werden schnell aufkommen. Ausgehend von diesen ersten Gedanken steht die Geburt einer neuen Industrie bevor, die neue Berufswege mit sich bringen und neue Wirtschaftszweige schaffen wird.

22

Wohlbefinden und Angst

Die Menschheit ist derzeit gestresst. Je gestresster die Menschheit im Weiteren bleibt, desto weniger werdet Ihr in der Lage sein, die Nährstoffversorgung in Eurem Körper zu gewährleisten. Und desto anfälliger werdet Ihr für Leiden, Krankheiten und Beschwerden.

In bestimmten Regionen der Welt, wo das Denken und die Umwelt schädlicher sind, kann man sich leicht vorstellen, dass auch der physische Körper der Menschen, die dort leben, stärker belastet ist. Ihr Körper wird die Nahrung nicht entsprechend oxidieren und alles, was ihm zugeführt wird, nicht so gut verwerten können. Selbst wenn Bestandteile ihres Speisezettels nährstoffreich sind, werden viele dieser Nährstoffe vom Körper sehr schnell verbraucht werden – sie gehen in die Blutbahn über, ohne jedoch die Gedanken, das Gehirn oder das Herz ausreichend mit neuem Brennmaterial zu versorgen.

Ihr werdet häufiger Schwierigkeiten mit dem Gehirn erleben. Ihr werdet mehr Gehirntumore zu sehen bekommen ... mehr bösartige Gehirntumore. Und Ihr werdet sehen, dass es häufiger zu einer Belastung des Herzens und der Arterien kommt, die aufhören, normal zu funktionieren.

Die Menschen müssen zum Gedanken der Gesundheit zurückfinden und ihn wiederbeleben. Dem muss der Gedanke des Wohlbefindens vorangehen. Von daher wird es wichtiger als je zuvor, kreativ zu denken – was nicht das Gleiche ist wie positive Gedanken zu haben. Ein positiver Gedanke hat einfach eine Richtung. Ein positiver Gedanke führt in diese Richtung, und ein negativer Gedanke führt in jene Richtung. Keiner von beiden ist ein Gedanke, dem Macht innewohnt. Ein kreativer Gedanke blüht auf und erschafft sich selbst.

Ein kreativer Gedanke, ein origineller Gedanke, gebiert sich selbst. Mit kreativem Denken gehen Gesundheit, körperliches Wohlbefinden und seelisches Wohlbefinden einher. Wenn Ihr einen kreativen Gedanken schöpft, schöpft Ihr auch kreativen Atem, so dass sich das Zwerchfell verändert und sich dabei umstrukturiert.

Wenn Ihr einen kreativen Gedanken denkt, ist der Geist so sehr in Anspruch genommen, dass das gesamte Gehirn einbezogen wird, was die Körperchemie verändert, den Fluss innerhalb der Meridiane, die Struktur selbst. Eure gesamte Körperhaltung ändert sich.

* * *

Damit komme ich zum Thema Angst. Natürlich habt Ihr bereits Menschen in Angst gesehen und seid selbst schon in Situationen gewesen, in denen Ihr Angst empfunden habt. Angst verschließt. Angst gestattet Euch nicht, zu atmen. Angst bleibt im Brustraum stecken, und sie erlaubt Euch nicht einmal, aufzutanken, bevor das Ausatmen erfolgt.

In einer Zeit großer Veränderungen kommt für viele auch Angst auf. Etwa die Angst bei der Überlegung: »Gehe ich weiter oder kehre ich um? Kehre ich zu dem zurück, was ich vorher gemacht habe, oder gehe ich nach vorn, ins Unbekannte?« Diese Angst, diese Ungewissheit, bringt ihre eigenen Mangelerscheinungen mit sich, was sich zu allererst auf Eure Gesundheit und Euer Wohlbefinden auswirkt. Der Mangel an Wohlbefinden ist keine Krankheit, er ist einfach eine momentane innere Not. Er bedeutet, dass Ihr nicht in Eurer Wahrheit seid. Ihr seid am Leben, aber Ihr seid nicht lebendig. Um Euer Bewusstsein und Eure Kreativität wieder zu aktivieren, müsst Ihr Euch zunächst einmal entspannen – wenigstens für kurze Zeit. Das ist eine etwas ausgefallene Art zu sagen, *dass Ihr Euren Geist von dem Nebel befreien müsst, der ihn im Moment der Angst befällt.*

So wild, wie die Angst derzeit überall wuchert, wird das nicht vorhandene körperliche Wohlbefinden bei einigen seinen eigenen Untergang herbeiführen. Die schlechte Qualität der Luft wird außerdem Lungenleiden hervorrufen, da die Luft heute mehr Asche enthält als zuvor. Die Welt hat so viele Brände erlebt. Außerdem ist aufgrund des Bebens der Erde nun eine andere Form von Staub freigesetzt worden. Dieser Staub war Tausende von Jahren verdichtet in der Erde gewesen. All das schlägt auf die Lunge.

In der Hauptsache jedoch sind innere Not und Stress eine Gefahr für Eure Gesundheit, Euer Wohlbefinden und Eure Fähigkeit, kreativ zu sein, um die Lösungen voranzubringen, die bereits da sind. Wenn Ihr vor Angst ganz benebelt seid, werdet Ihr nicht die Lösung erkennen, die das Licht hinter dem Nebelschleier in sich birgt.

Entscheidet Euch also für das Leben. Es ist wichtig, dass Ihr es so benennt: »Ich entscheide mich für das Leben.« Sagt: »Ich habe eine Affinität zum Leben. Ich habe eine Affinität zum göttlichen Atem, eine Affinität dazu, Leben hervorzubringen, und für die Lösungen des Lebens selbst.« Während Ihr das tut, werdet Ihr erleben, wie sich die Struktur Eures Seins verändert. Euer Körper wird seine Energie angemessener verteilen. Atem und Zwerchfell erfahren Veränderungen und restrukturieren sich. Puls und Rhythmus des Herzens werden sich verändern und ins Gleichgewicht kommen, und dann wird Euch mit einem Mal auffallen, dass Ihr einen nie gekannten Hunger nach nahrhaftem Essen habt.

23
Die Neue Medizin

Auch private Investitionen werden ein maßgeblicher Bestandteil der nahen Zukunft sein. Mit privaten Mitteln wird das finanziert werden, was wir als die Neue Medizin bezeichnen – eine Medizin sogar noch jenseits dessen, was ihr heute wissenschaftliche Pionierarbeit nennen würdet. Sie ist das, was über Medizin und Wissenschaft hinausgeht, oder zumindest kommt hier beides zusammen. Wenn es eine Grenze des Wissens gibt, die jenseits des Punktes liegt, an dem beides ineinandermündet, werden wir dies einmal als zukunftsweisend bezeichnen. Sie *ist* zukunftsweisend und geht noch über das Zukunftsweisende hinaus. Und weil sie privat finanziert wird, wird diese Arbeit erlaubt sein und sogar unterstützt werden. Besonders wenn Krankheitsbilder epidemische Ausmaße annehmen, gerade in bestimmten Bereichen, wird der Wettlauf darum einsetzen, diese Medizin voranzutreiben.

Diese Neue Medizin wird in der Lage sein, mit dem Gehirn zu sprechen und mit der Leber zu sprechen, um sie wiederherzustellen, und das ist sogar heute bereits möglich. Sie wird in der Lage sein, sich an die Milz zu wenden und sie wissen zu lassen, dass sie mehr rote Blutkörperchen oder mehr weiße Blutkörperchen benötigt, um das Gleichgewicht wiederzuerlangen. Wir sprechen hier von Intelligenz, von daher kann die zukunftsweisende, die Neue Medizin auch als *intelligente* Medizin bezeichnet werden.

Bestimmte Aspekte, aus denen sie sich zusammensetzt, werden aus der Natur stammen – einige aus der Pflanzenwelt, andere von den Mineralien der Meere und wieder andere von den Metallen, die bei der Restrukturierung des Ganzen eine Rolle spielen werden.

Es wird die Neue Medizin geben, und es wird die alte, die allopathische Medizin geben. Und diese werden eine Zeit lang nebeneinanderher existieren.

Die neueren Wirtschaftssysteme werden zudem über private Versicherungen verfügen. Sie werden von jenen unterstützt werden, die in diese privaten Studien investiert haben, und sie werden großartige Erfolge belegen können. Vielen Menschen wird es vergönnt sein, in diese Programme aufgenommen zu werden. Zuerst wird die Versicherung nur denen angeboten werden, die entweder sehr mutig oder wohlhabend sind, dann jedoch wird sie auch für andere infrage kommen. Und so werden die beiden Arten von Medizin parallel existieren. Es hat 2009 bereits begonnen, und die Umsetzung wird schneller erfolgen als erwartet.

Du sprichst von Neuer Medizin. Gehört hierzu auch die Stammzellenforschung?

Das ist keine Neue Medizin – das ist bereits *bekannte* Medizin. Und doch wird es Bereiche der althergebrachten Wissenschaft geben, in denen man bestimmte Zellen entdecken wird, die eine Verbindung zur Neuen Medizin herbeiführen. Aber es geht sogar noch weit darüber hinaus. Die Wissenschaft hinter der Stammzellforschung wird benötigt werden, um zu dieser nächsten Wissenschaft zu gelangen.

Gehört zur Neuen Medizin auch die Energiemedizin? Wird sie anerkennen, dass der Körper ein Bewusstsein hat?

In gewissem Maße ja. Die Energie des Körpers und wie man diese Energie nutzt, wie man mit dieser Energie und jenseits von ihr existiert, wie man Energie in den Körper saugt, als würde man Wasser zu sich nehmen – auch das wird man anerkennen.

Glaubt nicht, dass das, was ich da gesagt habe, tatsächlich so weit hergeholt ist. Alles, was ich Euch bringe, ist bereits präsent und bekommt in den nächsten Jahren nur ein größeres Gewicht, so dass man es erkennt und in höhere Dimensionen ausbaut, selbst wenn es in diesen Jahren noch nicht komplett Gestalt annimmt.

Wird die Neue Medizin autistischen Kindern helfen?

Sie werden nicht die ersten Kandidaten sein, die diese Medizin ausprobieren. Die primären Kandidaten sind die aus dem Krieg heimkehrenden Soldaten – sie werden die Ersten sein, die man rehabilitiert. Sie haben bereits ihr Leben aufs Spiel gesetzt, von daher sind sie viel eher bereit, etwas zu riskieren, wenn sie dadurch genesen könnten.

An einem bestimmten Punkt wird das Gehirn irgendwann die Anweisung erhalten, einen Arm oder ein Bein zu regenerieren. Es wird in der Lage sein, die Anweisungen aufzunehmen und das Wachstum von Zellen in Gang setzen, um den Körper umzustrukturieren.

Später wird auch Hilfe für jene kommen, die ihrem Wesen nach autistisch sind sowie für alle sonstigen Nachkommen. Es werden diejenigen dazu benötigt werden, die sich selbst wiederbeleben, jene, die sich selbst heilen und regenerieren, um aus so etwas herauszukommen – mit anderen Worten, diejenigen, die aus diesem Zustand wieder herausgekommen *sind* – sie werden eine Lösung für all jene kreieren, die sich weiterhin in diesem Zustand befinden. Sie kennen die Reise, die sie unternommen haben, und werden deshalb in der Lage sein, die Wege zu bahnen, die andere brauchen. Ausgangspunkt wird ein bestimmter Typ von Medizin sein, aber nicht genau der, der hier beschrieben wurde.*

---

* Näheres hierzu bietet Ihnen eine Trilogie von William Stillman über Autismus und Spiritualität, die im Amra Verlag erscheint. Bereits erhältlich ist: *Autismus und die Verbundenheit mit Gott, Erkenntnisse über die hohe Spiritualität von Menschen mit Autismus*, 224 Seiten, gebunden, mit Leseband, Bibliografie und nützlichen Adressen, Hanau 2009. – Der Verlag

24

Die verschiedenen Naturreiche

Viele von Euch fragen sich, ob die verschiedenen Naturreiche mitbekommen, dass Wasser oder Öl knapp geworden ist und ob sie die globale Erwärmung wahrnehmen. Tatsache ist, dass die Naturreiche und die Elemente nicht wirklich von Euch getrennt sind - sie scheinen es nur zu sein. Ebenso sind die zutage tretenden Probleme der Menschheit nicht real, aber sie scheinen es zwingend zu sein. Jedes Naturreich, Element, Atom und Teilchen - und was auch immer dazwischenliegen mag - ist von einem Bewusstsein dafür durchzogen, dass die Evolution alles in einem Tempo beschleunigt, das vorher nicht abzusehen war. Angst vor dem Unbekannten ist in den anderen Reichen des Daseins nicht ganz so vorherrschend, von daher würdet Ihr keine ähnliche Reaktion auf die Veränderungen antreffen, wie es vielleicht bei einem Großteil der Menschheit der Fall ist. Natürlich versammeln sich die anderen Naturreiche auch nicht zu den Abendnachrichten vor dem Fernseher, und ebenso wenig weckt sie der Radiowecker mit einer morgendlichen Dosis an Trübsinnigem, was zumindest teilweise erklärt, worauf der Mensch seine Aufmerksamkeit lenkt.

Die Naturreiche und die Elemente sind genau das, was sie sind. Sie wissen, was sie wissen, und haben zum Leben eine Beziehung wie die, die das Leben zu ihnen selbst hat - sie beruht auf Wechselseitigkeit. Wechselseitigkeit ist der Zustand oder Umstand, der allen Dingen und Beziehungen gleiche Vorteile und gegenseitigen Austausch erlaubt. Es mag der Menschheit nicht so vorkommen, als existierte auch sie in diesem Zustand, aber sie wird es noch erkennen. Es ist ein Zustand nicht realisierten Bewusstseins, der wortlos ausdrückt, dass alles gut ist, und diese Botschaft durchzieht auf der Schwingungsebene alle Naturreiche, einschließlich das des Menschen. Dieser friedvolle Ausdruck überlagert jedes Wissen um globale Erwärmung und jede Sorge um die Umwelt. Er erkennt jede Veränderung als die nächste Ausdrucksform oder Erfahrung an. Von außerhalb dieser Erlebniswelt mag es den Anschein haben, als nähmen die anderen Naturreiche keine Notiz von den Ereignissen, aber das ist nicht der Fall.

Konkreter ausgedrückt ist es nicht etwa so, dass Öl, Wasser oder andere Ressourcen knapp wären. Vielmehr kommt es zu einer Umverteilung von Reichtümern und Vermögen jeder Art, darunter auch Öl und Wasser. Außerdem gibt es neue und bedeutende Ressourcen, die nur darauf warten, entdeckt zu werden – und mit großer Wahrscheinlichkeit ausgeschöpft zu werden, zumindest für eine Weile. Die anderen Naturreiche kennen Mangel, doch das bleibt auf den Moment bezogen, ein Ausdruck des *Jetzt*. So wird ein ganz normales Eichhörnchen diesen Winter nicht mehr Nüsse (Ressourcen) verstecken als im letzten.

Die nächsten paar Jahre werden für einige kreativ sein, und andere werden sie verfluchen. Wie immer hat man die Wahl. Es ist die Zeit gekommen, Euch selbst und Eure Welt zu erneuern. Die Polaritätslinie krümmt sich momentan. Positiv und negativ befinden sich nicht mehr an entgegengesetzten Enden der Skala. Sie liegen nebeneinander, ebenso wie Dunkelheit und Licht. Wenn Ihr Euch lange genug damit aufhalten möchtet, einen Ort namens Mangel aufzusuchen, nur zu, aber seht möglichst zu, dass Ihr dort nicht länger verweilt, denn es gibt noch viele andere, erheblich wundervollere Orte zu erkunden.

Die physische Erde und mein Empfindungskörper, der sie lenkt, haben eine Umstrukturierung nötig und verlangen nach ihr, auch wenn das bedeutet, die Dimension zu transzendieren, von der sie sonst zerstört würden. Die Menschheit wird sich dem in Bälde anschließen und den ihr gebührenden Platz als göttliches Geschlecht für sich beanspruchen, statt ein vergessenes Geschlecht zu bleiben. Die Umstrukturierung findet zwar auf der submolekularen Ebene und in nichtlinearer Geschwindigkeit statt, ihre Ergebnisse jedoch lassen sich durchaus auf der Erfahrungsebene beobachten.

Wie schon einmal vor langer Zeit biete ich Euch jetzt eine unmittelbare, wenngleich nicht so subtile Erfahrung eines jeden Naturreichs. Jedes lässt seine eigene kollektive Stimme ertönen, und Ihr wäret gut beraten, sie auch als solche wahrzunehmen, allerdings nicht als getrennt von dem Bewusstsein, das sich als Ganzes versteht, von ihrem Empfindungskörper. Das täte der Botschaft wie auch dem Boten Unrecht. Euer Geist und Euer Herz sind einzigartig und klar voneinander abgegrenzt, aber die Seele nährt beide als eines.

DAS PFLANZENREICH SPRICHT

Unsere Worte und unsere Stimme sind kollektiv. Wir kommen Euch so unterschiedlich voneinander vor, weil ein Baum keine Blume ist und eine Blume kein Gemüse. Das stimmt, aber wir sind nicht so unterschiedlich, wie Ihr vielleicht meint, und auch Ihr unterscheidet Euch gar nicht so sehr voneinander. Wir entscheiden uns dafür, das zu ehren, was uns vereint, und das zu feiern, was uns einzigartig macht. Die Menschheit täte gut daran, diesem Beispiel zu folgen, und wir hegen die Hoffnung, dass Ihr dies tut.

Wir teilen Euch diese Worte mit einer gewissen Sorge mit, da wir nicht möchten, dass dies so wirkt, als wollten wir ein anderes Naturreich kritisieren. Wir sind wie Schauspieler, die als Statisten auftreten, wir sind zum Nutzen der anderen Naturreiche hier und dazu, sie zu unterstützen und am Leben zu erhalten. Wir sind eine natürliche Ressource, eine empfindungsfähige Beigabe des physischen Planeten. Das heißt, wir sind uns als individuelle Spezies und als das kollektive Bewusstsein, das Ihr die Pflanzenwelt nennt, unserer selbst gewahr. Unser Bewusstsein erlaubt uns, einen Austausch mit vielen anderen Spezies zu unterhalten, und unsere Schwingungen sind auf die Bedürfnisse der anderen Naturreiche abgestimmt, da dies dem Zweck unseres Daseins gemäß ist.

Unterstützung für alles Leben auf der physischen Erde

Wir sind dazu da, die physische Erde und alles Leben auf und in ihr zu unterstützen. Wir verstehen uns als eine erneuerbare Ressource, und wir sind hoch erfreut über die zahlreichen und vielfältigen Zwecke, zu denen man auf uns zurückgreift.

So ist es uns beispielsweise ein Vergnügen, uns dort, wo es angemessen und erforderlich ist, als Medizin anzubieten. Heilung ist für uns von großer Bedeutung, und viele Gattungen von uns Pflanzen verfügen über bislang noch unentdeckte Eigenschaften, die wir Euch nur zu gerne offenbaren möchten. Interessanterweise würden ein paar dieser Eigenschaften in Eurer jeweiligen Kultur heiß debattiert und höchst wahrscheinlich als illegal betrachtet, was an Ihrer narkotisierenden Wirkung liegt. Dennoch wären diese Pflanzen – oder besser gesagt, die Fasern, die sie enthalten – für Euch von großem Nutzen, da sie selbstheilend sind, will meinen, sie sind sich bewusst, zu welchem Zweck sie einem Organismus oder Körper zugeführt werden. Diese Art von Intelligenz würde den Heilungsprozess schneller und effektiver machen, da es zu einem Austausch zwischen zwei oder mehr empfindungsfähigen und bewussten Systemen käme und so der Heilungsprozess nicht wie heutzutage üblich hinausgezögert oder stumpfsinnig erfolgen würde.

Wenn die Unfähigkeit besteht, Botschaften der Heilung auszutauschen, sie von einem oder mehreren Aspekten des physischen Daseins zu senden oder zu empfangen, tritt ein toxisches Schocksyndrom auf. Der Körper gerät dabei in eine ausweglose Situation, weil er glaubt, es bräche gerade eine Invasion gigantischen Ausmaßes über genau das System herein, das er zu verteidigen geschworen hat. Wenn ein Naturreich nicht in der Lage ist, ein anderes als Spiegelbild seiner eigenen Vollkommenheit zu erkennen, mündet dies oft in Schwierigkeiten, Katastrophen und Tod. Das trifft auf alle Ebenen des Erlebens zu: die physische, die superphysische und die supraphysische. Das hat die Erfahrung uns im Laufe der Zeit gelehrt, und auch unser Austausch mit allen Ebenen der Materie und Nichtmaterie innerhalb eines jeden Naturreichs und Erdelements.

Nahrung für alle, die es nach pflanzlicher Nahrung und Gemüse verlangt

Wir werden als individuelle Spezies angeleitet und so beeinflusst, dass wir auf eine bestimmte oder auf ganz unterschiedliche Weise reagieren. Beispielsweise manipuliert man uns dahingehend, dass wir alle nähren sollen, die es nach dem verlangt, was wir zu bieten haben. Um das zu ermöglichen, gestatten wir uns, die chemischen Verbindungen, die unserer Erde und unserem Wasser zugeführt werden, in uns aufzunehmen, obwohl wir sie lieber zurückweisen würden.

Wir besitzen keinen individuellen Willen. Das heißt, wir können als einzelne Pflanzen nicht beschließen, etwas zurückzuweisen, was uns zugeführt wird, und es ist uns bestimmt, der Natur zu erlauben, dass sie ihren Lauf nimmt. Wir vertrauen jedoch auf die Langlebigkeit, das Erneuerungsvermögen und die Regenerationsfähigkeit dieses mit einem Bewusstsein und Empfindungskörper ausgestatteten Planeten (unseres Zuhauses) und darauf, dass sie uns durch ungewisse Zeiten wie diese hindurch am Leben erhalten und leiten.

Uns macht es nichts aus, dass wir verspeist oder anderweitig zum Wohl des Menschen und der sonstigen Naturreiche verwendet werden. Das erlaubt uns, dem Zweck zu dienen, zu dem wir entstanden sind, zu dem wir kultiviert wurden. Lieber wäre es uns, komplett verwendet zu werden, so dass weniger Abfall entstünde. Tatsache ist, dass es in diesem Fall wenig oder gar keinen Abfall gäbe, da die meisten Spezies organisch so angelegt sind, dass die Erde in vielerlei Hinsicht von ihnen profitieren kann, wovon man bisher eine ganze Menge noch nicht recht versteht. Unserer Erfahrung nach verhält es sich so, dass die Denkweise derer, die sich heute mit uns befassen, unsere und Eure Evolution mehr verlangsamt als die schädliche Qualität der Umwelt, die dieser Tage alle Naturreiche umgibt.

Unser Reich, das aus Pflanzen, Bäumen, Samen, Früchten, Gemüsen, Wurzeln, Blättern, Wedeln, Stängeln, Blumen und sämtlichen Nebenprodukten davon besteht, darunter solchen, die in Luft, Wasser und Erde freigesetzt und vom Feuer verzehrt werden – dieses Reich ist der Verfasser der Worte, die Euch nun erreichen. Seine kollektive Stimme würdigt unsere Verwandtschaft mit Euch und den anderen Naturreichen. Wir wachsen und gedeihen, wenn Ihr es tut, und unsere bewusste Wahrnehmung erhöht sich, wenn Eure sich erhöht. Am höchsten entwickelt sind in unserer Spezies diejenigen, deren Daseinszweck völlig verstanden und umgesetzt wird. Es macht kaum einen Unterschied, ob unser Dienst darin besteht, die Leber von krebserregenden Giftstoffen zu reinigen oder einem einsamen oder fassungslosen Herzen mit unserem Duft ein Wohlgefühl zu bereiten. Unser simpler Wunsch ist der, uns auf einer zellularen, transformativen Ebene mit allem Lebendigen auszutauschen.

Wir existieren nur im gegenwärtigen Moment. Wir sind uns unseres Daseins im gegenwärtigen Moment ganz und gar bewusst und spüren es, aber wir sind uns nicht der Zukunft gewahr, so wie Ihr es seid. Ein Kohlkopf beispielsweise ist sich seiner Wurzeln gewahr und jeder Nuance des Erdreichs, das ihn trägt. Er ist sich seines Wachstums und seines Daseinszwecks gewahr, seiner Nachbarn im Garten und all der Elemente, die ihn am Leben erhalten. Er ist sich gewahr, dass sein Dasein einem höheren Wohl dient. Wenn er herangereift ist, durchlebt er eine Transformation, denn er wird dem Garten entnommen und kommt in eine andere Umgebung, und er erfährt noch eine weitere Transformation, wenn er von einem anderen Naturreich verzehrt und Teil von dessen Erfahrung wird. All diese Erfahrungen finden als zellulares Spür-Erleben statt, sie sind der jeweiligen Spezies und dem entsprechenden Naturreich zugeordnet.

Wir bekommen mit, dass Ihr Euch mit Eurer Zukunft befasst, aber wir fragen uns: Wenn das so ist, warum befasst Ihr Euch dann nicht auch mit der Gegenwart? Das ist einer der vielen Aspekte am Menschsein, die wir nicht verstehen. Was uns angeht, werden wir uns weiter so einbringen wie bisher – uneingeschränkt, vollauf und in bedingungslosem Dienst an dem, was wir das »Große Wunder« nennen. Wir sind zufrieden damit, zu sein, was wir sind.

Das Tierreich spricht

Wir entbieten Euch diese Worte in einer Eurer gängigen Sprachen. Wir sprechen in vielen Zungen und bringen viele Laute hervor, unsere üblichste Form der Kommunikation jedoch ist das, was Ihr Körpersprache nennen würdet. Auch Ihr sprecht diese Sprache öfter, als Ihr denkt, aber häufig zieht Ihr es vor, Worte zu benutzen, um zu kommunizieren, selbst wenn Eure Augen und Euer Körper ihnen widersprechen. In unserer Sprache gibt es keine feinen Missverständnisse, keine Versuche, das Gegenüber zu betrügen. Wenn wir hungrig sind, sind unsere Absichten weithin bekannt, und selbst im Schutz des Unterholzes oder der Dunkelheit strahlt unsere Energie eine Frequenz aus, die ausspricht, was Worte nicht sagen könnten.

Kommunikation auf energetischer Ebene

Etliche von uns sind Raubtiere, und das gilt auch für viele Menschen. Dennoch unterscheiden sich unsere Jagdmethoden und die Art, wie wir vorgehen, um unsere hungrigen Familien zu ernähren, in vieler Hinsicht voneinander, und zwar in wichtigen Punkten. So könnten unsere Körpersprache und unsere Schwingung beispielsweise Folgendes sagen: »Ich bin eine Mutter, und ich muss meinen hungrigen Kindern etwas zu essen bringen. Ich ehre deine Lebenskraft und die Entscheidung, die du getroffen hast, dich mir hier darzubringen. Indem ich dir das Leben nehme, ehre ich dich weiterhin dadurch, dass deine Lebenskraft in meinen eigenen Körper und in den meiner Jungen aufgenommen wird.«

Werden solche Überlegungen von jeder Spezies im Tierreich angestellt, bevor sie einem anderen das Leben nimmt? Nein, denn nicht alle können sie reflektieren. Dennoch gibt es im Rahmen dessen, was Ihr »tierischen Instinkt« nennt, eine Kommunikation, die auf der energetischen Ebene existiert. Der Mensch sieht sich nicht gerne als Raubtier, und es ist anzunehmen, dass es Euch lieber ist, Euch als »Verbraucher« zu bezeichnen.

Wir gelten als diejenigen, die dem Menschen hinsichtlich der Leistungsfähigkeit des Gehirns und der Entwicklung am nächsten stehen. Uns ist zu Ohren gekommen, dass Ihr einige unserer Primaten als entfernte Verwandte des Menschengeschlechts betrachtet. Wir hoffen, es kränkt Euch nicht, wenn wir das nicht immer für ein Kompliment halten. Diejenigen, die sich in Eure Versuchseinrichtungen begeben, tun dies aus freien Stücken, und diejenigen, die sich bemühen, über eine Symbolsprache mit Euch zu kommunizieren, ebenso. Ihr glaubt, dass Wissenschaft die Natur erforscht, doch muss die Natur notgedrungen auch ein wachsames Auge auf die Wissenschaft haben. Freiwillige aus jeder Spezies wirken bei Euren Versuchen mit und leben unter Euch, wie Ihr es für angemessen haltet. Es ist auf beiden Seiten ein gemeinschaftliches Bemühen, obwohl das, was man dabei herausfindet, keinem von uns viel zu nutzen oder zu bedeuten scheint.

Unsere Geschichte ist so vielfältiger Natur wie die Eure. Viele von uns sind auf diesem Planeten heimisch, doch einige Arten wurden woanders geboren, genetisch betrachtet. Wir finden es interessant (und ein Glück), dass Eure räuberischen Instinkte sich nicht sonderlich für Arten interessieren, deren Herkunft anderenorts zu suchen ist. Es scheint, dass das, was sich nicht in Eurem Zellgedächtnis befindet, wenig oder gar nicht von Interesse für Euch ist, von daher verlaufen unsere Wege in gewisser Hinsicht parallel, sie kreuzen sich nie.

Wir interessieren uns für die Gegenwart und die Zukunft, aber wir haben kein Interesse daran, unsere Vergangenheit zu rekonstruieren. Das liegt nicht daran, dass wir uns nur für das Überleben unserer eigenen Spezies interessieren, sondern es kommt daher, dass wir verstehen, dass reinste Perfektion uns in diesen Moment gebracht hat und uns weitertragen wird. Weiterentwicklung spielt sich im Tierreich auf einer anderen Erfahrungsebene ab als beim Menschen. Wir verstehen dies und missgönnen der Menschheit nicht die vielen Wege, die sie in dem Bemühen einschlägt, zu verstehen, wer und was sie ist, während sich gleichzeitig ihr Bewusstsein erweitert.

Sorglosigkeit gegenüber den Tieren

Welchen Punkten gilt in unserem Reich die größte Sorge? Dem langfristigen Überleben bestimmter Arten, dem Weggang einiger unserer Gefährten, dem Vordringen des Menschen in kostbare Lebensräume, von denen es ohnehin nur noch wenige gibt, und dem fehlenden Bewusstsein, aus dem heraus unsere in freier Wildbahn lebenden Tiere gefangen und im großen Stil als Ware betrachtet werden.

Befürworten wir es hier, dass Ihr Vegetarier werdet, damit wir zahlenmäßig weniger Verluste erleiden? Nein, wir verstehen Eure Bedürfnisse, weil wir unsere eigenen verstehen, aber ein schwerwiegender Mangel an Bedenkenlosigkeit uns gegenüber könnte bald in Anlass zur Sorge für Euch selbst umschlagen. Wenn eine Spezies sich gegen eine andere wendet oder ein Naturreich gegen ein anderes, mündet das oft für beide in eine Katastrophe.

Schon jetzt gibt es Viren, Infektionen und andere Anomalien bei Wildtieren, die Bestandteile Eures Speisezettels sind. Das liegt nicht einfach nur daran, wie mit ihnen umgegangen wird, sondern an einem echten Zusammenbruch der Kommunikation zwischen den Arten und innerhalb einer Art. Wahrer Respekt und wahre Kommunikation unterstützen das Wohlbefinden im Miteinander der Arten wie auch innerhalb einer Art. Mangel an Respekt und schlechte Kommunikation hingegen sind ein Nährboden für Krankheiten, die dann, wenn man ihnen nicht Rechnung trägt, alles noch komplizierter machen. Wir wollen hier niemandem die Schuld geben, wir geben diesen Punkt nur zu bedenken – als Gelegenheit, unsere Wahrheit so auszusprechen, wie sie sich uns gezeigt hat.

Derzeitige Rückzugsdebatten bestimmter Arten

Wir wissen, dass Ihr Euch Sorgen macht um unsere Freunde, die Meeresbewohner, und das mit gutem Grund. Ihre Gutwilligkeit dem Menschen gegenüber wurde nicht mit allzu viel Güte erwidert. Ihr bestaunt die Ozeane, ihre Tiefe, Schönheit und Farbe und die Myriaden von Lebensformen darin, aber Ihr setzt ihr Überdauern als gegeben voraus, und diese Dauerhaftigkeit könnte sich ändern. Bestimmte Bewusstseinsebenen innerhalb einer jeden Spezies erlauben ihr kollektive Entscheidungen innerhalb dieses Bewusstseins.

Der Fortbestand gewisser Arten, selbst wenn ihre Zahl in die Tausende geht, ist nicht gesichert. Historische Präzedenzfälle stützen sich auf ein allzu wackeliges Fundament, denn nie zuvor sind bei so vielen Arten derart viele Anpassungsleistungen notwendig gewesen. Noch bei der empfindungsfähigsten und bewusstesten Spezies herrscht Verwirrung, und auf der energetischen Ebene debattiert man die Möglichkeit, sich massenhaft zurückzuziehen.

Diese Entscheidung könnte enorme Auswirkungen auf die Menschheit und den Rest der Naturreiche auf der Erde haben. Was, wenn zahlreiche zentral wichtige Zellen Eures Körpers sich alle gleichzeitig verabschieden würden? Euer Körper wäre gezwungen, sich neu zu erschaffen, sofern das auch wirklich möglich wäre. Zellen, die normalerweise eine bestimmte Funktion haben, müssten unverzüglich anderswo eingesetzt werden, und in Eurem Körper würde der Notstand ausgerufen. Das Gleiche würde auf die Meere zutreffen, wenn mehrere Arten sich verabschiedeten. Kollektiv hoffen wir, dass dies nicht der Fall sein wird. Ferner hoffen wir, dass das sich fortsetzende Muster, das auf ein Erwachen der Menschheit hinausläuft, die Achtsamkeit und Sorge wecken wird, die dieses Thema verdient. Allein können wir nichts ausrichten.

Wir haben mehr mit Euch gemeinsam, als Eure täglichen Erfahrungen zu erkennen geben. Unsere derzeitigen Umstände mögen sich sehr von Euren unterscheiden, aber unsere Zukunft weist mehr Ähnlichkeiten als Unterschiede auf. Für uns beide hängt unser Überleben von der Erde ab. Doch darüber hinaus sind wir auch voneinander abhängig, wenn wir unser Bewusstsein und Gewahrsein weiterentwickeln wollen. Ihr glaubt, dass Eure Weiterentwicklung als Spezies an die Chronologie der Gestirne geknüpft sei und an das, was sie bringen werden, aber vergesst nicht, dass auch die Erde aus dem All betrachtet wie ein Stern wirkt. Wenn Ihr durch das, was Ihr von anderen lernt, lernen, hinzugewinnen, wachsen und expandieren möchtet, würdet Ihr dann nicht im Gegenzug etwas mit ihnen teilen oder ihnen zeigen wollen?

DAS REICH DER MINERALIEN SPRICHT

Wir sind das älteste der aufgezeichneten Naturreiche. Es stimmt, dass wir ein Naturreich der Erde sind, aber wir sind noch viel mehr als das. Die Vielfalt unserer Ressourcen umfasst einen riesigen Bereich des Universums. Viele von Euch fühlen sich in einer bestimmten geografischen Region wohler als anderswo. Ihr mögt zwar glauben, die atemberaubende Küste, die weite Ebene oder das Blätterdach des Waldes zöge Euch dorthin. Wahrscheinlicher aber ist, dass die Zusammensetzung dessen, was sich unter der Erdoberfläche befindet (das, was Euch trägt), auf Euch wirkt.

Die Erde setzt sich aus universellen Dichtepartikeln zusammen, aus denen die physische Masse des Planeten hervorgegangen ist. Diese zusammengeballten Dichtepartikel sind nicht gleichmäßig verteilt, sie finden sich an strategisch platzierten, jeweils einmaligen Energiewirbeln. Es sind scheinbare Anomalien, die der Erde ihre reiche Vielfalt verleihen. Außerdem dienen sie als passive/aktive, empfangende/leitende Kraftfelder, die universelle Energie zu allem hin kanalisieren, was auf und in der Erde existiert. Die von der Sonne kommende Strahlung maximiert diese Energien. Sie intensiviert, vermindert und stimuliert ihre Wirkung, um ein beschleunigtes Wachstum von allem zu fördern, was dem Einfluss der Erde unterliegt.

Diese energetischen Kraftfelder können eine Zu- oder Abnahme in der Population jeder Spezies bewirken. Sie haben auch Einfluss darauf, welche Beziehung Ihr zu Eurer Umgebung habt, denn als empfindungsfähige Spezies spürt Ihr diese Energien, wo auch immer Ihr hingeht. Ob Ihr Euch in der einen dicht bevölkerten Stadt eher zu Hause fühlt als in der anderen, mag seinen Grund also in dem haben, was unter Euren Füßen ist – in der Beschaffenheit des Erdsubstrats oder der Zusammensetzung und Einwirkung des Mineralienreiches.

*Ein glatterer Übergang durch Harmonisierung
mit dem Reich der Mineralien*

Unser Einfluss auf andere Naturreiche wird bald ins Zentrum der Aufmerksamkeit rücken. Jedes kosmische Zeitalter läutet einen Wandel und Veränderungen ein. Ebenso wie die Menschheit derzeit gewissermaßen erwacht, wecken die globale Erwärmung und andere Umweltphänomene im Reich der Mineralien die Reaktion, gezielt die Menge an Energie zu erhöhen, die vom Erdkern zu unserem Naturreich strömt. Diese Stimulierung wirkt sich auf das gesamte Reich der Mineralien aus, am konkretesten jedoch auf die kristallinen Fäden, die spezifische energetische Muster durch den gesamten Erdball weben. Es überrascht nicht, dass Eure Uhren und Chronometer von Quartzbewegungen gesteuert werden und dass Eure Computer mit organischem und künstlich erzeugtem Silizium arbeiten. Im weiteren Verlauf des einundzwanzigsten Jahrhunderts wird eine Ära enden und eine andere beginnen. Zwar sind diese Übergänge natürliche Vorkommnisse, doch wie unsanft oder glatt sie für den Menschen verlaufen, hängt ein Stück weit davon ab, wie gut er sich mit seiner physischen und nichtphysischen Umgebung in Einklang bringt.

Das Reich der Mineralien steht sowohl in physischer als auch in nichtphysischer Hinsicht mit dem Menschen in Verbindung. Unsere Naturreiche sind verbunden, und eines ist nie fern vom anderen. Der menschliche Körper enthält Mineralien, die mit denen der Erde verwandt sind. Selbst die Mengenverhältnisse, die seinem Gleichgewicht und Wohlergehen zuträglich sind, entsprechen denen der Erde. Man muss sich klar machen, dass in dem Moment, in dem die Ressourcen der Erde weiter erschöpft werden, die Menschheit genau das Gleiche durchmacht. Gerät die Erde aus dem Lot, so gilt dies auch für den Menschen. Belege hierfür findet Ihr bereits mitten unter Euch, von daher werden diese Worte Euch wahrscheinlich nicht überraschen. Wenn Ihr Euren Körper kräftigen wollt, ist es ratsam, zusätzliche Mineralstoffe zu Euch zu nehmen. Läge es von daher nicht nahe, die Reserven der Erde aufzufüllen, statt sie zu erschöpfen?

Das Ganze ist mit ein Grund dafür, warum man im Menschenreich so viel Gefallen an Kristallen jeder Art, Größe, Farbe und Form findet. Auf tiefen Bewusstseinsebenen seid Ihr gewahr, dass das die Energie der Schöpfung ist. Dadurch, dass Ihr Euch auf diese Energie einlasst, erkennt Ihr Euer Verlangen an, auf der Ebene von Herz und Seele im Gleichgewicht zu sein und Wohlbefinden zu erleben – körperlich betrachtet und auch nichtkörperlich. Jede Spezies innerhalb des Mineralienreiches zieht eine ganz besondere Form von Energie an, die sie dann beseelt. Das verstärkt die heilenden und nährenden Eigenschaften der Energie und personalisiert sie ein Stück weit. Diese

Personalisierung macht sie für Euch mehr oder weniger attraktiv, je nachdem, was Ihr braucht und wonach es Euch verlangt.

Steine, Kristalle, Edelsteine und Edelmetalle spielen allesamt eine große Rolle in Eurem Leben. Warum interessiert Euch beispielsweise Gelbgold eher als Weißgold? Oder Kupfer mehr als Platin? Das beruht nicht ausschließlich auf dem finanziellen oder ästhetischen Wert, wie Ihr vielleicht annehmt, obwohl Ererbtes und die Kultur bestimmt Einfluss auf Eure Gesellschaft haben. Dass Ihr Euch von etwas angezogen fühlt, hat mehr mit Polarität und der Herkunft Eurer Seele zu tun als mit sonstigen Kriterien irgendeiner Art, und Euer Körper als Verlängerung Eurer Seele steht in der Pflicht, es Euch hier so behaglich wie möglich zu machen. Das Mineralienreich beeinflusst Euch und unterstützt Euch von innen und von außen. Sein heilender Aspekt ist seine Natur, und seine Natur ist zu heilen.

Partnerschaft mit dem Mineralienreich

Kristalline Energie verwendete man auch schon früher dazu, den Planeten zu heilen und seine Energie zu erneuern. Als Idee ist das nicht neu, aber durchaus neu kann hierbei natürlich das Vorgehen sein. Der Mensch beginnt gerade erst zu begreifen, wie vielfältig sich Quarz einsetzen lässt. Spinnt man diese Theorien weiter, so werdet Ihr bald auf weitere Wege stoßen, die von den Mineralien ausgehende Energie und Heilung zu kanalisieren – kanalisieren, nicht zähmen. Worin besteht der Unterschied? Bei der einen Methode sind die Naturreiche Partner, bei der anderen sind sie von vornherein ungleich.

Die Menschheit ist sich noch bei vielen Themen, die es zu lösen gilt, mit sich selbst uneins, und die Kristalle sowie die Energie, die man in Verbindung mit ihnen entdecken wird, warten geduldig, bis der richtige Zeitpunkt gekommen ist. Die kristalline Energie wird es nicht zulassen, zur Herstellung von Waffen benutzt zu werden. Dies hat sich schließlich bereits als Nachteil für alle Seiten der Erde erwiesen. Wir werden unsere Bemühungen in den Dienst der Technik stellen, nicht jedoch in den der Rüstung. In Tests wurde das bereits untersucht und für wahr befunden. Ein Berg beeilt sich nicht, seinen Gipfel zu erschaffen, da er weiß, dass seine Krönung ihm sicher ist – kein anderer wartet darauf, ihm seinen Platz streitig zu machen. Das Mineralienreich war als Erstes da und wird eines Tages das Letzte sein, was noch existiert, aber diese Zeit wird sich erst jenseits des Heute offenbaren.

Es ist offenkundig, dass das Reich der Mineralien das dichteste oder festeste von allen ist, aber die Eigenschaften, die es bestimmen und lenken, sind auch die subtilsten. Das Wachstum der Menschheit ist ebenfalls subtil gewesen im Vergleich mit dem auf anderen Welten, doch das wird sich bald ändern. Mit Hilfe ihrer Partner unter den anderen Naturreichen wird die gesamte Menschheit auf Orte von höherem Bewusstsein umschwenken. Es ist der dringende Wunsch des Mineralienreiches, den Übergang für Euch so reibungslos wie möglich zu gestalten. Wir hoffen, dass Euch die Unterstützung, die wir Euch von innen, von außen und von unten anbieten, auch weiterhin willkommen sein wird. Wir werden uns auch weiterhin zu Eurer Verfügung halten, bis eine Weisheit und Intelligenz, die unsere eigene übersteigt, uns anderweitig instruiert.

25

Gaia kehrt zurück

BESONDERE INFORMATIONEN
ZU BLUMEN UND HAUSTIEREN

Blumen

S ie gehörten ursprünglich einmal zu den höher entwickelten und
vermehrt mit Bewusstsein ausgestatteten Arten auf der Erde. Ihre
Schwingung ist in der Pflanzenwelt mit die höchste. Es überrascht
Euch vielleicht zu erfahren, dass einige Sorten sogar die Lehrmeister
der ersten Generationen von Lemuriern waren. Diese sehr intensiv
wirkenden und intelligenten Exemplare von Blumen erinnerten die
Menschen der Frühzeit daran, dass sie die Hüter der Erde sein sollten. Sie sprachen davon, wie wichtig es sei, seinen Garten zu kultivie-
ren. Erinnert Ihr Euch? Die Blumen und Pflanzen mit der höchsten
Schwingung sind jene, die von diesen mit einem Bewusstsein ausgestatteten Sorten abstammen. Mehr als alle anderen verstehen sie den
Menschen, seine Bedürfnisse und seinen Weg.

Wir sagten zuvor, dass Pflanzen *wiederherstellen*. Hier, wo es um Blumen geht, werden wir sagen, dass sie helfen, *sich aufzufrischen*. Soll
heißen, dass sie nähren, dass sie dafür sorgen, dass etwas wieder gut
wird, und das leidenschaftliche innere Interesse am Leben wieder
entfachen. Deshalb wurden für bestimmte Parfums und Düfte schon
immer so hohe Preise gezahlt. Die Lemurier, Eure frühesten mit einem Bewusstsein ausgestatteten Vorfahren, hatten dank der Gaben,
mit denen ihre riesigen Lehrer unter den Blumen, die mitunter einen
Durchmesser von fast zwei Metern aufwiesen, sie ausgestattet hatten,

einen überaus gut entwickelten Geruchssinn. Die frühen Lemurier, die ziemlich achtlos sein konnten, wenn es um die Bindung an ihren physischen Körper ging, entfleuchten leicht aus ihrer physischen Umgebung. Die Blumenlehrer brachten ihnen bei, so zu atmen, dass die Fähigkeit der Seele aufgefrischt wurde, das Geistige in einem physischen Gefährt zu halten. Auch waren sie für die Erschaffung und Weiterentwicklung der physischen Lunge verantwortlich.

Die wahre Geschichte dieser Blumenwesen ist in das Reich der Mythen und Sagen abgeglitten, wie es so vielen wunderbaren, heute aber ausgestorbenen Erfahrungen erging. Hier werden wir einfach sagen, dass das, was heutzutage als skurrile und kindlich anmutende Feenenergie gilt, einst die sehr kraftvolle und doch unschuldige Weisheit einer Urkraft war.

Domestizierte Tiere

Viele von Euch glauben, dass domestizierte Tiere – Haustiere – ihre Besitzer heilen und/oder eine solche Menge an Negativem oder Krankheiten in sich aufnehmen können, dass sie davon krank werden, was dann Ihre eigene Lebensdauer verkürzt. Ich sage, dass das stimmt, aber es kommt nicht so häufig vor, wie viele glauben würden. Das Tier ist in erster Linie wild und erst in zweiter Linie domestiziert. Der Mensch ist in erster Linie domestiziert und erst in zweiter Linie wild.

Domestizierte Tiere sind eine kleine Unterkategorie, die einer nicht domestizierten Familie angehören – sie sind nicht einfach nur Nachkömmlinge wild lebender Vorfahren. Fast jedes tierische Individuum kann zum Haustier werden, aber nicht jede Tierart lässt sich domestizieren. Der Unterschied liegt in der entsprechenden Untergruppe selbst, die man im weitesten Sinne mit einer Seelenfamilie vergleichen kann.

Interessant ist es auch festzustellen, dass ein Unterschied zwischen domestiziertem Tier, worunter auch die Nutztiere fallen, und Haustier besteht, ebenso wie es einen Unterschied zwischen einem Tier in freier Wildbahn gibt und einem, das zum menschlichen Verzehr gezüchtet wird, selbst wenn sie der gleichen Spezies angehören. Ein

Haustier kann Energie um- oder ablenken, die ansonsten auf seinen menschlichen Gefährten einwirken würde. Es geht dabei nicht um Heilung in dem Sinne, wie ihr sie derzeit versteht, aber das Ergebnis ist ähnlich. Tiere sind hochgradig sensibel für Frequenzen und können sie voneinander unterscheiden. Dissonante Energien sind für sie so laut hörbar, dass es sie verstört, und oft finden sie es in ihrem eigenen Interesse, diese möglichst aus ihrem unmittelbaren Umfeld zu verbannen. Hunde können das mitunter mit ihrem Gebell, wobei sie eine störende Frequenz oder Energie durch eine ersetzen, die eher nach Ihrem Geschmack ist. Wenn Ihr das nächste Mal einen Hund erlebt, der scheinbar ins Leere bellt, beachtet, dass sein Tun vielleicht durchaus einen angemessenen Sinn hat. Ebenso mag eine Katze mit einem Satz auf ein scheinbares Nichts springen, und dennoch ist ziemlich deutlich, dass das, worauf sie sich gerade noch stürzte, sich danach in Luft aufgelöst hat.

Was das gerade erwähnte Treiben anbelangt, so könnten Haustiere auch destruktive Energien von ihren Besitzern ablenken, ehe diese konkrete Person sie in ihre Aura oder Matrix aufnimmt. Sie sind in der Lage, die Energie anderswohin zu lenken und durch eine Alternative zu ersetzen, die hoffentlich weniger aus dem Lot bringt. Je näher der Besitzer oder die Besitzerin dem tierischen Begleiter ist, desto einfacher und schneller ist diese Aufgabe bewältigt. Tiere, die in der Nähe ihres Besitzers schlafen dürfen, können dies problemloser. Eine chronische oder tödliche Krankheit ist da schon schwerer zu behandeln. Ob ein tierischer Wegbegleiter in der Lage ist, seinen menschlichen Kompagnon zu heilen, hängt von dem Band ab, das sie verbindet, und außerdem davon, wie kompatibel sie miteinander sind. Die Energie muss eine Resonanz oder einen Anziehungspunkt finden, an dem sie andocken kann, um das Gift sozusagen herauszuziehen. Wenn ein Tier sich allzu sehr an dem Gift andockt – etwa an Krebs –, kann es passieren, dass es sich nicht lange genug von ihm lösen kann, um seine eigene Harmonie wiederherzustellen. Die Besitzer sind sich oft gar nicht im Klaren über die Gaben, die ihre tierischen Gefährten in sich tragen, oder die Opfer, die sie bringen.

Ob das Gleiche auch für Pflanzen gilt? Ja, aber nicht exakt genauso. Eine Pflanze hat eine andere Form von Dasein und ist auf eine andere Art Gefährte. Eine Zimmerpflanze oder ein Baum atmet ein, atmet aus, pausiert und beginnt dann mit dem nächsten Zyklus. Da diese Zyklen konstant sind, würdet Ihr nicht in der Lage sein, auch nur die leiseste Nuance zu erkennen, die darauf schließen lässt, dass eine Veränderung stattgefunden hat, aber in jeder Pause findet sich ein Moment der Einheit, des Einsseins. Die Pause ist der Erholungszyklus, und alles innerhalb des Einflussbereichs der Pflanze wird dabei erneuert. Nicht anders ist es bei Pflanzen und Bäumen im Außenbereich, weshalb die meisten Menschen buchstäblich wiederhergestellt werden, wenn sie sich in die Natur begeben.

Einen Baum zu umarmen, mag nicht für alle ein verlockender Gedanke sein, aber sich in seiner Nähe niederzulassen, reicht aus, um großen Nutzen daraus zu ziehen.

26

Der Aufstiegsprozess

*I*n dieser Übergangszeit musst Du als Gaia ja einerseits die Lebewesen bedenken, die auf der Erde leben, also die Dualität des Ganzen, und anderseits Deinen eigenen Aufstiegsprozess. Meinem Verständnis nach vollziehen Planeten immer wieder Übergänge, und es gab auch schon Gruppen von Menschen, die aufstiegen, aber noch nie befanden sich beide gleichzeitig in diesem Prozess. Wir schreiben Geschichte, und das ganze Universum sieht dabei zu.
Wie empfindest Du das Ganze aus der Perspektive Deiner Essenz?

Mein Empfindungskörper, mein Bewusstsein, weiß es bereits Hunderte und sogar Tausende von Jahren, bevor die Veränderung eintritt, und so gibt es nichts Überraschendes an diesem Prozess. Da ist das Verständnis, dass alles sich immerzu und in jeder Hinsicht weiterentwickelt, und mein Empfindungskörper, mein Bewusstsein, tröstet sich damit. Wenn die Einzelnen im Voraus sehen könnten, was für riesige und weitreichende Schritte sie durch ihre Nöte langfristig zurücklegen, würden sie es vielleicht mit ganz anderen Augen betrachten. Ich habe den Vorteil, mir dieser Schritte ständig gewahr zu sein. Was mir gegenwärtig ist, beginnt und endet nicht mit jedem Leben, wie es beim Menschen der Fall ist. Auch wenn es nicht ewig so sein wird, trifft es vorerst doch zu.

Mit dem Prozess als solchem verhält es sich wie bei einer Hebamme und einer Mutter. Es gibt Momente so unermesslicher Freude, dass sie kaum auszuhalten ist, und hie und da umwölkt Kummer meine Stirn, wenn ich eine geliebte Spezies verabschiede, um eine andere willkommen zu heißen. Die Erde ist Teil einer sehr einzigartigen

Familie von Planeten, von denen jeder auf seine ganz eigene Weise Sinn hat und wichtig ist. Ich teile dieses Abenteuer mit ihnen, so wie sie ihre Abenteuer mit mir geteilt haben. Ihr Wissen und ihre Weisheit helfen mir und leiten mich ungefähr auf die gleiche Weise an, wie ich denjenigen helfen und diejenigen anleiten kann, die den gerade stattfindenden Prozess weniger bewusst mitbekommen – nur das Ausmaß des Wissens ist unterschiedlich.

27

Dualität

*I*ch *verstehe, dass wir in der dritten Dimension eine sehr verdichtete Dualität haben – eine, die uns die Illusion linearer Zeit vermittelt. Wir konzentrieren uns lediglich auf einen Punkt, und das ist dann unsere Realität, was uns davon abhält, andere existierende Möglichkeiten zu sehen. Für mein Gefühl gleicht das einer Achterbahnfahrt: Wir sehen im Voraus nie, was auf der anderen Seite ist; wir sehen nicht, wie es dort abwärtsgeht. Es ist gleichzeitig aufregend und macht Angst. Aber obwohl es ziemlich viel Angst macht, wollen wir, sobald es vorbei ist, gleich noch eine Runde drehen. Wenn wir erst auf der anderen Seite sind, kümmert es uns eigentlich nicht mehr, wie beängstigend das war. Und wenn wir auf dieser Seite sind, erinnern wir uns nicht mehr so richtig, wer wir sind, also bekommen wir wieder Angst.*

Gibt es bei diesem Prozess einen Fortschritt? Da der Sinn des Ganzen ja darin besteht, aus der Dualität herauszukommen – wie können wir den Prozess beschleunigen?

Wie Ihr mittlerweile wisst, ist Dualität eine Illusion, die die Menschheit noch nicht ganz begreift. Aus Eurer Perspektive scheint die dritte Dimension dualer Natur zu sein, weil die Erde für zwei Pole, zwei Geschlechter und dergleichen steht.

Aber es gibt eine dritte Ausdrucksform und somit auch eine dritte Dimension, und zwar den *Knotenpunkt* von Licht/Dunkelheit, Angst/Mitgefühl, Gott/Nicht-Gott, der im Zentrum aller Gedanken und Dinge existiert. Diese Aussöhnung der Dualität macht die Menschheit aus, und sie spiegelt sich auch in den Taten der Menschen, zumindest bis auf Weiteres. Es gibt keine Angst, wenn es keine Sterblichkeit gibt. Verstehst Du das?

Fortschritt stellt sich nicht dadurch ein, dass man sich durch eine Anzahl Leben manövriert und dabei tief in der Dualität steckt. Dualität ist etwas, woraus Menschen auftauchen, wenn sie in der Mitte, im Herzen ihres Lebens ankommen oder vielleicht aus einer Realität, die inzwischen überholt ist. Das ist einer der wundervollen Pluspunkte dieses Lebens hier im Vergleich mit anderen: Die Realität, auf der die derzeitige Dualität beruhte, ist größtenteils vorbei. Deshalb erlebt Ihr, wie so viele Systeme und Strukturen zerfallen.

Beschleunigung ist eine Bewegung zur Mitte hin. Sie ist eine Entscheidung, die Mut und Entschlossenheit verlangt. Zwar steht sie allen zur Verfügung, aber viele werden sich nicht für sie entscheiden, da ihre Vorteile vorher nicht sicher abzusehen sind. Sie verlangt den Sprung ins kalte Wasser, und zwar einen großen Sprung. Deshalb warten die zart besaiteten und die jüngeren Seelen ab und schauen sich das Ganze erst einmal an – eine Saison lang, ein Leben lang oder auch viele Leben lang. Zeiten der Beschleunigung garantieren nicht die Beschleunigung des Individuums. Diese Idee wird missverstanden.

Was die nächste Dimension erschafft, das ist der Gedanke. Zum Großteil sind Dimensionen mit gerader Zahl mentale Sphären, die Gedanken hervorbringen, die wiederum Realitäten erschaffen, Schemen und Welten. Wenn die dritte Dimension sich im Übermaß verdichtet und Risse bekommt, steigt aus dem Geist-von-Allem-was-ist der Gedanke auf, der eine andere Dimension erschafft, in der man sich ausdrücken kann. Die Unermesslichkeit dieses höchsten Geistes ist schwer zu ergründen, ebenso wie seine Schöpferkraft. Jedenfalls bleibt kein Detail außer Acht, und für jedes existierende Teilchen wird ein Platz gefunden. Die vierte Dimension ist die Brücke zwischen der dritten und der fünften. Die Menschheit kann bei diesem Prozess mitwirken, indem sie ihre Aufmerksamkeit auf das richtet, was Ihr die vierte und fünfte Dimension nennt – gleich, was sich auf der dritten tut ... eine gewaltige Aufgabe.

28

Das Große Experiment

*I*ch denke, was dieses Erlebnis so einzigartig im Universum macht, ist die
Tatsache, dass auf der Erde genetisches Material Abertausender von
*Pflanzen gesät worden ist. Das würde bedeuten, dass viel von diesem Experi-
ment abhängt – nicht nur für uns, sondern für alle, die daran mitgewirkt haben. Für all die Wesen und Planeten, die ihr Material zur Verfügung gestellt
haben, wird der Umschwung mit Sicherheit weitreichende Auswirkungen auf
ihre Welt haben. Zwar haben sie an dem Experiment mitgewirkt und dürfen
es live verfolgen, doch dürfen sie sich nicht direkt daran beteiligen.*

*Welchen Einfluss üben sie auf unsere Reise aus, und ist das der Grund,
warum wir auf diesem Planeten solche Höhen und Tiefen erleben können?*

Die Höhen und Tiefen sind eine unmittelbare Auswirkung unserer
zentralen Glaubenssätze im Hinblick auf den Sinn des Lebens, vor
allem den Sinn des menschlichen Lebens auf der Erde. Solange die
Menschheit nicht die Wahrheit über ihr genetisches Erbe herausfindet (und glaubt), können wir die Auswirkungen des Großen Experiments nicht genau messen oder beschreiben. Verzeiht mir den
Ausdruck, aber das Ergebnis eines Experiments hängt oft davon ab,
welche Laborratte man sich vornimmt. Verstehst Du? Welche Geschichte und DNS habt Ihr und wie viel davon – wisst Ihr das? Zu
welchem Zeitpunkt (oder Punkt jenseits der Zeit) kam sie ins Spiel?
Was wart Ihr zuvor: besser oder schlechter? Seid Ihr sicher? Ihr
müsst wissen: Wenn Ihr nicht mit Gewissheit sagen könnt, wer oder
was Ihr in Eurem letzten Leben oder in den Leben dazwischen gewesen seid, dann könnt Ihr bisher auch nicht sicher wissen, wie das
Große Experiment ausgeht.

Wie und wann werdet Ihr das in Einklang bringen? Um ein wirklich umfassenderes Bild zu sehen und das menschliche Dasein aus einer neuen Warte zu betrachten, wird die Menschheit fast alle ihre Glaubenssätze im Hinblick auf sich selbst, ihre Geschichte, den Planeten und sogar Gott beiseitelassen müssen. An die Stelle der heiligen Schriften, die der verlängerte Arm eines Gottes geworden sind, der noch immer fremd ist, wird eine umfassendere, eher kosmische Sicht von dieser und anderen Welten treten müssen.

Dieser Planet hat viele Vorgeschichten, und einige sind zutreffender als andere. Eine Geschichte nachzuerzählen, selbst eine gut erzählte, macht sie nicht allumfassend oder groß genug, um die wahren Ursprünge der Menschheit wiederzugeben.

Wie passt das Internet in die Zukunft? Nach meiner Beobachtung spielt es schon jetzt eine große Rolle, wenn es darum geht, inspirierende Geschichten und gemeinschaftliche Projekte zu finden, Menschen zusammenzubringen und sich gegenseitig zu helfen, statt auf Gedeih und Verderb den verzerrten Nachrichten ausgeliefert zu sein, die uns das Fernsehen serviert.

Das Internet ist ein Werkzeug, das uns unbegrenzt scheint im Hinblick darauf, wie weit man damit kommt, und doch ist es das nicht. Die Möglichkeit, auf Anforderung Unmengen von Informationen abzurufen, ist eine willkommene Ergänzung zu ansonsten faden Alternativen, aber auch diese werden durch etwas ersetzt werden, das interaktiver ist, realer. Am Horizont zeichnen sich bereits holografische Computer ab, und das Gleiche gilt für interaktives Fernsehen und interaktive Computer und Geräte, die dem Selbstmanagement und der Gesundheitserhaltung dienen und Lebensfunktionen überwachen und verbessern. Das liegt nicht in so weiter Ferne, wie Ihr vielleicht meint, und es wird die ganze Welt im Sturm erobern, vor allem, da die Kosten für einen durchschnittlichen Haushalt durchaus erschwinglich sein werden. Natürlich wird es dabei auch einige beträchtliche Nachteile geben. Notgedrungen wird es ein computerartiges Gerät sein, das nie schläft – gewissermaßen ein Robotergeschöpf –, und das könnte etwas gewöhnungsbedürftig sein. Dennoch ist das Eure Zukunft und die Antwort auf die Anforderungen einer viel beschäftigten Welt.

29

Die Autoindustrie

Die Autoindustrie, die überall auf der Welt wichtig für die Wirtschaft ist, scheint in immensen Schwierigkeiten zu stecken. Taucht für diese Industrie etwas anderes am Horizont auf?

Die Form der Fortbewegung per Auto ist mittlerweile ziemlich obskur, und denen, die die Menschheit aus der Ferne als kreative und sich weiterentwickelnde Spezies hochhalten, kommt sie wie eine Beleidigung des menschlichen Einfallsreichtums vor. Aber solange der Mensch sie nicht leid ist und sich nicht etwas Beliebteres einfallen lässt, das dem Einzelnen im großen Stil entgegenkommt, wird sie weiterexistieren. Entgegen der gängigen Vorstellungen sind es nicht die an Öl reichen Nationen und Konzerne, die den Wechsel zu einem anderen Modell verhindern. *Es ist vielmehr der Mensch selbst, der glaubt, dass das Automobil ein bestimmender Ausdruck seiner Individualität und seines Status sei.* Der Glaube ist alt, aber noch immer ungebrochen, und man findet ihn bei einem nicht unerheblichen Prozentsatz der Erdbevölkerung. Die Menschheit hat noch nichts ersonnen, was ihr erlauben würde, ohne Kräne zu bauen, die für das Heben schwerer Lasten eingesetzt werden, oder ohne sonstige Maschinen riesigen Ausmaßes ihren Bedarf zu erfüllen. Sie hat noch keinen Ersatz für Müllwagen geschaffen, die Abfall zur Müllkippe schaffen, oder für LKWs mit Dieselmotor oder Züge, die mit Kohle betrieben werden.

Das neue Modell wird dann eingeführt werden, wenn das aktuelle nahezu am Ende ist. Alles bewegt sich derzeit rasant in diese Richtung. Das ist einer der Gründe dafür, warum man sich so wenig darum kümmert, wie oder wann die heute angehäuften Schulden zurückgezahlt werden. Man kann sie nicht zurückzahlen und wird es auch nicht tun. Es ist wie bei der Bienenkönigin im Bienenstock, die viele Saisons im Dienst jener verbringt, die sie als ihre Monarchin eingesetzt haben. Die Königin wird um jeden Preis geschützt, aber unterdessen laben sich diejenigen, die der Königin dienen, immer auch ein wenig an ihr. Irgendwann hat die Königin dann ihre Schuldigkeit getan und muss einer anderen weichen.

Das gegenwärtige System muss sich zunächst einmal nachweislich als überholt erweisen. Man wird ihm nicht gestatten, einen einfachen oder noblen Tod zu sterben. Vielmehr wird man es erschlagen, und sein Kopf (oder das Symbol, das dafür steht) wird Hohn und Spott ausgesetzt werden. Seine Schwächen hat man ja bereits entlarvt, ebenso wie die Reichtümer derer, die von ihm großzügig bedacht wurden. Als Obama seinen Rettungsplan vorstellte, war es bereits zu spät. Aber er musste es tun, um den Anschein zu erwecken, dass man etwas tun könnte, da so viele Menschen von der Autoindustrie leben. Nun werden im Rahmen der Bemühungen der Neugewählten, zu retten, was zu retten ist, die Vorzüge des neuen Modells vorgestellt werden. Die Vorteile des neuen Modells werden offensichtlich sein, und es wird für fast jeden etwas dabei sein, von den höchsten Kreisen bis zu den Bedürftigsten. Das neue Modell wird die angesammelten Schulden des alten abschaffen, und es wird fast allen gleiche Vorteile gewähren. Man kann nicht sagen, wie bald es damit etwas wird, nur dass es *dazu noch kommt* oder *schon gekommen ist*, je nach Betrachtungsweise.

Bitte vergesst nicht, dass es nicht dasselbe ist, *wer* Ihr seid und *was* Ihr macht, um Euren Lebensunterhalt zu verdienen. Selbst wenn es mit den Finanzen scheitert, wird das Leben für eine Option hier und eine Möglichkeit dort sorgen. Ihr könnt nie *alles* verlieren – nur das, was Ihr heute habt. Ihr seid nicht mit Euren gegenwärtigen Ressourcen hier angekommen, und Ihr werdet auch nicht mit ihnen von hier fortgehen. Von daher sind sie nur im Hier und Jetzt zu Eurem Gebrauch da. Dasselbe gilt für diejenigen, denen Ihr Eure Schätze überlassen würdet, und denen, die davon ausgehen, sie einmal zu erben. Für alle gilt dasselbe. Wenn Ihr in diesem System ein Vermögen verloren habt, wird Euer Wohlstand vielleicht im nächsten

Wirtschaftsmodell wachsen. Achtet deshalb sehr genau auf seine Nuancen, wenn es eingeführt wird. Diejenigen, die an die Vorteile einer neuen Realität glauben, werden sie früher aufspüren als jene, die es nicht tun.

30

Das Jahr 2010 und darüber hinaus

In der unmittelbaren Zukunft wird es zu einer Erneuerung des Interesses an allem Spirituellen kommen, sei es an etablierten Formen von Spiritualität oder anderweitig. Wenigstens am Anfang werden die etablierten Religionen bevorzugt werden, da derzeit ein erhöhtes Bedürfnis nach Stabilität und Sicherheit besteht, wo und wie auch immer sich diese finden lässt. Die etablierten Religionen werden die Gelegenheit beim Schopf packen, um ihre Mitgliederzahlen zu erhöhen und ihre Sache voranzubringen. Die meisten werden zumindest vorübergehend davon profitieren. Einige werden für ihre Sache sogar Werbung betreiben, zu der sie Agenturen beauftragen, die ihre Worte wie Gold wirken lassen. Die Experten auf ihrem Gebiet werden diese Worte tatsächlich so vergolden, als schickte sie der Himmel.

Neuere Religionen und Ableger etablierter Religionen werden sich ebenfalls zu Wort melden, ebenso wie kultiviertere und offenere weltliche Bewegungen, einschließlich derer, die sich innerhalb der Verzweigungen des New Age entfalten. Geht davon aus, dass weitere Mysterienschulen, Methoden und moderne Traditionen auf den Plan treten. Das, was den einzelnen Menschen ermächtigt, federführend in seinem eigenen Leben zu werden, hat durchaus seinen Wert. Vorsicht vor (und hütet Euch vor) dem, was den Glauben anderer verhöhnt oder den guten Namen derer in den Schmutz zieht, die ihn sich verdient haben. Vertraut auf die Stimme des höchsten Geistes, wie sie sich von innen her offenbart und sich in Eurem Leben zeigt.

Den höchsten Geist kann keine Religion bezwingen, und ebenso wenig
·lässt sich der höchste Geist durch die gute Meinung anderer oder
deren Ausbleiben bezwingen. Die Stimme des höchsten Geistes er-
strahlt im Formhaften und Formlosen, und Ihr werdet sie erkennen,
da sie die Sprache des universellen Gesetzes spricht.

Euer spirituelles Erwachen geschah, als der Morgen der Zeit herauf-
dämmerte, was lange vor diesem Leben war. Danach findet in jedem
Leben eine neue Morgendämmerung oder ein neues Erwachen statt,
und das auf eine Weise, die jedes Mal einzigartig und auf die Aufgaben dieses Lebens abgestimmt ist. Das jetzige Leben bildet da keine Aus-
nahme – schließlich hat, wie von Euch bestätigt, schon ein Erwachen
stattgefunden. Nichts anderes ist die neueste Runde von Weltereig-
nissen – ein virtuelles Karussell, das immer wieder auf derselben
Spur im Kreis fährt. Es kommt Euch nur anders vor als beim letzten
Mal, da die Schwächen (nicht Fehlschläge) der menschlichen Natur
diesen Anschein erwecken.

Es ließe sich noch viel mehr zu Eurer Zukunft in den kommenden
Jahren sagen. An einigem davon habe ich Euch auf diesen Seiten teilhaben lassen. Was 2010 angeht, so gibt es nur eines, wozu ich Euch
einlade, und zwar dazu, Euch anders ins Leben einzubringen, Euch
selbst und Eure Welt auf eine Weise zu betrachten, die ihr noch nie
geprobt habt.

Fragt Euch: *In welchem Umfang bringe ich mich aus vollem Herzen und
vorbehaltlos in mein Leben ein?* Ermittelt als Antwort nach sorgfältiger
Überlegung eine Zahl (einen Prozentsatz). Wählt dann eine andere Zahl und überlegt Euch, wie viel Ihr zu riskieren bereit sein,
um ein höheres Einbringen in Euer Leben zu erreichen. Beschließt,
dass eine Weisheit, die fern ist von dem, was Ihr in diesem Moment
wahrnehmt, in der Lage ist, dieses Resultat zu erzielen, ohne spezifi-
sches Zutun Eurerseits.

Wählt 2010 als das Jahr aus, in dem das Leben Euer Partner wird,
nichts ausgenommen. Macht dies zu Eurer Wahrheit, so dass sie ganz
gleich, wann Ihr diesen Moment noch einmal überdenkt, immer
noch Eure Wahrheit sein wird, das volle Maß Eures Seins.

31

Schlusswort

Da Ihr meine Worte und die meiner Naturreiche, die ich Euch dargebracht habe, heute so sehr willkommen geheißen habt, ist es mein Wunsch, Euch zu sagen, dass Ihr bald ein neues Naturreich begrüßen werdet: *eine Generation von Menschen, die schon darauf wartet, die erste zu werden, die genetisch als göttlich betrachtet wird.* Diese Wesen wurden seit Anfang 2007 geboren und werden in zweiundzwanzig Jahren erwachsen sein. Was für sie auf dem Plan steht, ist ausgesprochen friedlicher Art, und sie werden in großem Umfang kreativ sein. Sie werden Ingenieure und Architekten, Wissenschaftler und Heiler sein. Sie werden sich dafür interessieren, die Gegenwart zu heilen und die Zukunft zu erschaffen. Euch wird die Farbe ihrer Augen auffallen, die eindeutig violett sind, und Ihr werdet darüber in erstaunte Ausrufe ausbrechen. Später werdet Ihr auf ihr Tun aufmerksam werden, das sich positiv auf Euer eigenes auswirkt und eine Bestätigung für das Leben ist, das Ihr für Euch selbst erstrebt.

Ich lasse Euch mit diesen Worten zurück:

Es gibt nur eine Welt, und sie umfasst viele Völker.
Es gibt nur ein Weltengeschlecht, und es tritt in vielen Kulturen in Erscheinung.
Es gibt nur ein Maß für Reichtum, und dieses wurzelt in Mitgefühl.
Es gibt nur eine Ressource auf der Erde, und diese trägt den Namen »Mensch«.
Es gibt nur eine Wahrheit, und sie ist in allem sichtbar, was unsichtbar ist.
Es gibt nur einen Gedanken, der allein Niederschlag seiner selbst ist, und dieser heißt Höchster Geist.
Es gibt nur eines, was sich selbst vorweggeht, und das heißt Licht.

Es gibt nur einen Ursprung der Menschheit und eine Lösung für sie, nämlich sich wiederherzustellen und nicht die Auswirkungen des Rades von Geburt und Wiedergeburt zu erleiden.

Die obigen Worte sind *geschützt*, was bedeutet, dass sie in der einen oder anderen Form schon immer existierten. In Momenten der Verzweiflung sind sie nur einen Atemzug von der Auslöschung entfernt gewesen, doch selbst der Atem, dessen Ursprung heilig ist, besteht aus zwei Teilen und ist dualer Natur. Deshalb greift das Schicksal ein, selbst wenn die Hoffnung aufgibt – wobei auch das Gegenteil wahr ist. Obwohl diese Worte von Bruderschaften und Initianten, die über gewisse Mittel verfügten, mit Ehrerbietung behandelt und geheim gehalten (geschützt) wurden, machte man mitunter auch Laien mit ihnen bekannt (Menschen, die sich in erster Linie nach den Regeln des Gesetzes richten und in zweiter Linie nach dem höheren Gesetz), um je nach Fall Lösungen zu finden und Rettung zu bringen. Diejenigen, die unzählige Äonen lang vergeblich versuchten, die Worte konkret zu deuten, bezeichneten sie als Rätsel und sogar als Fluch. Aber für diejenigen, die es wagen, sind sie Worte, nach denen es sich leben lässt, denn in ihnen und nach ihnen lebt auch die Zukunft der Menschheit. Aber welche Zukunft das sein und wie sie aussehen wird, muss sich noch herausstellen.

Haltet Ausschau nach guten Nachrichten – nicht in den Schlagzeilen des Tages, sondern in Euch selbst. Haltet Ausschau nach dem Guten in Euch und lasst dieses durch Euch wirken – für alle anderen, für den Planeten und für das Leben selbst. Dieses Werkzeug ist viele Leben alt und wird Euch immer dienen. Bringt anderen und der Welt jeden Tag etwas Gutes dar. *Darbringen* bedeutet entgegenbringen; es ist ein Präsentieren oder Entgegenbringen von qualitativ Wertvollem. Denkt selbst wenn sich Ereignisse großen Maßstabs entfalten daran, dass das Leben in den kleineren, persönlicheren Momenten gelebt wird. Die Atemzüge eines Schmetterlings, dem Ihr noch nie begegnet seid, haben größere Wirkung auf Euch als der hitzige Atem der weltweiten Debatte. Atmet tief. Atmet, weil im Atem Lebenskraft ist und weil eben diese Lebenskraft das Strahlen von tausend Sonnen hat.

Diejenigen, die weltweit die Schlagzeilen verfassen, sind gut geschult darin, Reaktionen bei Ihrer Leserschaft hervorzulocken. Eure Reaktion ist zwar nicht einstudiert oder geprobt, aber sie ist oft kollektiver Natur. Ihr könnt Euch darin üben, über Euer höheres Bewusstsein zu reagieren, statt euch vom offensichtlicheren menschlichen Kollektiv leiten zu lassen. Ihr werdet nicht weniger menschlich oder weniger mitfühlend sein, wenn Ihr die Schwingung Eurer Antwort erhöht. Statt Euch mit dem Seufzer des Ausatmens auszudrücken, reagiert mit einem tiefen Einatmen, und Ihr werdet fast unmittelbar einen Unterschied merken im Hinblick darauf, wie Körper und Geist zueinander und zum Kollektiv in Verbindung stehen. Der höhere Geist wird dafür sorgen. Ihr könnt die Welt mit anderen teilen, ohne die gleiche Weltsicht zu haben.

Ich kann Euch keine Generalproben mehr anbieten, bei denen Ihr an Eurem Kostüm feilt, nicht aber an Eurer Rolle. Aber ich bleibe der Evolution eines bewussten Gewahrseins verpflichtet, das jetzt und immerzu Zündfunke Eurer wahren Natur ist. Ich stehe immer in Eurer Schuld – vollen Herzens präsent und hoffnungslos mit Füßen getreten.

Bis wir uns wiedersehen,
Gaia

DREI

DER
HOHE RAT
VOM SIRIUS

Einführung von
Patricia Cori

Gaia, unsere herrliche Erdmutter, ist in eine Phase heftiger Turbulenzen eingetreten. Auf die *sanfte* Tour allein hat es offenbar nicht funktioniert, uns wachzurütteln für das, was sie braucht. Schließlich konzentrierte sich, global betrachtet, in unserem Wettrennen um Materialistisches und Macht alles auf spezifische Begehrlichkeiten. Ein Wettrennen, das uns anscheinend nicht weitergebracht hat, es sei denn, man sagt, es habe uns wieder zu uns selbst zurückgeführt und zu der Suche nach einem Lebenssinn. Man bekommt den Eindruck, wir müssten uns erst an den äußersten Rand einer Katastrophe bringen, bevor sich global etwas rührt und wir auf eine Lösung zustreben.

In dieser Stunde der Rebellion hat unser Planet begonnen, der ganzen Gemeinschaft von Lebewesen auf ihm heftig zu demonstrieren, dass wir heute eindeutig auf etwas Enormes, nie Dagewesenes und manchmal auch durchaus Überwältigendes zuschlidern. In Anbetracht der fehlgeleiteten »Pflege«, die wir ihr angedeihen ließen, ist Gaia in einem verheerenden Zustand und hat Mühe, den skrupellosen Missbrauch durch ihre »intelligenteste« Spezies zu überstehen – den Menschen. Das ist schlichtweg nicht mehr zu leugnen.

Wir werden Zeuge, wie so vieles zusammenbricht, Lebensweisen, unsere Moral, alles, was wir als gesellschaftliche Strukturen geschaffen haben, selbst die Natur. Diejenigen unter uns, die schon einige Jahrzehnte hier sind, glorifizieren die Vergangenheit oft – eine Zeit, in der das Leben einfacher und weniger »gefährlich« zu sein schien.

Und doch wissen wir tief in unserem Innern, dass das eine Illusion ist. Sich an etwas zu klammern, was einmal gewesen ist, und eine Rückkehr zu dem herbeizuwünschen, was manche als »die gute alte Zeit« bezeichnen, bedeutet, blind zu sein für die enormen Möglichkeiten, die vor uns liegen, und gleichzeitig, oft die Schönheit des *Jetzt* zu übersehen.

Genau da, so kommt es mir vor, liegt die Essenz der Dualität: *Auf der einen Seite des polarisierten kollektiven Denkens schwingt in den Wogen der Emotionen die Angst vor dem Unbekannten, auf der anderen schwingen sie auf den höheren Frequenzen des Staunens (über das, was wir alles manifestieren können), und es wird gefeiert.*

Einige fantasieren sich etwas zusammen über die Vergangenheit und die sogenannten »guten Zeiten«, die wir einmal gekannt hätten. Und sie klammern sich verzweifelt an eine Fantasievorstellung von etwas, bei dem sie nur noch zu wissen meinen, dass es »besser als das hier« war. Andere projizieren alles in die Zukunft und schreiben damit ihre Verantwortung für die Welt in den Wind – in der Hoffnung, dass jemand den Zauberstab schwingen wird und wir dann freikämen von dem, was unser Karma hinterlassen hat.

Aber sehen wir es doch so, wie es ist: In unserer ganzen Geschichtsschreibung findet sich kein Hinweis darauf, dass es auf dem Planeten Erde je ein utopisches Dasein gegeben hätte. Es gab Momente der Größe, in denen der menschliche Wille sich den Herausforderungen des Lebens gewachsen zeigte, ebenso wie es Momente der Verzweiflung gab, in denen die Menschheit den dunklen Schatten zu Gesicht bekam, der sich über ihre Existenz zu legen droht. Momente absoluter Ruhe und Beschaulichkeit und des Friedens in allen Winkeln des Globus dagegen wurden nirgendwo verzeichnet und wahrscheinlich auch nie gelebt.

Schon seinem Wesen nach ist das Erleben in 3D, im physischen Universum, von Gegensätzen (und der Anziehungskraft) zwischen den Polen bestimmt sowie von elektromagnetischen Wechselwirkungen und dem gesamten Spektrum an Möglichkeiten, innerhalb dessen der freie Wille einer jeden Seele fortwährend zwischen Dunkelheit und Licht zu wählen hat. Um genau das zu erfahren, sind wir ja schließlich hierhergekommen, genau das wollten wir lernen. Und das, liebe Mitstreiterinnen und Mitstreiter auf der spirituellen Suche, ist der Sinn unseres Lebens – so sehr unsere persönliche Situation und die globale Wirklichkeit auch dazu neigen, diesen Daseinszweck vor uns zu verschleiern.

Wenn wir uns für die Dunkelheit entscheiden, bleiben wir dadurch einfach für so viele Leben an das Rad der Reinkarnation gebunden, wie es braucht, bis wir uns davon lösen können und unseren Weg auf der Spirale des Lichts fortsetzen. Entscheiden wir uns für den anderen Pol, das Licht, so finden wir schneller zur höchsten Quelle zurück. Letztlich ist das Ganze so simpel, dass uns allzu leicht entgeht, was sich hier abspielt. Und so schwingen wir dann in der Welt der Dualität immerzu weiter hin und her wie das Pendel einer Uhr.

Es bleibt uns selbst überlassen, freie Seelen, zu entscheiden, wie wir diese polaren Gegensätze auch auf der irdischen Ebene auflösen. Wir stehen als Gemeinschaft vor der Chance, dem gesamten Planeten ans Licht zu verhelfen – ein Prozess, den Gaia derzeit vorbereitet. Seien wir dabei jedoch nicht passiv: Sie braucht unsere Hilfe, um diese Veränderung im energetischen Feld möglicher Realitäten, die wir jetzt durchlaufen, bis wir einen Boden für all das finden, so sanft und liebevoll wie möglich zu gestalten.

In diesem Augenblick, in dem unsere Realität kurz davor ist, uns um die Ohren zu fliegen, merken wir, dass dringender Veränderungsbedarf besteht. Und wir merken auch, dass der Weg der Zukunft über unser spirituelles Wachstum führt und dass der Tod, den wir so sehr fürchten, nur einer der Wege ist, unsere eigene Unsterblichkeit zu erfahren.

Beim Eintritt in das Jahr 2010 lieferten wir uns ein Kopf-an-Kopf-Rennen mit den extremen Herausforderungen unserer Zeit – der massiven Zerstörung unserer Ökosysteme, dem Aussterben Hunderttausender von Tierarten, dem »Kollaps« der globalen Finanzsysteme, Kriegen auf quasi allen Ebenen. Wie wir diese Veränderungen annehmen, entscheidet nicht nur darüber, wie wir als Familien und Einzelne leben werden. Es bestimmt auch, wie wir das, was vor uns liegt, erleben, während wir rasant die Jahre vor dem schicksalhaften Datum Dezember 2012 und das durchleben, was danach kommt. Und es entscheidet darüber, was Gaia selbst als Spiegelbild unseres Wachwerdens für unsere eigenen Schöpfungen erschaffen wird – so dunkel oder so hell auch immer wir sie auf der Erde manifestieren.

In Bezug auf die Heftigkeit, mit der das Alte zusammenbricht, damit daraus das Neue hervorgehen kann, erleben wir gerade einen Höhepunkt. Aus der behaglichen Ecke herausgedrängt, in der wir uns häuslich eingerichtet haben, können wir gar nicht anders, als die Frage nach dem Sinn des Lebens – nach unserer »Mission« – zu stellen. Und dann jene dringend nötigen Schritte in Richtung einer Heilung dieses Planeten einzuleiten, dem wir uns letztlich verschrieben haben und mit dem wir in enger Verbindung stehen.

Derzeit werden wir in eine absolute Überlebensmentalität hineingeführt, verwaltet und manipuliert – eine Mentalität der Angst, Isolation und zwanghaften Beschäftigung mit *Mangel*. Eine Weltuntergangsstimmung scheint das ganze Menschengeschlecht erfasst zu haben, und doch erwacht auf der anderen Seite der schattenreichen Welt der Illusionen in unserem Kollektiv eine riesige Anzahl von Menschen und durchschaut nicht nur das Prinzip, nach dem solche Kontrollmechanismen funktionieren, sondern erkennt auch das verblüffende Potenzial zu enormen Veränderungen, das sich uns heute bietet.

Das soll nicht heißen, blind für das Leid zu sein. Es ist nur allzu offensichtlich, dass viele Menschen einfach nur ums nackte Überleben kämpfen und dass dieser Kampf, der schon immer kennzeichnend für die Welt war, die ein Großteil von uns nicht aus der Nähe und am eigenen Leib zu spüren bekommt, sich nun bis in unser Umfeld hinein ausgedehnt hat – bis in unsere unmittelbare Nachbarschaft – dorthin, wo wir, die Glücklichen, bislang so viel von den üppigen Nahrungsvorkommen, Reichtümern und natürlichen Ressourcen der Welt ausgekostet (und missbraucht) haben.

Jetzt stehen wir vor unserem eigenen Werk, und die meisten von uns sind nicht gerade begeistert von dem, was sie da sehen. Die Frage ist: Sind wir ehrlich genug, unser Maß an Verantwortung für das zu übernehmen, was durch unsere Einwirkung so sehr aus dem Lot geraten ist – oder geben wir allen und jedem anderen die Schuld an dem, was zu dieser Stunde vor unseren Augen in die Knie geht?

Das, was ich als Channel-Medium des Hohen Rats vom Sirius an Unglaublichem erlebt habe, hat mich mehr als alles andere gelehrt, wie wichtig es ist, dass wir unseren eigenen Anteil an der Realität, die sich da vor uns entfaltet, anerkennen und uns bemühen, sie besser zu gestalten ... sie perfekt zu machen ... jeden Tag, der uns hier auf dieser großartigen Erde gegeben ist.

Um uns von der Achterbahn unserer Erfahrungen zu erlösen, dank derer uns Angst und Hoffnungslosigkeit plagen, erhalten wir (auf der globalen Ebene) die Chance, sie zu verstehen – und zwar ein für alle Mal.

Sinken wir gehorsam auf die Knie und werfen dabei alles über Bord, was wir jemals von unserer Regierung gefordert haben: unser Recht auf freies Denken, Bewegungs- und Redefreiheit? Lassen wir uns zum Narren halten, indem wir glauben, wir könnten bei Veränderungen nur ohnmächtig zusehen?

Oder beweisen wir Rückgrat, tun uns zusammen, strecken einander die Hand entgegen – um zu helfen und miteinander zu teilen? Sprechen wir unsere Wahrheit aus, wie wir es vielleicht noch nie zuvor getan haben, in dem Wissen, dass das der Weg zu unserer wahren Befreiung ist? Dienen wir auf unserer Suche nach dem Licht anderen, indem wir den Verirrten helfen, den Weg zu diesem Licht zurückzufinden?

So lauten die Fragen unserer Zeit. Das ist der Weg zu unserer Auflösung der Dualität. Und nach dem Maßstab der Götter ist das der Augenblick unserer größten Chance – leben wir ihn also im Bewusstsein dessen, was wir alles ausrichten können: Ein Herz, Ein Verstand, Eine Seele.

– Patricia Cori
Schreiberin der Sprecher
des Hohen Rats vom Sirius

Der Hohe Rat
vom Sirius spricht

Die Zeit der Großen Veränderung steht Euch bevor. Sie zeigt sich darin, aus welchen höheren Blickwinkeln Ihr nun die energetischen Felder der Erfahrung auf Gaia betrachtet, und sie regt Euch zu der Wahrnehmung an, dass sich gerade ein neues Menschheitsparadigma vor Euren Augen entfaltet, während das Alte zusammenbricht, um Platz zu schaffen für die Geburt des Neuen. Es ist ein Prozess, der in Eurem eigenen Innern stattfindet, dem Mikrokosmos, während Ihr ihn durchlauft – den makrokosmischen Wirbel der Evolution des Universums.

Ihr dreht Euch mittlerweile mit großer Geschwindigkeit und erfahrt dabei die greifbare Umwandlung des Raum-Zeit-Kontinuums. Bei einigen löst das ein Gefühl freudiger Erwartung aus, bei anderen Bangen und Zagen. Ihr wisst im Grunde Eures Bewusstseins und Unbewussten, dass die Art, wie Ihr diesen Prozess in seinen gewaltigen Ausmaßen versteht, sich daran bemisst, worauf Eure Gedanken gerichtet sind. Und das entscheidet wiederum darüber, worauf Ihr Eure Energie ausrichtet. Dieser Fokus bewirkt für jede Seele als individuelle Einheit Manifestationen, die sich unweigerlich auf den Zustand der Überseele des Planeten Erde auswirken und sie bestimmen – und das, was jenseits davon ist, wo in der glorreichen Flamme Göttlicher Einheit jedes Gefühl von Getrenntheit verschwindet.

Wir wissen, wie sehr es Euch nach einem kurzen und bündigen »Buch der Transzendenz« verlangt, in dem die Sprache der Evolution vorbuchstabiert wird, ungeduldig, wie alle es zu Recht sein können, die Riesenschritte spiritueller Evolution zu unternehmen – als Spezies und als Individuen auf dem Weg der Erleuchtung. Vielleicht ist diese Suche nach endgültigen Antworten (auf eine für immer und ewig unbeantwortbare Frage) das Produkt der Angst und Beklommenheit, die von dem erzeugt wird, was Eurer Wahrnehmung nach »vor« Euch liegt. Und vielleicht spricht aus ihr auch das Bedürfnis, die enormen derzeitigen Veränderungen in Euren Erdenlandschaften zu definieren und ihnen einen Sinn zu verleihen.

Aber ein derart komplettes Buch mit Anleitungen zum interdimensionalen Aufstieg von Seelen ist schlichtweg nie geschrieben worden – ebenso wenig wie die Landkarte, die den Weg zur Regenbogenbrücke und dem gewiss schwer zu findenden Topf Gold weist. Es ist ein Prozess so gewaltigen Ausmaßes, dass er jenseits aller Worte, ja sogar noch jenseits der Kosmometrie des Universums ist. In seiner Breite reicht er so weit über das physische Universum hinaus, dass man durch die Weisen und Lehrer Eurer Welt, die Licht in die endlosen Sphären des Bewusstseins im ganzen Multiversum bringen, nur flüchtige Schimmer seines Lichtes erhaschen kann. Über die Schwingungsfrequenzen der Lichtwesen, Aufgestiegenen Meister, Engelwesen und Wesen wie uns, die den Übergang bereits hinter sich haben, durchtränkt er das Ethos. Und hilft Euch dadurch, geistig offen zu werden für die Möglichkeit dessen, was jenseits Eurer bewussten Wahrnehmung ist, Euch aber immer zu eigen war, wie es tief in Euch schlummerte. Den Rest, der über diese Potenziale hinausgeht, erwerbt Ihr Euch, wenn Ihr die Treppe zum Zentrum der Galaxie erklimmt.

Aufgeschrieben wurde das alles nie, noch wird es das jemals werden, denn wir erschaffen es sozusagen unterwegs, während wir die große Lichtspirale emporklettern, wo sich alle Herzen am strahlenden Glanz des Einen Herzens laben. Wie schwierig es mitunter auch sein kann – auf dieser unendlich weitergehenden Reise erkennen wir, dass die gesamte Schöpfung als eine Bühne existiert, auf der das Bewusstsein aufblüht und die Weisheit uns unmittelbar vor Augen steht, so einfach und so klar. Es ist kein Geheimnis. Als Seelen im Stadium des Übergangs lassen wir uns alle in unterschiedlichem Ausmaß ablenken, indem wir auf der anderen Seite nach dem suchen, was unmittelbar in unserer Reichweite ist.

Sich zu bemühen, mit jedem Schritt (und jedem Gedanken) mehr zu leuchten, wie zahlreich auch die Ablenkungen sein mögen, an die die Seele sich klammert – ist einfach der Grund für das Dasein. Wenn Ihr das wahrhaft versteht – diese fundamentale Wirklichkeit wahrhaft versteht –, verschwinden die Fragen. Erleuchtung stellt sich dann ein. Ihr erkennt dann, dass alle Antworten in Euch zu suchen sind, da sie in allen Manifestationen von Bewusstsein zu finden sind, die der Höchste Schöpfer hervorgebracht hat – an jedem Knotenpunkt am Himmel, in jedem Grashalm Eurer lieblichsten Auen.

In den illusionären Feldern der unteren Dimensionen, die mit ihren extrem polarisierten Gegensätzen an den im Übergang befindlichen Seelen zerren, ist die Realität so beschaffen, dass sie in der Dichte dort das Leid noch zusätzlich verschlimmert, indem der Geist mit Erwartungen der Herrlichkeit behelligt wird, die jenseits des Schleiers zu suchen ist. Ihr wollt wissen, was da noch kommt? Ihr müsst wissen, wie der Film ausgeht? Es liegt bei aller Euch angeborenen Intelligenz in der Natur des menschlichen Bewusstseins, die Details zu überspringen und kurz und bündig zum Schluss und auf den Punkt kommen zu wollen.

Aber Ihr wisst ja: Die Schönheit liegt im Detail ...

Könnten hingegen die großen Momente unseres Daseins, für die das höhere Bewusstsein aller Seelen das Drehbuch schrieb und die es so und nicht anders erschuf, als Endgültiges Handbuch der Evolution veröffentlicht werden, wären vielleicht alle Seelen endlich frei dafür, ihre Suche einfach einzustellen und sich in einem allgegenwärtigen Garten Eden zu aalen und auf den Regenbogen zu warten. Zu wissen, wie sich alles entwickelt – gewiss würde das die Bürde leichter machen, die auf uns lastet, während wir die Felder der Dualität durchschreiten, und der Kampf und die Zweifel würden schwächer ausfallen.

Ahhh ... Worin läge dann jedoch die Freude am Dasein? Welchen Sinn hätte das Ganze? Welchen Gewinn würde dieses Wissen uns bringen, und was würde uns entgehen von dem Zauber, der uns alle umgibt, wenn wir in wilder Fahrt durch die Handlungsstränge ganzer Leben schleudern?

Wir tun uns hier mit den präsentierten Stimmen zusammen, um Euch mit den Erkenntnissen zu versehen, die Ihr von uns im Rahmen Eurer Entwicklung hin zu diesem Verständnis erstrebt. Und wie immer umgibt Euch unsere Liebe und steht Euch zu Diensten, wo und wann immer wir können. Ihr erfahrt auf so vielen Ebenen Hilfe, und Ihr erfahrt Liebe, die mit solcher Schönheit Eure Lichtstränge durchwebt.

Lasst zu, dass diese Zeit, in der Gaia sich zeigt, von Eurer selbst geschaffenen Schönheit umgeben ist. Erkennt, dass Ihr schon dort seid, wo Ihr sein sollt, und vertraut darauf, liebe Sternensaat, dass der Ort, an dem es Euch zugedacht ist zu sein, die Vollkommenheit Eures eigenen Geistes ist, der die Leinwand des Lebens bemalt.

Hebt die matten Schwingen – und fliegt.

Erkennt den Augenblick und macht ihn vollkommen.

Und vertraut darauf, dass bei allem Chaos und Getöse im Kosmos der Seele alles in absoluter Harmonie ist.

32

Der Übergang vom
dichten Körper zum Lichtkörper

N ach meinem Verständnis gibt es wahrscheinlich nur einen Weg durch diese Zeit des Übergangs, und zwar den der Erweckung unseres Licht-körpers oder unserer spirituellen DNS. So wie ich es verstanden habe, ist die spirituelle DNS die Blaupause, die den Sinn unseres Lebens und das göttliche Potenzial einer jeden Seele enthält.

Unsere derzeitige zweisträngige DNS ist nicht in der Lage, mit dem multi-dimensionalen Energiefeld, das hier ins Spiel kommt, entsprechend fertig zu werden. Die spirituelle DNS ist ein energetisches Abbild unserer physischen DNS, und sie bewegt sich energetisch in Spiralen, wobei sie ganz bestimmten Mustern folgt, die für jede Seele einzigartig sind. Es gibt nur eine Möglichkeit, ihr Potenzial zu aktivieren, die offenbar im Verstehen und im Funktionieren bestimmter Drüsen besteht, vor allem der Thymusdrüse (die als Sitz der Seele gilt) sowie der Zirbel- und Hirnanhangdrüse.

Mich interessiert sehr, wie die Aktivierung dieser Drüsen und ihre Inte-gration die Produktion von Soma ermöglicht, das auch als das göttliche Hormon bekannt ist.

Könnt Ihr mir etwas mehr zu Soma sagen?

Dazu zunächst einmal von uns der Kommentar, dass es mehr als einen Weg gibt, die DNS zu aktivieren, die in Euch schlummert. Und dass Ihr auch ohne eingehendes Verständnis des endokrinen Systems und anderer chemischer Reaktionen im Gehirn und Geist in der Lage seid, Euren Lichtkörper durch den Fokus Eures Willens und ein erweitertes, bedingungslos liebendes Herz zu verändern.

Unserer Erfahrung nach werden die größten Bewusstseinssprünge (und das würde selbstverständlich auch für die Reaktivierung Eurer menschlichen DNS gelten) durch den übersinnlich begabten, intuitiven Geist erreicht statt durch die analytischen Prozesse des logischen Verstandes.

Unserem Verständnis nach ist Soma Eure Bezeichnung für das Hormon, das auf natürlichem Weg im endokrinen System des Menschen erzeugt wird, in dem die Zirbeldrüse der oberste Regelmechanismus für das physische wie auch das spirituelle Licht ist, das in die Aura und den physischen Körper eintritt. Soma ist ein chemisches Sekret, das in der Zirbeldrüse entsteht und zu den Regionen des Gehirns geleitet wird, die das schützende Flüssigkeitsbecken umgeben, in dem die Zirbeldrüse gelagert ist. Von dort aus wird es über die Neurotransmitter zum gesamten Feld der biologisch interaktiven Bewusstseinseinheiten transportiert, die aus ihm in unterschiedlichem Umfang Licht gewinnen, während es die Seele überschwemmt.

Wir möchten deshalb zwischen der Zirbeldrüse als solcher und dem Hormon unterscheiden, das Euch interessiert, Soma. Letzteres wird im menschlichen Gehirn von der Zirbeldrüse ausgeschüttet, neben Serotonin, und dann über die Nervenbahnen weitergeleitet.

Bei der Zirbeldrüse, die unter Euren Asketen und denen, die spirituell auf der Suche sind, als das Dritte Auge bekannt ist, handelt es sich um genau das: ein regelrechtes physisches Drittes Auge, und zwar um eines, das nicht so sehr die mit den Sinnen erfassbare Welt betrachtet, durch die ihr Euch mit Hilfe der körperlichen Erfahrungen hindurchmanövriert, sondern das Licht von Spirit, dem himmlischen Geist, und das über die Somaausschüttungen dieses Licht an den ganzen Menschen weitervermittelt.

Die dauerhafte Erlangung eines höheren Bewusstseinszustands, der dieses geistige Auge aktiviert, wurde beim *Homo sapiens* bislang durch die Deaktivierung von zehn Strängen Eures ursprünglich mit zwölf DNS-Strängen ausgestatteten Lichtkörpers gehemmt. Hierauf sind wir schon in früheren Werken eingegangen. Die Leitdrüse, oder das geistige Auge, wird voll und ganz in Aktion sein, wenn die ursprünglichen zwölf DNS-Stränge reaktiviert worden sind – ein Prozess, der bei vielen von Euch jetzt in dieser Zeit Eurer rasanten spirituellen und planetarischen Entwicklung in Gang kommt.

Die chemische Essenz des Soma, das in die Neurorezeptoren abgegeben wird, trägt in sich die Erinnerung an Euer voll aktiviertes, voll integriertes Gewahrsein des Lichtkörpers, das der Meisterzelle innerhalb der Zirbeldrüse eingeprägt ist. Wenn Ihr auf der reinen Herzensebene meditiert, betet und liebt, wird in größeren Mengen Soma freigesetzt, was einen tiefen Zustand von Bewusstheit auslöst, ein Sehvermögen weit jenseits der ansonsten sinnlich wahrnehmbaren Dimensionen ermöglicht und halluzinatorische Erfahrungen höchster Ekstase beschert. Es erlaubt Euch den Zugang zu parallelen Welten und Dimensionen und die Beobachtung bewusster Wesenheiten aus anderen Sphären sowie den Austausch mit ihnen.

Die Wirkung der dabei ausgeschütteten chemischen Stoffe wird durch die Nervenleitungen, die synaptischen Verbindungen, beschleunigt, durch die das Nervensystem Eurer exquisiten Schaltkreise eine Verbindung von der Zirbeldrüse zum gesamten Nerven- und endokrinen System herstellt, was verschiedene Reaktionen im physischen und spirituellen Körper auslöst, die Euch vielleicht als körperliche Bestätigungen medialer Einblicke vertraut sind.*

Ist es an diesem Punkt für uns überhaupt möglich, diese Drüse zu aktivieren?

Der Prozess der Zirbeldrüsenaktivierung ist untrennbar daran geknüpft, dass zunächst einmal der dritte Lichtstrang der DNS aktiviert wird, wodurch auf der zellularen Ebene eine Triangulation entsteht. Dieser Prozess sorgt in der Zirbeldrüse für den neurologischen Impuls, erhöht Soma in die neuronalen Netze auszuschütten und das Spirituelle Licht im Gehirn und Körper zu erhöhen. Festzuhalten ist außerdem, dass Meister und Fortgeschrittene in spirituellen Übungen durch hoch konzentriertes Praktizieren meditativer Zustände, von Tantra

---

* Eine Meditations-CD, die eben diese Aktivierung der Zirbeldrüse herbeiführen kann, finden Sie in dem jüngst bei Amra erschienenen Buch von Tom Kenyon: *Aufbruch ins höhere Bewusstsein. Die Hathoren-Botschaften. Wie wir die Herausforderungen unserer Zeit meistern*, übersetzt von Ingrid Riedel-Karp, 240 Seiten, gebunden, mit Leseband und umfangreicher Fotogalerie, Hanau 2009. – Der Verlag

und religiöser Hingabe, in der Lage sind, die Zirbeldrüse aufleuchten zu lassen sowie das Somahormon und andere Ekstase auslösende chemische Stoffe auszuschütten.

Können wir durch dieses Hormon die Fähigkeit entwickeln, den Umwandlungsprozess von einer zweisträngigen Helix zu unserer ursprünglichen zwölfsträngigen DNS zu vollziehen?

Der zeitweilige Anstieg von Soma im Gehirn (durch Meditation, Gebet und tantrische Praktiken), kombiniert mit einem außerordentlich fokussierten, bewussten Geist und anderen Übungen beschleunigt auf alle Fälle den Aktivierungsprozess. Die Supraleitfähigkeit des Hormons und seine Interaktion mit den inter- und extrazellularen Flüssigkeiten verändert die elektromagnetischen Eigenschaften jeder Zelle und ermöglicht es so, dass die höheren Frequenzen des Göttlichen Lichts im Körper auf der zellularen, subatomaren Ebene die heiligen geometrischen Formen hervorbringen.

Wir erinnern Euch daran, dass Schadstoffe in Eurem Wasser und Euren Nahrungsmitteln, vor allem Fluorid, eine rapide Verkalkung der Zirbeldrüse bewirken und entscheidende Hemmfaktoren sind, wenn es um den Prozess der Somaproduktion geht. Aus diesem Grund schlagen wir vor, dass alle, die eine solche Beschleunigung anstreben, extrem vorsichtig sind bei den kristallisierten chemischen Verbindungen, die Ihr mit der Nahrung aufnehmt. Und dann ist da auch noch das Wasser – das voll ist von schädlichen Substanzen, die Euren Prozess verzögern.

Von diesen reichert sich Fluorid als pulveriger Rückstand in der Drüse an – was nicht in Eurem höchsten Interesse ist. Wir überlassen es Euch, Euch vorzustellen, warum es Euch in Eurem Trinkwasser und Euren Hygieneartikeln aufgezwungen wurde, und schlagen Euch vor, es einmal eingehender unter die Lupe zu nehmen.

Außerdem stören toxische Gedankenmuster, die für disharmonische Energieströme sorgen, die Ausschüttung und das Fließen von Soma.

Wenn das so ist, wie können wir dann vorgehen, wenn wir die Zirbeldrüse aktivieren wollen?

An diesem Punkt des evolutionären Beitrags der Erde zum Aufstieg Eurer Sonne nehmen wir wahr, dass die Energien, die den Planeten durchdringen, Euch dabei helfen können, bis zu sechs DNS-Stränge zu verankern – Material, das in Euch ruht und Eurerseits auf ein bewusstes Erschaffen der magnetischen Lichtbahnen wartet, welche die DNS zu ihrer ursprünglichen funktionierenden Energiematrix zurückrufen werden.

Was auch immer Euch heute an Anleitungen zur Verfügung steht (und es gibt viele Meister, die diverse Methoden vorschlagen) – dieser Aktivierungsprozess wird nur dann eintreten, wenn Ihr Eure feste Absicht darauf richtet, Euch vom Schatten Eures Emotionalkörpers zu lösen und das Ego-Ich zum Schweigen zu bringen. Es wird dann geschehen, wenn Ihr in der Lage seid, Eure Gedanken in einem derart perfektionierten Umfang zu konzentrieren, dass Ihr durch gezielte Intention diese Lichtströme erzeugen könnt, die das von seinem ursprünglichen Platz verdrängte DNS-Material zu seinen ursprünglichen Gitterlinien zurückziehen werden.

Die vollständige Aktivierung der zwölfsträngigen DNS als System (das Christusgitter) wird zum Zeitpunkt Eures planetaren Aufstiegs um ein Vielfaches verstärkt werden.

Findet dieses Erwachen zum Teil automatisch statt, einfach aufgrund der höheren Schwingungen des Planeten und der derzeit stattfindenden Veränderung?

Ja, ohne Frage durchlebt Gaia – ein mit einem Bewusstsein ausgestattetes Lebewesen – die Lichtwellen der Photonen in ihrem eigenen Leuchtturmzentrum – dem Eintrittspunkt für das Licht der geistigen Welt, dessen Glanz das physische Licht von Ra, Eurer Sonne, übersteigt.

Dieser kraftvolle Punkt der Energieaufnahme dort, wo der galaktische Bewusstseinsstrom in die Erde eintritt, ist auf der Hochebene von Gizeh am stärksten. Eure Sonne, ein lebendes, strahlendes Himmelswesen, erhält Feinjustierungen von den kosmischen Photonenlichtströmen, die in Euren Quadranten der Galaxie einzutreten beginnen, und dann sickert dieser Strom in die Planeten, aus denen der Körper von Ra besteht. Es strömt an diesem konkreten Ort in Gaia ein, als wäre die Region ein magnetisch wirksamer Leiter für die elektrische Sonne.

Dabei empfangen die Erde und die Gottheiten der anderen Planeten Eures Sonnensystems gleichzeitig die erhöhten Wellen evolutionären, sich wandelnden universellen Bewusstseins auf allen Ebenen. Dieses Bewusstsein durchdringt Eure galaktische Umgebung. Es ergießt sich an diesem konkreten Punkt in Eure galaktische Umgebung. Es fließt durch alle und im Innern aller Lebewesen in diesen energetischen Feldern – sowohl auf der Erde als auch im Innern des Körpers aller Gottheiten der Gestirne, deren Licht üppiges Leben hervorbringt.

Wie wirkt sich diese wiederhergestellte Ausrichtung auf Menschen aus, die sich über den Prozess nicht im Klaren sind?

Jede Bewusstseinseinheit im Kosmos hängt mit jeder anderen zusammen – gleich, ob sie sich dieser Einheit bewusst ist oder sich dafür entscheidet, einen Zustand der Isolation und Getrenntheit fortzusetzen.

Sich über Euren Beschleunigungsprozess als Spezies im Klaren zu sein – als Erdenbürger –, ist so viel wirkungsvoller und wichtiger als Eure Sorge um Eure individuellen Fortschritte und spirituellen Offenbarungen.*

Diejenigen unter Euch, die sich diesem Ziel verschrieben haben, finden ihren höheren Daseinszweck und verstehen die vielen Lebenszyklen, die für alle Lebewesen verstreichen, aufgrund der Natur dieses Gewahrseins dadurch, dass sie den Prozess der globalen Beschleunigung in Richtung auf die Morgendämmerung des erwachten Menschen bewusst miterleben.

Aber auch diejenigen, die sich stattdessen auf das konzentrieren, was sie individuell erreicht haben, ohne den umfassenderen Bewusst-

---

* Die wesentlichen Zusammenhänge der Zeitbeschleunigung schildert Barbara Hand Clow in ihrem Buch *Der Maya Code. Beschleunigte Zeit und das Erwachen des Weltgeistes*, übersetzt von Sabina Trooger und Vincenzo Benestante, 368 Seiten, gebunden, mit Leseband, Hanau 2010. – Der Verlag

seinskörper im Blick zu haben, werden die Beschleunigung ahnen und können durchaus Momente der Erleuchtung haben. Ohne jedoch auf größerer Ebene in Verbindung zu sein, bleiben die Momente flüchtig, denn was den Leuchtturm der Seele erhellt, ist das Verströmen bedingungsloser Liebe für *alle Wesen* und die Euphorie dieses kollektiven Bewusstseins.

Dann gibt es da noch ganz andere, die darauf aus sind, sich den dunkleren Gefilden menschlicher Emotionen zuzuwenden. Keine Menge an kosmischer Aktivität – kein Quantum Liebe und Licht – kann das Schicksal eines Individuums ändern, das sich entscheidet, zu leiden. Die Betreffenden haben bereits beschlossen, dass sie vorhaben, sich an die materielle Welt zu klammern, sich von ihr zu nehmen, was sie nehmen können, und sie dann zu verlassen, wenn sie auf einer entsprechenden materiellen Ebene ihre eigene Vollendung erreicht haben. Selbst diejenigen, die extremes Leid und Mangel erfahren, wählen – auf einer Ebene, die sie nicht verstehen – dieses Schicksal für sich.

Wir erinnern Euch daran, dass dies nicht nur auf Eurem Himmelskörper, sondern auch auf anderen in Eurem Sonnensystem vorkommt.

Darf ich mir das so vorstellen, dass die abgeschlossene Aktivierung des Lichtkörpers dem Höheren Selbst die Möglichkeit gibt, das vollständige DNS/RNS-Muster herunterzuladen und dauerhaft zu verankern, das sich aus vierundsechzig klar unterscheidbaren Siegeln zusammensetzt, die sich im Inneren all unserer Chakren befinden?

In der Unermesslichkeit des Multiversums unbegrenzter möglicher Realitäten gibt es keinen Punkt, an dem der Prozess der Lichtkörpererweckung zum Abschluss kommt. Wir hören nie auf, den Lichtkörper zu aktivieren – wir feilen so lange weiter an unserem Bewusstsein, bis wir wieder in das Gotteslicht eingehen und mit ihm verschmelzen. Es ist ein Prozess, der ebenso sehr immer wiederkehrt wie das Strömen des Lichts durch den Kosmos, wie die Seele auf der Suche nach ihrer Rückkehr zur Höchsten Quelle (Alles-was-ist) die Lichtspirale erklimmt.

Nicht einmal dieser Moment der Rückkehr ist endlich, denn wir existieren in diesem unermesslichen strahlenden Glanz als ewiges Licht.

Was für Euch alle jetzt wichtig sein wird, ist, ist dass Ihr zu dem Verständnis gelangt, dass das, was Ihr an Erfahrungen durchlebt, nie ein Ende hat – es gibt dabei keinen Gipfelpunkt zu erreichen. Diese theoretisch angenommenen Maßstäbe dafür, etwas erreicht zu haben und angekommen zu sein, sind allesamt illusorisch. Sie spiegeln die Dimension, die noch in Euch nachhallt. Zu lernen, dass jeder Schritt ganz genauso wichtig und schön ist wie jene, bei denen Ihr Euch vorstellt, dass sie Euch später einmal erwarten, ist der wahre Schlüssel zu spiritueller Meisterschaft.

Wenn die Menschen die großen Momente der Reise verpassen, wie werden sie es dann merken, wenn sie angekommen sind?

Was die Verankerung der DNS in Euch angeht, wisst, dass Ihr in jedem Moment Eures Daseins zu Meisterschaft in der physischen Sphäre fähig seid, in der Ihr derzeit eine Resonanz unterhaltet. Und dass all die Materialien, Codes und Informationen in Eurem eigenen Innern existieren – *hier und jetzt.*

Mit den Strömen kosmischer Energie, die die Sphäre Eurer Galaxie durchziehen, und ihrer Auswirkung auf das aufdringliche elektromagnetische Gitternetz, das von Invasoren um Euren Planeten geworfen wurde, unterstützt die kosmische Ebene derzeit die Beschleunigung dieses Prozesses. Das mittlerweile schwindende Gitternetz macht es möglich, dass mehr Lichtwesen hindurchgelangen, und dies geschieht derzeit auf vielen Ebenen (einige von ihnen nehmt Ihr wahr, andere sind für Euch derzeit noch nicht wahrnehmbar).

Erlaubt uns stets, Euch daran zu erinnern, dass in der freien Willenszone Eurer irdischen Erfahrung immer Ihr es seid, die die Richtung ihrer Erfahrungen bestimmen. Richtet Ihr den Blick auf das, was vor Euch liegt, auf das, was Euch fehlt, oder auf das, was Ihr begehrt? Oder feiert Ihr einen jeden Moment – die kleinen und scheinbar unbedeutenden Schritte ebenso wie jene Riesenschritte, die Ihr so sehr anstrebt?

In welcher Dimension ist ein Körper dazu in der Lage? Würden sich die Aufgestiegenen Meister hier mit einschalten?

Ihr habt zur jetzigen Zeit die Werkzeuge, um den Prozess der Lichtkörperaktivierung einzuleiten. Angesichts der Intensität der polarisierten Erdfelder sehen wir jedoch nicht das Potenzial für eine Reaktivierung der zwölf Stränge – des Christusbewusstseins –, ehe Ihr an dem Punkt seid, an dem Ihr den Aufstiegsstrang passiert.

Das ist ein Prozess, den Ihr in Euch selbst erschaffen werdet, wenn Ihr verstanden habt, dass *Ihr* der Meister seid, der hoheitliche höchste Geist und das Licht. Unterstützen werden Euch auch die beschleunigten Energieemissionen Eurer planetaren Gottheit – Gaia.

Habt Ihr noch etwas hinzuzufügen?

Die DNS-Aktivierung beginnt mit dem Aufbau oder der Neuorganisation eines dritten Lichtfadengeflechts. Erreichen lässt sich dies durch einen Prozess tiefer Meditation und einen veränderten Bewusstseinszustand. Entsprechende Geistführer werden Euch hierbei zur Seite stehen, oder – wenn Ihr zu denen gehört, die imstande sind, sich außerordentlich zu konzentrieren und eigenständig tiefe Meditationszustände herbeizuführen – könnt Ihr dies auch allein.

Wir haben Euch Materialien zur Verfügung gestellt, die es ermöglichen, dass Ihr Eure Stimme einsetzt, wenn Ihr das wünscht.*

Wenn der dritte Strang aktiviert ist, was eine immense Energie in der Zirbeldrüse entstehen lässt, bildet sich im inneren Kern aller Zelleinheiten in Euch eine Dreiecksstruktur aus (die heilige Form, auf der die restliche Wiedererlangung der DNS in ihrem Urzustand beruhen wird).

Die dynamischen Geometrien dieser triangulierten DNS-Struktur senden Ladungen aus elektromagnetischen Feldern – recht ähnlich wie bei Blitzen – in das Gehirn und treiben so die Aktivierung der Zirbeldrüse und die Somaproduktion voran.

---

* Empfehlenswert ist diesbezüglich auch Jonathan Goldmans Buch *Klangheilung. Die Schöpferkraft des Obertongesangs*, übersetzt von Rita Höner, 256 Seiten, gebunden, mit Leseband, Hanau 2008. Es enthält eine CD mit Übungen zur Entwicklung der Heilkraft durch die eigene Stimme. – Der Verlag

Nach meinem Verständnis scheint dieser planetarische Übergang einer gött-
lichen Absicht zu entspringen, die auf einen kollektiv – vom Universum und
der Menschheit – verfolgten Zweck zurückgeht: die Evolution des Lebens und
Bewusstseins zu beschleunigen.

Der Grund hierfür ist unter anderem, eine Situation zu korrigieren, die
vor tausend Jahren auf Atlantis begann – eine Erfahrung, bei der etwas
schiefgegangen war. Gemeinsam mit der Bruderschaft des Lichts sind die
Sirianer und die Plejader dabei Schlüsselgestalten. Wie es scheint, haben die
Plejader die Aufgabe, Energie gezielt auf das menschliche Herz zu richten,
während die Sirianer die Geometrie des physischen Körpers ins Visier neh-
men, des Lichtkörpers. Beides brauchen wir, um von einer Dimension zur
anderen zu gelangen.

Stimmt diese Sichtweise?

In den höheren Dimensionen, in denen die Dunkelheit weicht und
das Licht des Höchsten Seins durch den Nebel verlangsamter Frequenzen scheint, läuft alles durch den Filter des Einen Herzens. Der
Fokus aller Lichtwesen ruht darauf, die bedingungslose Liebe der
Höchsten Quelle in die reinen Wasser des Kosmos der Seele fallen
zu lassen – jenen universellen Strom von Licht und Liebe, der von jedem Herzen und jeder Seele des Lebendigen ausgeht. Es beschränkt
sich nicht auf die Erfahrungswelt derer, die eine Resonanz mit der
fünften Dichte oder Dimension aufweisen.

An unserer Station in den Bewusstseinsfeldern, die man bei Euch
als die sechste Dimension kennt, sind wir uns der kosmometrischen Proportionen und dynamischen numerologischen Verhält-
nisse zwischen allen Dingen, allen Realitäten, allen Dimensionen
bewusst. Selbst in der Dunkelheit anderer Sphären gibt es Muster,
die erkennbare gotthafte Proportionen aufweisen. Diese existieren
in den erlesensten Lichtmustern, die sich brechen und durch die
Dimensionen hindurch spiegeln und durch die Dichte des physischen Universums scheinen.

All das – die Schönheit, die Liebe und das Licht der heiligen Codes
im Entwurf des Universums – verbindet Galaxien, Universen, alle
Dichtebereiche, alle Realitäten –, so sehr die Illusion der Trennung
dies für Uneingeweihte auch verschleiern mag.

Wir laden Euch ein, zu berücksichtigen, dass die evolutionären Ereignisse in Eurer Sphäre – die Beschleunigung, von der Du sprichst – vor allem die Vorbereitungen spiegeln, die Eure Sonnengottheit für ihre Befreiung von den Einschränkungen des physischen Universums trifft, und nicht eine Wiedergutmachung alten Karmas bilden. Es ist wichtig, zu erkennen, dass Gaia ein Aspekt Eurer Sonne ist und dass ihr Prozess und der Eure die Evolution der Sonnengottheit spiegeln.

Jene, die das Erwachen der Erde beobachten, sind nicht in der Lage, das Karma aufzulösen, das frühere Ereignisse geschmiedet haben, und sie hätten auch nicht die Absicht, sich in diese Erfahrung einzumischen. Wir sind mitbeteiligt, wenn es darum geht, zu feiern, wie der Euch beseelende Geist immer höhere Ebenen erklimmt, und dazu gehört der Geist von Ra, Eurer Sonnengottheit. Wir sind Zuschauer und strecken jenen die Hand entgegen, die uns um Führung ersuchen. Aber wir beabsichtigen nicht, das von Euch selbst karmisch Geschaffene zurechtzurücken, zu werten oder aufzulösen.

Wir haben aus Erfahrung gelernt, dass selbst die Geschenke unsererseits, die dazu gedacht waren, die Menschheit über ihre Einschränkungen zu erheben, sich unweigerlich gegen Euch wenden, wenn sie in die Hände derer geraten, die von ihrer Macht Gebrauch machen, um die Kontrolle über Euch zu erlangen. Deshalb haben wir uns aus Eurer Sphäre zurückgezogen und warten nun auf den Gipfel des bewussten Erwachens – einen Moment, der dieser Zeit des Ausräumens von alldem und der Befreiung folgt.

Trifft es auch zu, wenn man sagt, dass die Sirianer ein anderes Hologramm für den Planeten Erde geschaffen haben – einen Realitätskontext, der uns besser verstehen lässt, was sich derzeit abspielt?

Wir betrachten die Erde und alle Himmelskörper von unserer Warte aus als lebendige Organismen, als mit einem Bewusstsein versehene Wesen, deren Seelen einen sehr klaren und wichtigen Daseinszweck verfolgen: Erfüllung und Manifestation.

Gaia und die anderen planetarischen Gottheiten, aus denen sich Euer Sonnensystem zusammensetzt, strahlen enorme Felder von Bewusstseinsenergie aus, die das planetarische Umfeld durchdringen und dann mit den entsprechenden Planeten, die ein Dasein in Eurem kosmischen Raum genießen, in Wechselwirkung treten und sich mit ihnen austauschen.

Wir haben keine illusionären Felder für Euch geschaffen. Euer Planet, Gaia, ist Eure Lehrmeisterin. Lediglich ein Hologramm sirianischer Herkunft verbleibt in den Kodierungen der Erde, und das ist der Energiewirbel, in dem wir den dreizehnten Kristallschädel aus den Tagen von Atlantis aufbewahren, wie der Menschheit bald offenbart werden soll.

Diejenigen von Euch, die darauf achten, weil sie der *Musik* lauschen, verstehen ganz genau, was da geschieht. Jene, die noch schlafen, die vor der Angst in die Knie gehen und vor den niederen Aspekten der Bandbreite menschlicher Emotionen, werden erst noch verstehen müssen, wieso der Prozess, Eure nicht mehr funktionierenden Systeme niederzureißen und Euch von Euren Ketten zu lösen, schmerzhaft sein kann, bevor Ihr Eure Befreiung erreicht.

Aber erreichen werdet Ihr sie ...

33

Unsere Seelenfamilie in der geistigen Welt

*M*ir ging gerade unsere Seelenfamilie auf der anderen Seite durch den Sinn. Die Mitgliederzahl dieser Seelenfamilie geht in die Hunderte oder Tausende, aber wir haben ja durchaus eine Kernfamilie, und das wäre dann eine viel kleinere Gruppe, mit der wir ein Leben nach dem anderen neue Inkarnationen wählen. Innerhalb dieser Gruppe teilen wir Wissen und Erfahrungen, während wir gemeinsam einen Erinnerungsschatz aufbauen. Das ist unsere eigentliche Familie, unsere himmlische Familie, unsere göttliche Familie, und wir haben uns mit ihr immer wieder inkarniert, seit wir als Seele erschaffen wurden. Über diese Kernfamilie würde ich jetzt gerne sprechen.

Wie wirkt sich das, was wir hier auf der Erde erleben, auf den Kern unserer Familie aus, und woher kommen die Mitglieder dieser Kernfamilie? Stammen wir zum Beispiel alle vom gleichen Planeten oder Universum?

Seelenkollektive eint nicht nur ihr Herkunftsort, sondern was sie vereint, sind auch die Intentionen ihrer Seele. Wie den erwachenden Wesen durch die sich jetzt häufenden Offenbarungen kosmischer Physik (im Gegensatz zur erdbezogenen Physik) zunehmend deutlich wird, spiegeln die Universen sich gegenseitig, und Ihr könnt in gleichzeitigen Realitäten existieren und tut dies auch oft: in parallelen Universen, Zeitlinien und Dimensionen.

Während Ihr durch das Erdenleben geht, das Ihr für Euch gewählt habt, kann es sehr gut sein, dass Ihr dabei noch einen anderen Ausgang des Ganzen erschafft, eine mögliche Realität in einem anderen Universum oder einer anderen Realität. Dank der Natur der reflektierenden Aspekte des Lichts, das durch das endlose kosmische Meer wandert, wird er sehr ähnlich sein wie diese Realität – Euer Erdenleben. Ihr habt das Gefühl, Ihr existiert dort und nur dort, und dennoch reist Ihr ständig zu diesen anderen Wirklichkeiten: wenn Ihr schlaft, wenn Ihr meditiert, wenn Ihr Tagträumen nachhängt.

Da alle mit einem Bewusstsein ausgestatteten Wesen die Lichtspirale bereisen, gibt es da jene (Du bezeichnest sie als Kernfamilie), die in Resonanz mit der geistigen Integrität Eurer Seele und der Musik, die sie aussendet, gehen, während sie sich von der Dichte zum Licht bewegen. Vielleicht sind sie weiter als Ihr, so wie wir weiter sind als das Menschengeschlecht und Euch die Hand reichen, damit Ihr eine Orientierung habt, während Ihr Euch aus der Dunkelheit emporarbeitet. Vielleicht hinken sie Euch auch hinterher und warten auf diese liebevolle Hand, die Ihr den Bedürftigen reichen werdet.

Vielleicht sind es Menschen wie Ihr, oder sie gehören einer ganz anderen Spezies an. Was Euch verbindet, ist die *Musik* – die Schwingung und die Intention, die Eure Seele als Euren Daseinszweck bestimmt hat, um das *Ich-bin*-Bewusstsein zu erleben. Was Euch eint, ist bedingungslose Liebe.

So wie ich das verstehe, inkarnieren nicht alle Mitglieder unserer Kernfamilie gleichzeitig. Einige bleiben auf der anderen Seite und fungieren als Unterstützergruppe. Inkarnieren derzeit auch welche an anderen Orten als der Erde? Oder spielt sich die Erfahrung hauptsächlich auf der Erde ab?

Die Frage nach der gleichzeitigen Realität ist unklar gestellt. Ihr nehmt mit diesen Seelenkollektiven in Eurem gesamten physischen Leben und darüber hinaus Kontakt auf. Wisst, dass Ihr Hilfe erfahrt, wenn Ihr beim Prozess der Reinkarnation von Leben zu Leben weiterwandert. Auch wenn Ihr Euch zwischen den Leben ausruht, werdet Ihr von Seelen geführt, die in Resonanz mit Eurem Prozess sind. Und wie Ihr Euch gut vorstellen könnt, werdet Ihr zum Zeitpunkt des kollektiven Aufstiegs, wie er Euch bevorsteht, dieses Wundersame mit jeder beliebigen Zahl von Seelen teilen, die beschlossen hat, an diesem Prozess teilzuhaben. Wie Ihr es getan habt, bevor Ihr Euch in dieses Leben begabt.

So fern Sie Euch jetzt auch vorkommen mag – wisst, dass die andere Seite Euch so nahe ist wie die Luft den Delfinwesen. Sie tanzen in den Wellen des Ozeans und aus ihnen hervor und weben dabei ihre Musik in die Strömungen, und dabei springen sie nach Belieben in das, was jenseits davon ist, und nehmen diese Erfahrung mit in ihren Gesang zurück.

Wie werden Informationen und Wissen zwischen Mitgliedern der Kernfamilie kommuniziert? Geschieht das im Schlaf?

Sie reisen auf Bewusstseinswellen, die Zeit, Standort und Raum transzendieren. Es beschränkt sich nicht auf eine bestimmte Wellenlänge, auf der Ihr agiert.

In den Zuständen, die Ihr Deltawellen-Emission und Theta-Frequenzen nennt, gibt es weniger Reize auf der bewussten Ebene, die sich störend vor das legen können, was Euer Geist aussendet. Aber Ihr seid hierbei auch eindeutig in der Lage, Gedanken und Emotionen durch alle Dimensionen zu senden und zu empfangen.

Der Gedanke ist der Ur-Impuls der universellen Frequenzen. Zuerst kommt der Gedanke – die bewusste Intention. Dann kommt der Klang – die Welle. Die Manifestation, ob in der physischen Sphäre oder jenseits von ihr, folgt erst danach.

Kann eine Seelenfamilie Lösungen für Probleme liefern, die ihre Mitglieder bei ihrer Inkarnation durchleben? Oder muss das von den Betreffenden selbst, ihren Geistführern oder ihrem Höheren Selbst ausgehen?

Meine Liebe, wie sehr wünschen wir Euch allen zu verstehen, dass niemand Lösungen im Hinblick auf Eure Hindernisse liefern kann, denn sie sind die Manifestationen dessen, wovon Ihr selbst überzeugt seid!

Jede Seele ist selbst die Eigentümerin eines jeden Aspekts von Illusion und Klarheit. Die Suche nach Glück und Erleuchtung wird leichter, wenn man zu der Erkenntnis gelangt, dass keiner die Realität eines anderen zurechtrücken oder Antworten auf etwas finden kann, was ein anderer als Probleme wahrnimmt.

Deine Erschaffung solcher Disharmonien ist Teil Deines Prozesses auf der Seelenebene. Im materiellen Universum ist die Seele mit einer nicht unerheblichen Menge an Dunkelheit konfrontiert – dem Fehlen oder der Unterdrückung von Licht. Das sind Muster, die Ihr geschaffen habt, um die Bedeutung des Daseins in Erfahrung zu bringen. Ihr habt das uneingeschränkte Recht und die Verantwortung, sie in dem von Euch gewünschten Tempo zu verändern, damit mehr Licht in Euer Herz gelangen kann.

Ob Ihr dies als ein Höheres Selbst definiert oder zu dem Schluss kommt, dass es sich um einen Aspekt Eures Bewusstseins als physisches Wesen auf der Erde handelt – Ihr seid hier, um auf Eurem Weg durch das Ganze zu lernen, dass Ihr all das selbst erschafft: die Freude, das Leid, das Loslassen. Alles davon ist der Prozess der Seele, die sich immer höher emporarbeitet.

Eure Geistführer sind da, um Euch zu helfen, die Abbiegungen und Wendungen auf Eurem Weg zu erkennen. Sie helfen Euch auf Eurer Reise der Selbstverwirklichung und des Wachwerdens für die Reinheit bedingungsloser Liebe, aber sie mischen sich nie ein. Ihr lernt all das durch Verzeihen und indem Ihr die Hindernisse begrüßt, die Euch begegnen, indem Ihr anderen verzeiht, die Euch bei Eurem Streben nach Glück und Erwachen zu stören scheinen, und sie willkommen heißt. Und indem ihr die Verantwortung für alles übernehmt, was sich bei diesem Prozess ergibt.

Haben wir als himmlische Familie auf der Seelenebene einen bestimmten Daseinszweck?

Der Daseinszweck aller Wesen besteht darin, die Spirale aus Licht zu erklimmen und dann auch anderen beim Aufstieg zu helfen. Einige haben sich vorgenommen, sich ausgiebig und unersättlich an der Dunkelheit materieller Vergnügungen zu laben, während andere sich mit der Reise beeilen, um den strahlenden Glanz der Liebe kennenzulernen, die sich auf dieser Reise immer weiter entfaltet. Das ist eine Erfahrung, die alle Bewusstseinseinheiten miteinander teilen – vom Reich der Mineralien, in dem strahlende kristalline Matrizen die Intention widerspiegeln, Schönheit zu manifestieren, bis zu den am höchsten entwickelten Spezies, die Ihr auf der Erde kennt: dem Menschen, den großen Walen und den Delfinwesen.

Eure eigene persönliche Erfahrung vermittelt Euch eine Menge Einblick in die Bewusstseinsebene, die Euer Kollektiv miteinander teilt.

Wisst, dass Ihr koexistiert – im zukunftsbezogenen Sinne ganz genauso wie auf die Vergangenheit bezogen. Und wenn Ihr die Spirale hinaufsteigt, werdet Ihr schließlich erkennen, dass dies illusorische Aspekte Eures Daseins im physischen Universum sind.

Wenn wir es mit einer Unterstützergruppe zu tun haben, können wir dann mit ihr genauso arbeiten wie mit Geistführern?

Die Kernfamilie, auf die Du Dich beziehst, ist mehr als ein Gebilde, das Euch Unterstützung bietet. Sie ist ein Kollektiv von Seelen, deren Wirken auf dem gleichen Schwingungskontext beruht wie bei Euch, während Ihr dies durchlauft. Da Ihr nicht auf das beschränkt seid, was Euch im Wachzustand und von Eurem logischen Verstand her wie die Zeitzone vorkommt, könnt Ihr Euch durch verschiedene Energiefelder bewegen, um Verbindung mit diesen gleich gesinnten Seelen aufzunehmen, und tut das auch.

Anders als Eure Geistführer, die sich absolut in Euren Dienst gestellt haben, arbeiten sich die Individuen einer Kerngruppe von Seelen an ähnlichen Realitäten ab wie der Euren, und was sie an Erfahrungen machen, lässt Euch ganz genauso Blicke auf Wahrheiten erhaschen wie das, was Ihr selbst erfahrt. Dazu kommt es, ob Ihr bewusst vorhabt, Kontakt mit ihnen aufzunehmen, oder nicht, denn sie sind in Resonanz mit den gleichen Frequenzen wie Ihr – in welcher Dimension, an welchem Punkt im Raum-Zeit-Kontinuum auch immer.

Natürlich öffnen sich durch Eure bewusste Intention, mit Ihnen Verbindung aufzunehmen, Kommunikationskanäle!

Wenn alle, die diese Zeilen lesen, die Intention aussenden und darauf hinarbeiten würden, mit ihrem Höheren Selbst, ihren Geistführern oder ihrer Seelenfamilie zu kommunizieren, wie würde sich diese gewaltige Erfahrung auswirken? Käme es zu einer Beschleunigung des ganzen Prozesses?

Das Verlangen des Einzelnen, auf höheren Ebenen zu wirken, erzeugt ganz wie der Tropfen, der in das Wasser des Teiches fällt, im kosmischen Meer eine sanfte Kräuselwelle. Die kollektive Absicht, das Bewusstsein auf eine höhere Ebene zu heben, weg von dem um Angst und Mangel kreisenden Denken, das Euch fest im Griff hat, und hin zum Verstehen Eures größeren Daseinszwecks, würde gigantische Lichtwellen erzeugen, die sich durch das Universum bewegen und dabei Reinigung und Auflösung von so viel Disharmonie mit sich bringen, die sich immer wieder an die Materie zu heften scheint.

Hätte das Konsequenzen für den Plan der dunklen Mächte, die darauf ausgerichtet sind, uns möglichst lange von unserem galaktischen Erbe fernzuhalten?

Wenn bewusste Wesen auf der animalischen Ebene des Überlebens – auf der Euer Miteinander eigennützig abläuft, auf Angst beruht und unerbittlich ist – nicht mehr ansprechbar sind und reagieren, haben die dunklen Mächte kein Mittel mehr, Euch zu kontrollieren. Im Licht Eures Einen Herzens, in dem Ihr eine Gemeinschaft seid – selbstlos und herzzentriert –, kann Euch nichts schrecken.

Was die Intention derer angeht, die derzeit über den Planeten herrschen, Euch irgendwie davon abzuhalten, am Wiedereinswerden teilzuhaben – versteht, dass sie durchaus wissen, dass die Zeit Eures Waisendaseins dem Ende entgegengeht und sie es nicht aufhalten können. Sie fahnden heftig nach Methoden, Euch im Zaum zu halten, wenn dies Wirklichkeit wird und das gesamte Menschengeschlecht samt dem Tierreich in der größeren Familie der mit einem Bewusstsein begabten Lebewesen willkommen geheißen wird.

Eure falschen Führer, fest entschlossen, die Schwingungen Eurer Welt auf ein niedrigeres Niveau zu bringen, können nur dann die Illusion der Hoffnungslosigkeit und Machtlosigkeit in Euch hervorrufen, wenn Ihr es zulasst, die überbordende Fülle an Lügen zu schlucken, die sie Euch auftischen.

Diejenigen unter Euch, die im Erwachen begriffen sind, wissen, dass Ihr – ganz gleich, was in der 3D-Landschaft der Illusion auf Euch zukommt – auf dem Weg zu einem neuen Morgen seid. Ihr vertraut darauf, dass Ihr auf einem höheren Weg seid, geleitet vom Licht Eurer Überseele, und dass Ihr ewig, wunderschön und frei seid.

Wäre dieser Austausch nicht eine wirklich geeignete Methode, die Dualität zu beenden?

Solange Ihr in der physischen Sphäre existiert, werdet Ihr immer Dualität erleben – in dem einen oder anderen Maße. Sie findet sich schon in den Kodierungen Eurer DNS mit den dualen Aspekten, die dem Elektromagnetismus innewohnen. Diese polaren Aspekte sind für die physische Welt unabdingbar, denn sie definieren sie auf so viele Weise. Ohne einen Schatten von Dunkelheit könnt Ihr Formen gar nicht sehen – im reinen Licht von Weiß in Weiß treten sie nicht in Erscheinung.

Stellt Euch den Regenbogen vor, der Euch so viel Inspiration spendet und den Ihr feiert. Er zeigt sich dort, wo Dunkelheit auf Licht trifft.

Wir glauben, dass Deine Sorge der extremen Polarität gilt, die im Moment das menschliche Dasein bestimmt. Zu einer Zeit, in der die energetischen Veränderungen in Eurer Galaxie derartig heftig sind, wird der menschliche Geist entweder in Verzweiflung geworfen und von einem manischen Gefühl der Sinnlosigkeit erfüllt. Oder er sieht wie Du nur noch klarer den Weg der geistigen Welt.

Auch wenn Ihr an dieser Dualität feilt – sie endet dadurch nicht ... Aber das Eintreffen von Außerirdischen wird bei dem Prozess, durch den Ihr Euch von der extremen Polarität der aktuellen Ereignisse auf der Erde und diesem Gefühl des Getrenntseins, des Abgeschnittenseins und der Angst befreien werdet, auf jeden Fall als enormer Katalysator dienen.

34

Der Schlussstein
der ägyptischen Pyramide

*B*erichten zufolge, die ich hie und da aufgelesen habe, gab es scheinbar
einen goldenen Schlussstein von gut 1,50 Meter Dicke und 8,60 Meter
Länge auf der Spitze der Cheops-Pyramide. Ursprünglich war er weiß und
fungierte als Kristallisationspunkt für energetische Verbindungen quer durch
das Universum. Derzeit liegt er in sieben Stücken über die Erde verteilt – eines
auf jedem Kontinent, tief in der Erde verborgen. Eines soll sich in einem kana-
dischen See befinden, dem Lac Louise, ein anderes irgendwo im Gebiet des
Titicaca-Sees in Peru und noch eines unweit des Ayers Rock in Australien.
Was gibt es an korrekten Informationen zu diesem Schlussstein?

Wir teilen diese Vision nicht, so wie Du sie beschrieben hast, aber
wir können bestätigen, dass ursprünglich ein starker elektromagne-
tischer Leiter die Cheops-Pyramide in Gizeh schmückte. Er bestand
aus Orikalkum – nicht aus Gold –, dem erlesensten und leitfähigsten
Erz, das auf der Erde je existiert hat, ein Mineral, das bei der Erschaffung der meisten Energienetzwerke und Tempel der atlantischen
Energie verwendet wurde.

Dieses Mineral entstand damals durch eine alchemistische Umbil-
dung, die in Eurer zeitgenössischen Gesellschaft nicht mehr bekannt
ist. Es war ein Geschenk von Mächten jenseits Eurer Welt, Lehrern
der Hüter atlantischer Weisheit, die schon vor vielen tausend Jahren
vorhersahen, dass das Goldene Zeitalter der Menschheit auf Eurem
Planeten wiederkehren würde. Kennzeichen dieses Zeitalters der Erleuchtung war der Bau der Cheops-Pyramide.

Unterhalb dieses Bauwerks wurden mehrere Laserkristalle plat-ziert, die man in verschiedenen Winkeln positionierte – wie das, was man die »Schächte« in der Pyramide nannte –, ausgerichtet auf ver-schiedene Sternensysteme.

Die Orikalkum-Kappe und die Kristallmatrix dienten dazu, die kosmischen Energieströme, die in der Gegend von Gizeh in die Erde eintraten, so zu modifizieren, dass sie sich benutzen ließen, um Gaias gesamtes Energiegitternetz im Gleichgewicht zu halten und die im Erdinneren gelegene Welt, Agharta, zu erhellen.

Was für Informationen stehen verschlüsselt auf diesem Schlussstein? Ist er im Ganzen irgendwo versteckt oder in sieben Stücken?

Er ist nicht in mehreren Stücken rund um die Erde versteckt. Er wurde vor vielen tausend Jahren gewollt in seine Bestandteile zer-legt, weil die Galaktische Föderation zu dem Schluss kam, dass die-se Technologie für eine Welt, die in den letzten Tagen von Atlantis in Chaos und einer gewalttätigen Auflösung versunken war, zu viel anrichten konnte.

Falls Ihr Euch fragt, ob dieses Hilfsmittel noch einmal auf die Erde zurückkehren wird: Nein, wird es nicht. Es stammte aus anderen Tagen und einer anderen Wirklichkeit. Blickt über das Gold und den Glitzer hinaus und wisst, dass die Pyramide noch immer ihre volle Macht und Glorie in sich birgt. Sie ist jetzt mehr im Einklang mit der menschlichen Bewusstseinsebene, die heute vorherrscht.

Was Ihr nicht wusstet, ist, dass in dem Moment, der in Eurem zeitli-chen Bezugsrahmen die Jahrtausendwende kennzeichnete, ein Versuch, ein Modell dieser Vorrichtung aufzustellen, durch himmlische Mächte unter der Führung des sirianischen Sterns Sothis vereitelt wurde, der damals direkt auf die Pyramide ausgerichtet war.

Wie wirkt sich die derzeitige Aktivierung von Gizeh auf unseren Planeten auf – und auf Euch auf dem Sirius? Ich bin sicher, dass wir uns über die Wichtigkeit dieser Aktivierung nicht allein für die Erde und die dort lebende Menschheit, sondern auch für das ganze Universum gar nicht im Klaren sind.

Dieser Ort auf dem geophysikalischen Körper der Erde ist der Eintrittspunkt für den kosmischen Zustrom bewusster Energie in den Planeten. Von daher ist er immer »aktiviert«.

Die bewusste Intention so vieler Menschen, die eine höhere Ebene erreicht haben und die es zu der Pyramide und in sie hineinzieht, tritt in Wechselwirkung mit der Kristallmatrix des inneren Wesens dieser Struktur, Granit, das immer noch die Erinnerung an die Vorrichtung enthält.

Diese Erinnerung lässt sich nur über das rein gewordene Herz wiedererlangen. Wenn niedere Schwingungen den Strom anzuzapfen versuchen oder ihn für andere Zwecke als den verwenden wollen, dem höchsten Wohl aller Wesen zu dienen, wird dieses Tun im Keim erstickt.

35

Der Erstkontakt

*D*as ist schon eine verwirrende Vorstellung. Ich denke, wir müssen erst einmal begreifen, was sich dabei eigentlich abspielt. Viele Menschen verwirrt das, und sie wissen nicht, was sie davon halten sollen.

Eines fasziniert mich dabei ja, und ich mache mir schon eine ganze Zeit lang Gedanken darüber: Da wir uns schwer tun, auch nur Kontakt mit uns selbst aufzunehmen, kommt es mir irgendwo merkwürdig vor, zu erwarten, dass Ihr – unsere Brüder und Schwestern von der anderen Seite des Schleiers – Kontakt mit uns aufnehmt. Aber andererseits denke ich auch, dass unser dringender Wunsch nach Wiederherstellung dieser kosmischen Verbindung sehr echt ist. Wir wollen diese Kontakte mit unseren Schwestern und Brüdern auf der anderen Seite des Schleiers wirklich.

In Eurem Buch Atlantis Rising* sagt Ihr am Ende: »Der Kontakt lässt nicht mehr lange auf sich warten.« Was genau meint Ihr damit?

Der Kontakt mit der galaktischen Familie von Wesen innerhalb Eures eigenen Sonnensystems – physischen Wesen – steht auf globaler Ebene unmittelbar bevor.

Auf Regierungsebene hat er schon stattgefunden, aber dort ist man darauf bedacht, die Bevölkerung im Dunkeln zu lassen über das, was sich derzeit so klar und deutlich unmittelbar vor Euren Augen, in Eurem Gesichtskreis zeigt.

Heute fliegen tagtäglich Flugkörper durch Eure Atmosphäre und in Eure sonnigen Himmel, ebenso wie sie in der Nacht als merkwürdige Lichter in Erscheinung treten. Sie tauchen über Städten, Bergen,

---

* Bisher nicht auf Deutsch erschienen. – Der Verlag

Feldern und Seen auf und schweben eine Zeit lang über ihnen. Dieses Treiben ist dazu gedacht, Euch vor Augen zu führen, was da läuft, und Euch auf den endgültigen Kontakt vorzubereiten, denn diese Präsenz wird sich – jenseits aller Zweifel und ohne Raum dafür, es noch leugnen zu können – der gesamten Bevölkerung kundtun.

Wisst, dass innerhalb Eures Sonnensystems alle bewohnten Planeten miteinander in Kontakt stehen und einen regen Austausch in Sachen Handel, Technologien und Ressourcen genießen. Nur die Erde (genauer gesagt, die Mehrheit der Menschen auf Eurem Planeten) bleibt im gleichen Zustand des Abgeschnittenseins von der größeren Familie – der Galaktischen Gemeinschaft.

Die Machthaber haben volle Kenntnis über die außerirdischen Lebensformen und die Aktivitäten, die anstehen, um Euch, die Waisen Eurer Galaxie, auf die Offenlegung vorzubereiten. Sie haben Anweisung erhalten, entweder ihr Wissen und ihre verborgenen Archive preiszugeben oder zur Seite zu treten, damit die neue Sichtweise in Euch keimen kann.

Dies steht unmittelbar bevor, ein unumgänglicher Schlüssel zu Eurem Aufstieg, denn Ihr seid so sehr ein Bestandteil dieser größeren Familie, wie Ihr Kinder Gaias seid und der anderen Welten, die nicht weit entfernt sind.

Wir betonen die Wichtigkeit Eurer Vorbereitung auf dieses Ereignis – sie ist der Schlüssel dazu, wie das Ganze ausgeht. Derzeit geltet Ihr als gewaltbereite und kriegerische Spezies – eine Gefahr für alle, die es wagen, Euch näher zu kommen. Krieg scheint im Konfliktfall das Erste zu sein, worauf Ihr zurückgreift – ein Hinweis auf eine Gesellschaft, die sich geneigt zeigt, sich selbst auszulöschen. In Eurer Gesamtheit zerstört Ihr Eure Ressourcen und Euren Lebensraum mit Müll, Wut und der Missachtung allen Lebens. Eure Waffen haben Euch heute zu einer Bedrohung für auf Harmonie bedachte Planeten werden lassen, die die Galaxie mit Euch teilen.

Auf der Suche nach einer Möglichkeit, Euch zu begrüßen – in Eure Sphäre einzutreten –, ohne dadurch massive Panik und Angst auszulösen und ohne genau diese kriegsähnliche Reaktion hervorzurufen, haben die Räte der friedlichen Planeten sich zusammengetan.

Die vorrangige Absicht dabei ist, Euch mit dem Wissen um fortschrittlichere Gesellschaften und höhere soziologische Rahmenbedingungen zu versehen, damit Euch eine Welle erreicht, die Euch einen höheren Sinn des Lebens erfahren lässt, als sie in Eurer Welt an der Tagesordnung ist.

Es gibt heute viele von Euch, die wie wild daran arbeiten, die Schwingung Eurer Welt zu erhöhen. Durch sie und mit ihnen (durch Euch und mit Euch) können wir, die Wesen aus anderen Dimensionen, den Kontakt herstellen. Ihr seid in jeder Hinsicht ebenso Botschafter der Galaktischen Föderation wie jene, die bei Euch erscheinen werden – da Ihr darauf ausgerichtet seid, mehr Licht in Herz und Verstand der Leidenden, Verängstigten und Irregeleiteten zu tragen.

Was bedeutet der Erstkontakt für uns? Müssen wir nicht zunächst Kontakt mit uns selbst aufnehmen, bevor wir es mit einer anderen Rasse oder einem Lichtwesen tun können? Sind wir noch immer lediglich auf der Suche nach Hilfe von außen, oder suchen wir diese Hilfe schon in uns selbst?

Die Möglichkeit einer interplanetarischen Kommunikation in Betracht zu ziehen, verweist nicht unbedingt auf die entmachtete Geisteskraft von jemandem, der auf der Suche nach einem Erlöser ist. Es ist vielmehr ein wichtiger Bestandteil Eures Übergangs, während Ihr Euch zum unglaublichen Gewahrsein grenzenloser Intelligenz im Universum aufschwingt und die Rolle der Menschheit in dieser größeren Gemeinschaft wahrzunehmen beginnt.

Natürlich wird das Eintreffen Tausender von Flugkörper an Euren Himmeln und das, was sie der ganzen Welt menschlicher Lebewesen mitzuteilen haben, sich dramatisch auf einige Eurer primitivsten Verhaltensweisen auswirken, ebenso wie auf die *Intellektuellen*.

Ihr alle werdet Euch mit einem neuen Paradigma konfrontiert sehen – etwas, auf das Ihr Euch rasant zubewegt, während Ihr das Alte überall um Euch herum zerbröckeln seht. Dieser Prozess, jene Strukturen zum Zusammenbruch zu bringen, die dafür gesorgt haben, dass Ihr in einem Zustand der Ahnungslosigkeit geblieben seid, so beängstigend sie Euch jetzt vorkommen mögen, sind grundlegend

für Eure Vorbereitung auf das, was als Nächstes kommt: Eure fried-
liche Koexistenz mit anderen Zivilisationen und Euer gemeinsamer
Übergang zu einer lichteren, feineren dimensionalen Frequenz.

Wisst, dass es von vorn bis hinten mit Euch zu tun hat. Wir sind
nur Beobachter Eures Spiels – eines Spiels, das wir selbst schon hinter uns haben. Mitunter sind wir eingeschritten in der Hoffnung,
Euch dadurch helfen zu können. Wir haben daraus gelernt, und nun
beteiligen wir uns nur so gut wir können als Geistführer – indem wir
Euch eine Vision von dem anbieten, was die Liebe hervorbringen
kann. Meine Lieben, es geht allen nur darum, von der Dunkelheit
zum Licht zu gelangen. Es ist nicht kompliziert. Das ist der Weg, den
alle mit einem Bewusstsein ausgestatteten Wesen einschlagen. Ihr
kommt nicht mit der Logik dorthin. Es ist Euer Herz, durch das Ihr
es fühlt und Ja dazu sagt.

36

Die dunklere Seite der Menschheit und der Einfluss dunkler Mächte

Ich denke, die größte Hürde, die einen glatten Übergang erschwert, ist die, wie tief die Menschen im Opferbewusstsein gefangen sind, weit entfernt von dem Bewusstsein dafür, wer sie wirklich sind. Ich denke, dass uns dies davon abhält, Verantwortung für alles zu übernehmen, was da geschieht. Es ist üblich, mit dem Finger auf andere zu zeigen, ohne gleichzeitig Verantwortung für den eigenen Anteil an der entstandenen Situation zu übernehmen. Natürlich finden eine Desinformation und Manipulation der breiten Masse statt, aber die Menschheit in ihrer Gesamtheit akzeptiert es ja, den Medien, dem Staat und so weiter die Kontrolle zu überlassen.

Andererseits wissen wir alle, dass es dunkle Energien gibt, die einen Großteil des jetzigen Chaos steuern. Sie wollen uns glauben machen, dass es unmöglich sei, aus unserer Situation herauszukommen, und halten uns so im Drama fest. Die Intention dabei ist die, Menschen so weit wie möglich vom Potenzial der Freiheit fernzuhalten, so dass sie völlig in die Illusion des Mangels auf allen Ebenen eintauchen – was im Grunde das Konkurrenzdenken in uns zementiert, statt die Kooperationsbereitschaft zu fördern.

Wenn ich mir Städte wie Kairo, Mumbai, Kalkutta und Lima anschaue, in denen die extreme Armut so überwältigend ist, in denen Umweltverschmutzung und Chaos das ganze Leben zu bestimmen scheinen, sage ich mir: Marine, wie können Menschen aus einem solchen Elend heraus so weit kommen, dass sie Anstalten machen, es zu beenden? Es scheint unmöglich, aber wie kann das so weitergehen? Ich habe die Angst gespürt, die dort in der Luft lag, und wie schwierig es für die meisten Menschen dort sein muss. Am

*Anfang hat es mich förmlich überrollt, aber dann ist mir klar geworden, dass
wir alle mitverantwortlich für die Entstehung davon sind.*
Wie können diese Megastädte künftig überleben?

Die zyklische Natur des Lebens kennt Höhen und Tiefen, Kommen
und Gehen, Ein und Aus, und diese Phasen durchziehen alle Sphären der Erfahrung.

In fortschrittlicheren Welten haben die mit einem Bewusstsein
ausgestatteten Wesen gelernt, ihre Umwelt als gemeinsamen Lebensraum zu behandeln, in dem allen Lebewesen Achtung entgegengebracht wird. Sie sind sich darüber im Klaren, dass die Ökosysteme das
sind, was sie nährt, genauso wie sie wissen, dass ohne Artenvielfalt
alle ausgelöscht werden.

Überbevölkerte urbane Regionen, wie Du sie beschreibst, scheiden
als Modelle für ein harmonisches Zusammenleben unweigerlich aus,
da ihnen der natürliche Fluss der Energien völlig gleichgültig ist und
sie die unerträglichen Lebensbedingungen verstärken, die von Un-
ordnung, Disharmonie, Gewalt und Missbrauch geprägt sind.

Würdet Ihr Euch nicht am Punkt des solaren Aufstiegs befinden,
so würden wir Euch den Gedanken nahelegen, dass solche massiven
Ballungsräume auf dem Planeten keine Überlebenschancen hätten. Da
wir aber Euren näher rückenden Übertritt auf die nächste Dimension im Blick haben, unterstellen wir, dass dies keine Realität ist, die
in einem künftigen Kontext zum Tragen kommt.

Gibt es für die Menschen dort einen Ausweg?

Ebenso wie Menschen zu einer bestimmten Zeit zu diesen urbanen
Megastationen migrieren, so packt sie schließlich auch wieder der
dringende Wunsch, in ein natürlicheres Umfeld zurückzukehren. In
der freien Willenszone, in der Ihr lebt, steht es jedem Individuum frei,
solche Entscheidungen zu treffen. Aber nehmt es deshalb nicht resig-
niert hin, dass die globalen Zustände nicht mehr zu ändern seien.

*Sind diese Orte die Hochburg des Einflusses der dunklen Mächte oder der
Geheimen Regierung?*

Ihre Hochburg sind die emotionalen Gewässer des menschlichen Bewusstseins der nicht Erwachten, in denen sie es geschafft haben, Schreckensbilder von dunklen Schatten und Gewalt heraufzubeschwören und dort treiben zu lassen, was diese so verängstigt, dass Gehorsam und Unterwürfigkeit gesichert sind.

Ohne Angst und Resignation Eurerseits haben sie keine Gewalt über Euch.

Die Geheime Regierung, von der wir jetzt schon so lange sprechen, verfolgt nur ein einziges Ziel: die Schwingungsfrequenzen der Erde auf ein so niedriges Niveau zu bringen, dass es dem Planeten Nibiru, der Heimatbasis der Geheimen Regierung, gelingt, an die von der Erde ausgesandten Schwingungen anzudocken, um sich mitnehmen zu lassen und in den Aufstiegsstrang Eurer Sonne hineingezogen zu werden, zusammen mit den anderen planetarischen Körpern in Eurem Sonnensystem.*

Wie gehen die dahinterstehenden Kräfte mit der Tatsache um, dass sie dabei sind, ihren Kampf zu verlieren?

Sie entlarven sich unfreiwillig durch Ihre Handlungen. Es sind verzweifelte Despoten, die gerade erkennen, dass sie Euch – so sehr sie Euch auch die Luft abschnüren – zwar ausbremsen können ... aber sie haben keine Kontrolle über Euch. Je mehr sie von ihrer Gewalt anwenden, in desto größerer Zahl wacht Ihr auf und erkennt die Wahrheit. Das ist das absolute Gegenteil von dem, was sie brauchen, um ihren streunenden Planeten wieder an die Leine zu bekommen.

Wer befasst sich derzeit innerhalb der Galaktischen Föderation mit ihnen?

---

* Im Jahre 1976 verkündete der Altertumsforscher Zecharia Sitchin die Existenz von Nibiru (»Der Vorbeiziehende«), eines Planeten unseres Sonnensystems, der nach einer Katastrophe eine elliptische Umlaufbahn von 3600 Jahren aufweist. Sitchin bezog sein Wissen aus sumerischen Keilschriften. Sein entsprechendes Buch Der zwölfte Planet liegt seit 2003 im Kopp Verlag, Rottenburg, vor. Die NASA stellte 1982 offiziell fest, dass es diesen Planeten geben könnte. – Der Verlag

Alle interaktiven Räte für harmonische Beziehungen unter den planetarischen Biozentren beobachten das Treiben Eurer Schattenregierung. Das ist einer der wichtigsten Gründe dafür, dass ihre Ankunft unmittelbar bevorsteht.

Wie schon zuvor gesagt, ist ein Einschreiten an dem Punkt möglich, an dem Euer zerstörerisches Tun sich auf das Leben jenseits Eurer Atmosphäre auswirkt. Das ist zur unmittelbar drohenden Gefahr geworden, da Ihr derzeit genug an thermonuklearer Kraft besitzt, um nicht nur den Aufstieg Eurer Sonne zu stören, sondern auch andere Himmelsfamilien in Eurem Winkel der Galaxie.

37

Karma als Informationsgrundlage für das Große Experiment

Ich würde gerne auf das Thema »Karma« eingehen, und zwar nicht darauf, wie Karma von der Menschheit gelebt wird, sondern wie das Universum diese Informationen nutzt, um Fortschritte zu machen.

Könnte man sagen, dass für viele von uns ihre Arbeit eher darin besteht, Informationen über ihre Erfahrungen an das Universum zurückzugeben? Ich glaube, sobald wir in der physischen Welt sind, erzeugen wir automatisch Karma, aber dieses Karma wird dann in Informationen umgewandelt. Durch unsere Handlungen haben wir teil am Wachstum der Erfahrungen, die wir auf der Erde machen, so dass der Aufstieg des Bewusstseins aufgezeichnet werden kann.

Trifft diese Auffassung zu?

So gewaltig es Euch vorkommen mag, wenn Ihr versucht, es aus der 3D-Perspektive zu verstehen: Wir möchten Euch nahebringen, dass alle Gedanken, alle Intentionen, alle Energien und alle Erfahrungen im Kosmos der Seele aufgezeichnet werden.

Wenn in einer Einzelperson oder im allgemeinen Erleben beispielsweise eine negative Erfahrung zustande kommt, so wirkt sie sich über die Wellenbahnen des Kosmos als Schwingung aus, die das gesamte Daseinsfeld beeinflusst. So winzig oder so gewaltig sie auch sein mag – jede Welle bleibt im Meer des universellen Geistes erhalten.

Diese Information wird in der Chronik des Universums aufgezeichnet, wo sie auf einer niedrigen Frequenz eine Resonanz erzeugt, die sie energetisch an die Seelenschwingung derer anheftet, die zu ihrer Entstehung beitragen. So kommt es, dass man immer wieder dazu zurückkehrt, Leben für Leben, und deshalb kommt man auch stets auf die gleiche Weise darauf zurück, denn es handelt sich um eine Schwingung, die die Seele in einem Feld der Disharmonie gefangen hält – was die Seele auf ihrer Suche nach der höchsten Wahrheit wiederum irgendwann auflöst, und zwar durch das, was Ihr »Auflösung von Karma« nennt.

Das Gleiche gilt für Handlungen und Gedanken des edlen, höheren Geistes. Die Resonanz findet dann nur auf einer viel höheren Frequenz statt, und die Handlungen und Gedanken legen auf den kosmischen Wellen größere Entfernungen zurück. Sie tragen auch mehr Licht in sich, das durch die Felder des universellen Erlebens strahlt.

Diese Quelle bewusster, lichtvoller Informationen erzeugt Bewusstseinsfelder in anderen Realitäten und Dimensionen, die zu ihnen in Resonanz stehen.

Auf diese Weise erreichen wir Euch.

38

Antworten für Lichtarbeiter

Schon seit den Anfängen der New-Age-Bewegung trifft man auf finanzielle Schwierigkeiten und Entbehrungen unter denen, die den spirituellen Weg beschreiten. Ich weiß, dass viele, die sich dazu entscheiden, einen gut bezahlten Job aufzugeben, um ihrem inneren Ruf und der Verheißung eines höheren Lohns zu folgen, sich heute verarmt und außerstande wiederfinden, das zu erfüllen, wozu ihre Seele bestimmt ist, und eher die Erfahrung machen, dass sie immer weniger in der Lage sind, Geld zu manifestieren.

In vielen Botschaften hieß es: »Vertraut und springt ins kalte Wasser, und Ihr werdet feststellen, dass es sich lohnt. Legt die erste Meile zurück, den Rest besorgen wir.« Aber bei vielen ist das nicht eingetreten. Und so haben sie nicht nur den Glauben daran verloren, dass man getrost dem folgen kann, wozu man sich berufen fühlt, sondern auch den an die Botschaften. Ich kenne viele Lichtarbeiterinnen und Lichtarbeiter, die sich von ihrem dringenden Verlangen, ihren Traum in die Tat umzusetzen, verabschieden müssen.

Geschieht das, weil sie auf der zellularen Ebene den Glaubenssatz in sich tragen: »Alles Spirituelle sollte nichts kosten«?

Wenn es auf die beschriebene Situation hinausläuft, kann das unterschiedliche Gründe haben. Viele, die sich in die Position begeben haben, andere spirituell führen und anleiten zu wollen, sind noch nicht von ihren eigenen Dämonen und Ängsten befreit. Von daher können sie anderen hier keinen Dienst erweisen. Sie ruhen nicht in ihrer höchsten Wahrheit und sind blockiert, weil ihre Absichten hinter dem zurückbleiben, was sie sein könnten. In anderen Fällen sind die Betreffenden in ihrem tiefsten Inneren überzeugt, es nicht verdient zu haben, reichlich von allem zu haben, und dies manifestiert sich nur deshalb nicht, weil sie sich für spirituelle Bestrebungen und Übungen entschieden haben.

Auf wahre geistige Krieger warten vielerlei Prüfungen. Tatsache ist sogar, dass sie nie ein Ende nehmen. Einige Lichtarbeiter halten den Hindernissen und Blockaden nicht stand, andere zeigen sich ihnen gewachsen. Das Vertrauen in einen Traum zu verlieren, bedeutet, das Vertrauen in seine eigenen Fähigkeiten und seinen eigenen Daseinszweck zu verlieren.

Wir erinnern Euch aber gern daran, dass die erste Meile zurückzulegen, wie Du es nennst, nicht heißt, dass eine äußere Macht den Rest übernimmt. Vielleicht ist genau das der Punkt, an dem die Betreffenden aus diesem Denken heraus, mit dem sie ihre eigene Macht aus der Hand geben, ihren Ängsten erliegen.

Die Kunst der Manifestation ist nichts außerhalb von Euch – sie ist in jedem Gedanken, den Ihr in den Äther projiziert. Ihr selbst erschafft Eure Wirklichkeit, und sehr wahrscheinlich ist der vertrauensvolle Sprung ins kalte Wasser nur einer der vielen Schritte, die es für Euch zu unternehmen gilt, um Eure Wahrheit zu leben, im Licht Eures Herzens zu wandeln und in Erfüllung Eurer Lebensaufgabe Fülle zu erschaffen.

Ein Ort, an dem wir das immer wieder zu hören bekommen, sind ja unsere Religionen. Für den Dienst am Nächsten sollte nichts verlangt werden, und sich selbst zu dienen, ist selbstsüchtig. Mich überrascht dabei so sehr, dass die religiösen Institutionen zu den reichsten überhaupt gehören – und das weiß jeder! Allein das sollte uns schon zeigen, wie unangemessen so ein Glaubenssatz ist.

Selbst heute noch, wo die Energie sich beschleunigt, scheint es uns genauso schwer zu fallen wie immer, uns auch selbst zu dienen, vor allem den Heilern.

Das ist durchaus amüsant, wenn Ihr bedenkt, dass die meisten Religionen auf Eurer Erde so organisiert sind, dass im Geheimen ein nie versiegender Strom von Einnahmequellen in ihre Taschen fließt.

Vielleicht sollten diejenigen, die in einem solchen Glaubenssystem gefangen sind, in Betracht ziehen, dass der Widerstand religiöser Organisationen gegen die spirituellen Bewegungen darauf beruht, dass man nicht gestört werden will beim Abschöpfen der Ressourcen derer, die sich gehorsam an ihre Doktrinen halten.

Wenn Geld dazu verwendet wird, Eure Arbeit für Spirit in Eurem weiteren Umfeld voranzutreiben, dem Licht zu dienen, dazu beizutragen, dass Eure Arbeit ein Feld des Lichts wird, so kann man es nur feiern – das ist die Energie, die Ihr braucht, um weiterzukommen. Ihr teilt diese Quelle mit anderen, von daher fließt sie durch Euch zu allen in Eurem Umfeld, und alle profitieren davon.

Was den Fluss unterbricht, ist Gier oder ein Gefühl der Unverdientheit – nicht der Fluss selbst bricht ab. Und das drängt spirituell Aktive dann ins Aus.

Ist es vielleicht so, dass einige der Geschenke, die wir bekommen haben, nicht dazu gedacht sind, seinen Lebensunterhalt damit zu verdienen? So wie nicht jedes Channel seine Informationen unbedingt veröffentlichen sollte?

Nur diejenigen, die eine solche Gabe erhalten haben, können entscheiden, ob der richtige Zeitpunkt gekommen und es angemessen ist, die Welt an ihrem Wissen teilhaben zu lassen. Die Betreffenden werden auf die Reinheit ihrer Absicht hin geprüft werden, ehe sich die Türen auftun und sie in die Lage versetzt werden, zu geben und bei anderen zu landen.

Die falschen Propheten und Magier werden irgendwann entlarvt und entmachtet werden. Unserer Erfahrung nach erhalten diejenigen, die dazu auserwählt werden, als Werkzeuge des Lichts zu dienen – Wesen, deren Fokus sich intensiv darauf richtet, dem Menschengeschlecht behilflich zu sein –, definitiv die Informationen, die es weiterzugeben gilt. Sie sollen sie nicht für sich behalten und nur selbst davon profitieren. Aber die Betreffenden müssen bereit sein zu dienen und klare Botschafter des Lichts sein.

Das Urteil über solche Menschen, von denen viele ihr Leben dem Streben nach Weisheit widmen, spiegelt Angst und ein Mangelgefühl. Am wichtigsten ist es, dass Ihr die Arbeit von jedem unterstützt, dem es aufrichtig darum geht, das kollektive Bewusstsein auf eine höhere Ebene zu bringen. Die Betreffenden haben dabei keine leichte Aufgabe – sie verlangt Fokus, Entschlossenheit und in manchen Fällen Selbstaufopferung.

Und leider arbeiten nicht alle diese Channels mit Lichtwesen. Viele haben Verbindung mit astralen Wesen aufgenommen, deren Absichten nicht ganz so rein sind. Deshalb möchten wir Euch einladen, genau zu prüfen, wer es ist, der sich in Euer Gewahrsein drängt, und bei allen Informationen, die heute publik werden, von Eurem kritischen Unterscheidungsvermögen Gebrauch zu machen.

Geht es darum, ein Gleichgewicht zu finden zwischen dem, was uns selbst dient, und dem Dienst an anderen?

Sich selbst zu ehren, heißt nicht unbedingt, dem eigenen Ich zu dienen. Einem spirituellen Lehrer oder Heiler zu dienen, dazu muss Wahrheit und die höchste Intention gegeben sein, die im Dienste von Verbesserungen für alle und alles stehen, und gleichzeitig muss man sein ureigenes Sein ehren.

Wann wird die Energie alle Lichtarbeiterinnen und Lichtarbeiter darin unterstützen, ihre Berufung zu erkennen und ihre Leidenschaft zu leben?

Wenn sie ihre Intention fest auf das höchste Wohl des Ganzen ausgerichtet haben. Wenn sie reiner Absicht sind und selbstlos in ihrem Dienst. Wenn sie anerkennen, dass sie durch die Frequenzen, die sie ins kosmische Meer hinaussenden, die Energie erzeugen.

39

Werkzeuge für ein feineres Einschwingen auf die entsprechenden Kanäle

In Eurem Buch Kosmos der Seele* sagt Ihr, während wir neu kodiert würden, um den dritten Strang zu assimilieren, würden wir in unserer Erinnerung noch einmal die Szenarien aus so vielen Inkarnationen durchleben. Dazu käme es derzeit, weil es dadurch leichter wäre, aus dem Unbewussten alles an Schichten unseres Seins zutage zu fördern, was uns als evolutionäre Auslöser bis zu diesem Moment geführt hat.

Das ist mir in den letzten Jahren so gegangen, aber was ich heute gerne näher erörtert hätte, ist eine andere Erfahrung, die mit dem Einschwingen auf die entsprechenden Kanäle zu tun hat.

Im Januar 2009 wurden wir in einem Workshop in Ägypten von Patricia in eine Meditation geführt. Ich muss sagen, dass diese Meditation enorm kraftvoll war. Sie gehörte sogar zu den kraftvollsten Meditationen überhaupt, die ich je erlebt habe. Es war das erste Mal, dass ich das Gefühl hatte, wirklich ganz weg zu sein und irgendwo anders hinzugelangen. Aber was mich noch mehr faszinierte, war, dass ich gleich zu Beginn vor mir sah, wie sich ein indigoblauer Bildschirm herabsenkte – nicht der weiße, den ich für gewöhnlich sehe. Zuerst sagte ich mir: »Auf einem blauen Bildschirm sehe ich bestimmt nichts!« Aber dann fielen mir diese wunderschönen, leuchtend weißen Symbole oder geometrischen Figuren ins Auge, die sich reihenweise

---

* Patricia Cori, Kosmos der Seele. Ein Weckruf an die Menschheit, übersetzt von Nina Hawranke, 222 Seiten, Verlag Neue Erde; dieser erste Band der »Sirianischen Offenbarungen« erschien 2006 auf Deutsch. – Der Verlag

einstellten. *Das ging eine ganze Weile so, und ich weiß noch, wie dankbar ich dafür war, sie zu sehen. An das, was dann kam, erinnere ich mich gar nicht mehr, nur noch daran, wie Patricia uns aus der Meditation herauszuholen versuchte. Als ich wieder daraus auftauchte, dachte ich anfangs nur: »Wow, das war aber kurz«, bis Patricia uns aufklärte, dass wir neunzig Minuten lang weg gewesen waren!*

Was hatte es mit diesem blauen Bildschirm und den Leuchtsymbolen auf sich? Waren das Kodierungen gewesen, eine Sprache, eine Botschaft?

Wir existieren im blauen Strahl. Vor diesem Hintergrund sind wir fähig, die Lichtform aller Wesen wahrzunehmen, die in der vorhandenen Dichte miteinander in Resonanz stehen.

Ihr habt in dieser Meditation bewusst Kontakt mit unserer Sphäre aufgenommen, und diese Botschaften – die Dir als Symbole erschienen – repräsentieren die kosmometrischen Strukturen und heiligen Proportionen, die unsere Umgebung bestimmen (ebenso wie Eure!).

Auf dieser Bewusstseinsebene absorbieren wir Licht durch gezielt gestaltete Muster und sind uns dabei der makellosen Schönheit des Höchsten Schöpfers bewusst, durch den alle fließende Energie manifest wird.

Erkennt Ihr jetzt, wie Ihr unter den entsprechenden Umständen und mit der richtigen geistigen Einstellung und Intention Eure eigene Multidimensionalität erfahren könnt?

Wurde dabei an meiner DNS gearbeitet?

Das warst Du, liebste Seele, wie Du Dich hoch über alle Beschränkungen erhobst – glaubend, ahnend und wissend, dass Du in der Lage bist, unbegrenzt Licht in Dich aufzunehmen und Deine Schaltkreise so neu zu verdrahten, dass dieses Licht in Dir verankert wird.

War es das Werk des Hohen Rates?

Wir haben dabei über unser Channel-Medium gewirkt, durch Trydjya, um Euch bei diesem Prozess, einen dritten Lichtstrahl in die bestehende Doppelhelix zu lenken, weiterzuführen, als Ihr vielleicht je zuvor gereist seid – und dieser Strahl zieht die entsprechenden Segmente der DNS/RNS magnetisch an, damit sie die Form eines dritten DNS-Strangs annehmen.

So habe ich es erlebt, aber ich glaube, dass die anderen Teilnehmer an der Meditation eine Art rasches Emporschwingen verspürten. Könntet Ihr mir erklären, was dabei ganz allgemein passiert ist? Ich bin sicher, dass alle irgendetwas erlebten.

In dem Moment, in dem alle Anwesenden sich innerlich engagierten, in dem jeder und jede beschloss, den Prozess der DNS-Aktivierung einzuleiten, konnten wir in der Tat eine Aktivierung in Euch allen beobachten. Wir erleben es als Licht, das aus Eurer Zirbeldrüse in den Äther explodiert, während Ihr gleichzeitig elektrischen Strom durch jede Zelle Eures Körpers schickt.

Es ist immer grandios, Zeuge zu sein, wenn bewusste Wesen den Entschluss fassen, ihren Prozess zu beschleunigen, und es ist uns eine Ehre, Euch dabei zu unterstützen.

Was ist eigentlich mit den Kornkreisen? Gehören sie nicht zu den kraftvollsten Orten, an denen wir uns jetzt aufhalten können? Kornkreise fallen ja jedes Jahr anders aus. Wird die Energie dabei ebenfalls erneuert?

Die Muster der Kornkreise sind, wie Ihr sicher wisst, interdimensionaler Natur. Das heißt, es handelt sich um Bewusstsein aus höheren Dimensionen, das auf Euren Erfahrungsgebieten heilige Formen manifestiert.

Wir Sirianer der sechsten Dimension beteiligen uns aktiv an dieser Art von Kommunikation mit jenen von Euch, deren Herz und Geist offen dafür ist, uns zu empfangen. Zu uns gesellen sich Lichtwesen aus anderen Welten, die ebenfalls die Absicht haben, Euch zu erreichen.

Wenn Ihr diese Muster betretet, unsere temporären Tempel, erfahrt Ihr die Gegenwart einer anderen Welt – letztlich Euren Geist, der in einen anderen Realitätskontext gelangt – und sei es nur für einen Moment.

Mit jeder Saison werden die Felder mit neuen Mustern versehen, Spiegelbildern Eurer Fähigkeit, die Kosmometrie der gesamten Schöpfung zu lesen.

Was würdet Ihr empfehlen, wohin wir uns begeben sollten, um uns auf höhere Kanäle einschwingen zu können?

Wir schlagen vor, dass Ihr Euch zu den Kraftzentren von Gaia begebt mit der Absicht, nicht nur zu empfangen, sondern auch zu geben. Und der Zweck, aus dem Ihr Euch mit den heiligen Zentren Eurer planetarischen Gottheit austauscht, besteht darin, dass eine Verschiebung stattfindet – weg von dem Begehren, zu empfangen oder etwas zu bekommen, hin zu dem Gewahrsein dessen, was Eure Liebe und Hingabe erschaffen kann.

Es ist jedoch, wie Ihr sehr gut wisst, nie notwendig, physisch einen bestimmten Raum einzunehmen. Ihr könnt auch in astraler Form dort sein – Ihr könnt im Geist dort sein.

Folgt Eurem Herzen. Es führt Euch durch alle Erfahrungen im Raum-Zeit-Kontinuum Eurer physischen Reise, während die Seele durch diesen Prozess Erfahrungen für die Reise erwirbt, die darüber hinausgeht.

40

Das Mysterium
der Dimensionen

W as für ein Mysterium die ganze Vorstellung von Dimensionen doch immer noch ist! Wir alle wollen in die fünfte Dimension eintreten, aber eines steht fest: Wir haben eine Menge Probleme mit der Arbeit, die es macht, dorthin zu gelangen. Viele denken, es sei ganz leicht, man müsse quasi nur mit dem Strom schwimmen ... Die Energie würde uns dann automatisch an die Tür dieser Dimension tragen. Andere denken, es ginge um eine Art wabernde Nebelwand, durch die wir bis 2012 hindurch sein müssten.

So wie ich es sehe, werden wir 2012 in eine höhere Version der vierten Dimension eintreten, die sich um Gleichgewicht und Harmonie dreht – nicht die fünfte –, und wir werden noch ungefähr achtzig Jahre lang in der vierten Dimension bleiben.

Aber ich frage Euch: Wie ist das möglich, wenn Dimensionen sich nicht nach Entfernung oder Zeit messen lassen? Wird alles gleichzeitig gelebt? Wer ist in der vierten Dimension – die Erde, die Menschheit?

Warum, fragen wir Euch, wollt Ihr alle in der fünften Dimension leben? Birgt dieser Begriff eine Erwartung, die von einer äußeren Quelle in Euch geweckt wurde?

Ja!

Wenn Ihr das glaubt, schränkt das Eure Freude an Eurer gegenwärtigen Station ein, genauso wie es Euer Potenzial einschränkt, diese Phase komplett zu überspringen.

Damit Ihr es besser versteht: Die vierte Dimension ist eine Art Abfertigungsstelle für Seelen, die auf der Lichtspirale aufsteigen – ein Ort, an dem ein riesiger Sprung weg vom materiellen Bewusstsein die Seele zu dem Verständnis führt, dass die gesamte Wirklichkeit ihre eigene Schöpfung ist.

Da Zeit dort nicht existiert, macht es uns neugierig, wenn wir von Euch mit solcher Entschiedenheit etwas von einer Zeitspanne (ein lineares Konstrukt) von achtzig Jahren hören. Spezifische Definitionen eines zukünftigen Daseins anzustreben – in der 3D-Perspektive der linearen Zeit –, ist nur ein Spiegel Eures derzeitigen Gefühls der Eingeschränktheit. Es repräsentiert ganz und gar nicht das unbegrenzte Potenzial, das Euch in dem gegeben werden wird, was Ihr die vierte Dimension nennt, wenn nicht sogar die Möglichkeit, dass Ihr Eure eigene Reise durch eine Art vorab festgelegte Konzeption des von Euch gewünschten Ausgangs sabotiert.

Wenn Eure solare Gottheit zu dieser Dimension aufsteigt, werden alle Wesen auf dem Himmelskörper im Sonnensystem, die für sich (aus dem Feld möglicher Realitäten) gewählt haben, aufzusteigen, statt zum Rad der Inkarnation zurückzukehren, sich in der Nicht-Zeit des vierdimensionalen Bewusstseins wiederfinden. Von dort aus wird die Seelenessenz eines jeden Individuums ihre nächste Station – oder Dichte – bewusster Existenz festlegen.

Auf der vierten Ebene behält man das Körperbewusstsein, und für viele von Euch ist das noch sehr wichtig. Die Identität des Körpertempels ist noch intakt, und die Verbindung mit der vorherigen physischen Zeitlinie ist in der betreffenden Person noch sehr vorherrschend.

Ihr werdet deshalb wohl verstehen, warum wir euch sagen, dass Ihr zunächst vielleicht nicht einmal erkennen werdet, dass Ihr diesen Schwenk vollzogen habt.

In dem Moment, in dem Eure Sonne sich durch den Aufstiegsstrang begibt, wird Euer ganzer Himmelskörper sich unmittelbar außerhalb der materiellen Sphäre wiederfinden, in Resonanz mit einem lichteren, höheren Bewusstseinsfeld.

Es wird große Kataklysmen geben, mehr in der Richtung, wie Ihr sie heute erlebt, bevor der Übergang stattfindet. Diejenigen von Euch, die sich in den Katastrophengebieten befinden, haben weit vor ihrer Inkarnation auf Eurem Planeten beschlossen, dass sie noch viel mehr Zeit im Rad der Reinkarnation verbringen wollten. So schwer es Euch fällt, Euch mit einem solchen Gedanken anzufreunden: Wir bitten Euch, zu bedenken und Euch in Erinnerung zu rufen, dass die Seele sich die Zeit und den Ort auswählt, an dem sie eintritt ... ebenso wie sie den Zeitpunkt und Ort ihres Abschieds bestimmt.

Diejenigen von Euch, die sich dem mit den Sinnen Erlebbaren verschrieben haben, werden sich an einem anderen materiellen Ort im Universum reinkarnieren, um mit dem Lernprozess fortzufahren. Hingegen werden diejenigen, die kamen, um am Aufstieg Eures Himmelskörpers teilzunehmen, zur nächsten Bewusstseinsebene mitgetragen werden.

Dort wird Eure spirituelle Entwicklung und Eure Fähigkeit, das Licht zu halten, darüber entscheiden, zu welcher Schwingungssignatur (Dimension) es für Euch weitergeht.

Aus meiner Sicht bringt jede Dimension einen höheren Bewusstseinsgrad mit sich. Dimensionen sind nicht durch Entfernungen voneinander getrennt, doch in unserem Glaubenssystem unterstellen wir, dass es Abstand zwischen den Dimensionen gibt. Sie überlagern sich, sind aber allen zugänglich. Das Ganze ist nicht da draußen, sondern in uns drin – ist es immer gewesen. Wir müssen zu dem Glauben gelangen, dass es jedem und jeder von uns möglich ist, die fünfte Dimension in unserem Alltag zu erfahren.

Was unser Licht statt unsere Dichte speist, ist Schwingung. Wenn ich an die fünfte Dimension denke, sehe ich die Worte »Gnade«, »Verfeinerung«, »Erleuchtung« und »Dienen«. Wir werden auf Dramen nicht mehr so reagieren wie früher. Kreativität wird viel stärker präsent sein und das Leben ganz allgemein weniger komplex, und anderen zu dienen ist dann unser Hauptziel. Der Übergang von einer Dimension zur nächsten ist etwas, was sehr sachte erfolgt – wir werden einfach vieles ganz anders erleben, und wir werden immer in Kontakt mit unserem Höheren Selbst sein.

Und dennoch denke ich nicht, dass die Probleme der Welt, die noch in der dritten Dimension angesiedelt sind, einfach verschwinden werden, weil wir dann in der nächsten Dimension leben. Wir befinden uns lediglich im Übergang von der dritten zur vierten und fünften Dimension – nicht zur zehnten

Dimension. Ich denke, dass wir durchaus auch weiterhin Kriege, Hunger auf der Welt und wirtschaftliche Korruption erfahren werden, aber unsere Reaktionen darauf werden ganz anders ausfallen.

Es werden Herausforderungen kommen, und wir werden anders mit ihnen umgehen. Der Aufstieg ist keine sichere Zuflucht für jene, die ein schwieriges Leben geführt haben ... auch kein Lohn für gute Taten. Wir können nur »höher« gelangen, wenn wir mit Hilfe der Herzensqualitäten an uns arbeiten und verstehen, was Mitgefühl wirklich bedeutet.

Kommt das mehr oder weniger hin?

Es ist nicht so, dass Ihr automatisch in dieser Reihenfolge von einer Dimension zur nächsten gelangen werdet. Auch das ist nämlich wieder eine lineare Vorstellung, die Eure aktuelle Realität spiegelt – nicht aber die der höheren Sphären.

Die Frage dabei ist, wie viel Licht eine einzelne Person verankern kann und welche Frequenzen von ihren bewussten Energiefeldern ausstrahlen. Die gesamte Realität steht und fällt mit Frequenzen und der Fähigkeit der Seele, sich an verschiedene Lichtquanten anzupassen und sie zu verankern.

Wenn Ihr darauf schaut, wo die materielle Welt euch unterhalten kann, und danach strebt, wird die Dichte der Materie die Bewusstseinsfrequenz verlangsamen und der Dunkelheit verhaftet bleiben, und dann werdet Ihr auf dem Rad der Reinkarnation weitermachen, wohin auch immer es Euch in der physischen Dimension zahlloser Möglichkeiten bringen mag, und Ihr werdet im verlangsamten Tempo dieser Sphäre schwingen.

Was Euer Sonnensystem angeht, so kommt es gerade zu einem großen Sprung, denn ein riesiger Prozentsatz von Seelen inkarniert zur gleichen Zeit und am gleichen Ort im Raum-Zeit-Kontinuum. Der Planet steigt zur vierten Dimension auf, in der die Zeit nicht länger die Rhythmen und den Puls der planetarischen Gottheit und der auf ihr wohnenden Lebewesen beherrscht.

Die nächste Ebene des Lichts oder das, was Ihr die vierte Dimension nennt, ist ein Sprungbrett, von dem aus es Euch freisteht, zu anderen Erfahrungen zu wechseln, über die Eure individuellen und kollektiven Energiefelder entscheiden. In unserem Fall kam es beim

Aufstiegsprozess zu einem dermaßen harmonischen Austausch zwischen den Wesen unserer Sonnenfamilie, dass wir meinten, gerade erst in die vierte Dimension gewechselt zu sein, als wir plötzlich so sehr vom Licht umgeben waren, dass wir an den Schwingungsfrequenzen auf der vierten Ebene nicht mehr festhalten konnten. Wir fanden uns von einem so hellen Licht durchdrungen, dass unser Körperbewusstsein fast auf der Stelle verschwand.

Wenn wir so oft davon sprechen, wie extrem wichtig es ist, unseren Fokus von unserem individuellen Erleben auf das der Gemeinschaft zu verlagern, dann genau wegen dem, was das von uns beschriebene Erlebnis spiegelt. Je mehr im Übergang befindliche Seelen sich auf das höhere Wohl der Gesamtheit ausrichten, desto größer ist Eure Fähigkeit, das Licht zu verankern.

Außerdem seid Ihr bei Eurem Sprung weg von der dritten Dimension in eine Wirklichkeit gewechselt, in der Eure Vorstellung von Vergangenheit, Gegenwart und Zukunft durch die bewusste Erfahrung von Gleichzeitigkeit abgelöst wurde. Das ist ein enormer Bewusstseinssprung – vielleicht der größte überhaupt.

In den höheren Sphären verliert Ihr diese Orientierung am gewünschten Ergebnis und das Bedürfnis, Höheres zu erreichen, und feiert einfach nur den Wechsel.

Da Ihr ja in der sechsten Dimension beheimatet seid: Was ist der Unterschied zwischen der fünften und der sechsten? Wie habt Ihr die fünfte durchlebt?

Wir haben noch nie in der fünften Dimension existiert, von daher können wir nichts zu ihr sagen. Unser ganzer Kreis, die Wesen von Satais, fand sich seit dem gemeinschaftlich vollzogenen Aufstieg in der sechsten Dimension wieder. Viele sind zu anderen Feldern weitergezogen, viele von uns sind geblieben, quasi als mit einem Lichtkörper versehene Hüter dieser Dimension, im Dienst an allen, die hier durchkommen.

Leben jetzt alle auf Sirius in der gleichen Dimension?

Es gibt drei Gestirne im Sirius-System. Sirius A, Sothis, ist noch im physischen Universum verblieben. Es gibt dort derzeit aufgrund der komplexen galaktischen Kräfte in seinem Umfeld keine Lebensformen, die mit einem Bewusstsein ausgestattet sind. Sirius B, Satais, ist komplett in die sechste Dimension gewechselt. Sirius C, Anu, unterhält noch Bewusstsein in der vierten Dimension.

Wenn es darum geht, was jenseits von uns ist: Sagen wir einfach mal, wir wissen, dass es fraglos ein so immenses Maß an Licht und Liebe ist, dass es auf unserer derzeitigen Bewusstseinsebene schlicht nicht vorstellbar ist. Und dennoch vertrauen wir darauf, dass, wenn es unserer Bestimmung entspricht, solche Frequenzen zu erreichen, wir schon kurz davor stehen dürften, uns dem Göttlichen Licht zu nähern.

An diesem Punkt unseres Daseins existieren wir, um das Licht zu feiern und denen zu Diensten zu sein, die sich darauf zubewegen.

Wisst einfach: Worauf es wirklich ankommt ist die Fähigkeit, das zu lieben, was Ihr vor Euch habt – genau in diesem Moment. Etwas in die vor Euch liegende Zeit zu projizieren – zu dem, was einmal sein wird –, stört nur die Freude an dem, was ist. In einem gewissen Sinne ist es äußerst unsinnig, da es immer dazu führt, dem Regenbogen nachzujagen, während doch das Licht auf Euch herabscheint.

41

Was ist das wahre
Wesen der Hoffnung?

*I*n neuerer Zeit habe ich mich öfter gefragt, was es mit Hoffnung auf sich hat. Einerseits gibt es Millionen von Menschen auf dem Planeten, die ohne die Hoffnung auf ein besseres Leben keinen Überlebenswillen mehr hätten oder aufhören würden, für sich selbst und ihre Kinder eine bessere Zukunft anzustreben. Ich habe immer wieder beobachtet, wie in dem Moment, in dem wir einer Person oder Gruppe die Hoffnung rauben, Verzweiflung einsetzt und regelmäßig die eine oder andere Form von Gewalt ausbricht und die Betreffenden keinerlei Zugang mehr dazu haben, noch an etwas zu glauben. Insofern eröffnet Hoffnung da schon bessere Möglichkeiten.

Andererseits kann die Hoffnung uns aus dem Moment herausbringen. Wir wollen, dass etwas anders sein soll, als es ist; uns gefällt das, was im Jetzt ist, nicht. Wir geben der Zukunft die Macht statt der Gegenwart und hoffen auf etwas von außen Kommendes, durch das sich alles ändert. Das ist eine Hoffnung, die im Grunde keinen Wert hat.

Glaube andererseits ist das Wissen, dass alles genau so, wie es sich in diesem Moment zeigt, perfekt ist. Er bedeutet, sich einer höheren Macht zu überantworten. Aber was ist mit denen, die diesen Glauben nicht haben, die mit solchen spirituellen Vorstellungen nichts anfangen können? Meiner Erfahrung nach ist Hoffnung etwas, das jeder versteht. Darüber gibt es keine Diskussionen, während Glauben so viele Diskussionen auslöst. Ist er real? Wer hat ihn? Was braucht man dazu? Aber es ist sehr schwierig, den Menschen zu sagen, dass die Gegenwart perfekt und alles ist, was es gibt, wenn sie kaum genug zu essen haben oder durch Kriege oder anderes Gewalt erfahren.

Ist Hoffnung nicht eigentlich eine Form von Glauben oder Vertrauen?

Was ist Glauben? Er ist das Kind von Vertrauen, und Vertrauen ist das Ergebnis absoluten Wissens auf der, um mit Euren Worten zu reden, wesentlichen Kernebene des Bewusstseins, die besagt, dass alles der göttlichen Ordnung entspricht und dass alles Leben ewig ist.

In Hoffnung liegt weniger Ermächtigung als im Glauben, der bedingungslos ist. Aus Hoffnung spricht der Wunsch zu glauben, während der Glaube bereits eindeutig glaubt.

Was braucht es, fragt Ihr, um Glauben zu haben? Zu wissen, dass Ihr nicht sterbt, ist die Grundlage – die Grundlage des Vermögens, die Angst vor Eurer Sterblichkeit zu meistern. Zu glauben, dass Ihr Euer Schicksal selbst wählt – genau wie die Leidenden ihr Leid selbst gewählt haben –, ist eine weitere wichtige Grundlage des Glaubens.

Natürlich werden Leidende die Ohren gegenüber der Botschaft verschließen, dass der gegenwärtige Moment alles sei, was es gibt. In ihrem Dasein, das so voller Elend und Schmerz ist, haben sie ja nur noch die Vision, dem Moment zu entrinnen. Aus einem Opferbewusstsein heraus ist es höchst schwierig, sich mit dem Verständnis anzufreunden, dass man der Schöpfer des eigenen Elends ist. Oft sind diese Schöpfungen in anderen Leben – oder sagen wir vielleicht besser *Realitäten* – entstanden, und oft verhindert ein Schleier, der über ihnen liegt, dass sie sich daran erinnern oder sie in der Gegenwart sehen können.

Erst dann, wenn Ihr anderen an diesem Punkt helfen könnt, so dass sie sich von dem erfahrenen Leid so weit freimachen können, dass sie es sich ansehen können, wird es vielleicht möglich, mit ihnen über solche Vorstellungen zu sprechen. Aber um anderen zu helfen, die Opfer ihrer Umstände oder des Leids sind, das sie sich selbst zugefügt haben, werdet Ihr ihrem Schmerz zunächst einmal einiges an Heftigkeit nehmen müssen, bevor sie auf der intellektuellen und spirituellen Ebene dafür zugänglich sind.

Ich denke wirklich, dass wir, die Menschen, etwas ändern und auf der Welt enorm viel ausrichten können – vor allem wir Frauen, und zwar aufgrund unserer sanften Natur.

Jedes Mal, wenn Ihr jemanden berührt, gebt Ihr Gott Hände. Wenn Ihr sprecht, seid Ihr imstande, dem höchsten Licht eine Stimme zu verleihen. Vertraut Ihr auf Eure eigene Göttlichkeit? Erinnert Ihr Euch, dass Ihr ein Funken dieses göttlichen Lichts seid? Wenn ja, so habt Ihr einen Glauben, der Berge versetzen kann. Und Ihr versetzt sie, so viel steht fest.

Wenn nicht, werdet Ihr Euch mit dem *Versuch* begnügen, Veränderungen herbeizuführen. Ein wackerer Versuch, aber er bleibt mehr eine potenzielle Wirklichkeit, als dass er der Erfolg ist, der Menschen erwartet, die aus ihrem tiefsten Inneren heraus wissen, dass sie etwas verändern *werden*.

Alles hängt davon ab, wie Ihr Eure eigene Göttlichkeit versteht. Habt Vertrauen und legt los. Lasst das Licht erstrahlen, wo Ihr Dunkelheit seht. Sorgt dafür, dass Euer Herz nicht zulässt, dass Bedingungen daran geknüpft werden, anderen Hilfe zu leisten, um Veränderungen herbeizuführen.

42

Einige Gedanken
zur Wendezeit

Was wird die wichtigste Veränderung sein, die Ihr als Nächstes kommen seht, und wie können wir die Potenziale dieses Jahres optimal nutzen?

Wir sehen, wie Ihr die Strukturen niederreißt, durch die es den globalen Kräften, die die Herrschaft über Euch anstreben, gelungen ist, Euch Schubladen zuzuweisen und nach Klassen, Rassen und Religionen getrennt zu halten. So sehr diese Zeit dramatischer Veränderungen bei vielen auch Ängste wecken mag – alle erkennen zunehmend, dass das Leben auf Eurer Erde nie wieder so sein wird, wie es war.

Diese behaglichen Nischen, in denen viele von Euch sich häuslich eingerichtet haben, in vieler Hinsicht wie in Watte gepackt, wenn es darum geht, das Leid so vieler Wesen auszublenden, die den Planeten mit Euch teilen, engen Euch ein. Nun, wo die Mauern der Konventionen zu bröckeln beginnen, wird man sich kollektiv der großen Veränderungen gewahr, die Gaias Transformation ausmachen, während sie sich anschickt, die dritte Dimension zu verlassen, um zu höheren Gefilden aufzubrechen.

Überlegt einmal, auf welche Schwierigkeiten Ihr schon bei Lebensentscheidungen stoßt, die mit Veränderungen in Eurem persönlichen Lebensumfeld, Eurer Arbeit und Euren Beziehungen einhergehen. Und dann fragt Euch, was es braucht, um diese Riesenschritte auf der Evolutionsspirale kosmischen Ausmaßes zu tun.

Das ist an diesem Ausgangspunkt – in diesem Jahr – Eure Realität. Ihr reißt das Alte nieder, durchlebt das Leid und macht Euch daran, ein neues Paradigma zu errichten – eine Neudefinition der extrem dualistischen Strukturen, die dafür gesorgt haben, dass Ihr im Zustand der Getrenntheit ausgeharrt habt. Ihr feilt jetzt daran. Das Menschengeschlecht vereint sich wieder mit anderen Arten auf Eurem Planeten, und Ihr baut erneut eine Welt, die mehr Mitgefühl und bewusst eingesetzte Intentionen aufweist.

Wir sagen Euch: Seid alles an Veränderung, Bewusstsein und Mitgefühl, was Ihr Euch für die Welt wünscht – für Euch selbst, für Eure Lieben und für all jene, die fern und getrennt von Euch scheinen –, indem Ihr durch Eure Weisheit, Euer egoloses Dienen und die Bedingungslosigkeit Eures Herzens ein verlässliches, stetig brennendes Licht seid.

Wo wird aus Eurer Warte die größte Veränderung stattfinden? Wird es die Wissenschaft sein, die Technologie, die Medizin, die Umwelt?

Alles ist miteinander verbunden. Die wichtigsten Veränderungen spielen sich aber darin ab, wie der Mensch die Wirklichkeit wahrnimmt, während sie sich von dem Euch Bekannten in das verwandelt, was Ihr als Kollektiv erschaffen könnt. Wenn Ihr Euch stärker einschwingt auf die Erde, wird Euch klar werden, dass »die Umwelt« eine höchst sterile Beschreibung dessen ist, was Gaia emotional durchlebt. Je mehr sie missbraucht wird, desto mehr reagiert sie darauf, entschlossen, sich von dem Disharmonischen zu befreien, das vorwiegend von Eurer Spezies ausgeht.

Ihr merkt, wie alle Hilfsmittel, die Ihr heute habt, um Euer Dasein zu verbessern, in sehr großem Ausmaß dazu benutzt werden, den natürlichen Fluss einzudämmen. Angesichts Eurer sich rasant verschlechternden Ökosysteme werden die genannten Bereiche (Wissenschaft, Technologie und Medizin) sich dahingehend verlagern, Ungleichgewichte auf dem Planeten aufzulösen – durch Liebe für die Erde statt durch die blinde Zerstörungswut, die Eure jüngsten Jahre gekennzeichnet hat.

Ist 2012 nach wie vor eine Wendemarke, oder hat sich auch dieses Potenzial verändert?

Alle Erwartungen Eurerseits, die sich auf ein zeitlich festgelegtes Ergebnis richten, berühren immer die Zeitschiene, die aber nur in *Eurer* Dimension ein Bezugspunkt ist. Und doch bestätigen wir, dass dieser wichtige Punkt im Raum-Zeit-Kontinuum, das den Rahmen für die dritte Dimension abgibt, die Endphase Eurer Vorbereitung auf den Übergang kennzeichnet.

Habt Ihr von Eurer Seite her einen Wunsch, was wir erreichen sollten?

Lernt, darauf zu vertrauen, dass Ihr – ganz gleich, wo in Zeit und Raum Ihr Euch befindet – immer dort seid, wo Ihr sein sollt, und dass Ihr geführt werdet ... bei jedem Schritt auf dem Weg.

43

Schlusswort

*D*a ich nun für dieses Buch am Ende meiner Fragen angekommen bin, kann ich nur Dankbarkeit empfinden gegenüber der Gruppe von Lichtwesen, die schon seit Tausenden von Jahren mit uns zusammenarbeiten. Selbst wenn wir uns an diesem Punkt nicht an alles erinnern, möchte ich, dass Ihr wisst, wie dankbar wir alle für Eure Anwesenheit, Eure Liebe und Eure Geduld sind, wenn es darum geht, die Menschheit wieder nach Hause zu bringen.

Ich weiß, dass wir alle irgendwann einmal zusammen auf der Reise waren – und ich weiß, dass wir es wieder sein werden, und es wird für uns alle ein großer Moment sein.

Alle im Universum scheinen sich auf uns zu konzentrieren, auf das, was sich hier auf der Erde abspielt während der Großen Veränderung. Alle arbeiten so hart für uns, dass es mir vorkommt, als hätten wir ganz vergessen, unsere Dankbarkeit gegenüber Euch auf der anderen Seite zum Ausdruck zu bringen. Ich weiß tief in meinem Innersten, dass Ihr nicht von uns getrennt seid – Ihr seid unsere Familie, die wir vor so langer Zeit verlassen haben, um an diesem Großen Experiment teilzuhaben.

Es gibt so viele Abende, an denen ich wünschte, ich könnte Euch einfach fragen: »Wie geht es Euch?« Ich wollte, Ihr könntet mir dann etwas über Sirius und Euer Leben erzählen, Eure Arbeit und ob alles nach Plan verläuft. Ich wünschte, wir könnten heute zusammen sein ...

Kind der Schönheit und des Lichts – wir sind Ihr, und Ihr seid wir. Wir sind allesamt Funken von göttlichem Licht, Seelen des *Ich-bin*-Bewusstseins, die sich die strahlende Spirale hinaufbewegen, die uns in den unendlichen Glanz zurückbringt.

Wisst, dass niemand zurückgelassen wird. Die mentale Vorstellung des Getrenntseins ist eine Illusion, die dem Reich der Materie angehört, in dem die meisten noch immer nicht durch den Schleier hindurchsehen können. Alle machen auf exquisite Weise himmlische Fortschritte. Und zwar in dem Tempo, das jede Seele für sich selbst festgelegt hat, als sie den Sprung in die dunkle Nacht der Unwissenheit unternahm und sich daranmachte, ins göttliche Licht zurückzuklettern.

Wir alle kennen diese Reise bereits – von einem Moment her, der uns einmal als Vergangenheit erschien, von dem wir aber nun wissen, dass er das *Für-Immer* ist. Wir haben schon die Dunkelheit gekannt, den Schatten, die extreme Dualität, ihre Auflösung ... Und nun sind wir in der Situation, jenen zu dienen, die dabei sind, sich aus diesen Sphären der Verwirrung zu befreien.

Ungeachtet Eurer Sorgen um Eure Welt und die Störungen, die das Fortschreiten von Gaias Evolution kennzeichnen und sich als Felder der Disharmonie und des Leids manifestieren, seid Ihr genau auf der richtigen Spur, wie Ihr in den offenen Meeren Eurer selbst geschaffenen Wahrscheinlichkeiten schwimmt und Euch fertig macht für das, was da kommen wird. Denkt aber immer daran, wie wichtig es ist, so wichtig, dass Ihr das zu feiern wisst, was Euch vor die Füße gelegt wurde. Ebenso wichtig, wie von dem zu träumen, was vor Euch liegt, oder das zu betrauern, was vorher war.

Als Ältere, die schon erlebt haben, was Ihr erlebt, wünschen wir Euch einen Prozess, der kein bisschen weniger grandios verläuft als der unsere – einen Prozess, bei dem wir die Herrlichkeit der Gottheit unseres eigenen Sterns in Erfahrung brachten, während dieser das Physische hinter sich ließ und höhere Sphären erreichte.

Wie Ihr auch mussten wir uns damals selbst offen ins Gesicht schauen – uns mit unserem persönlichen und kollektiven Karma konfrontieren, eigenständig durch all die Zweifel und die Angst und die Erwartung hindurchgehen. Das ist der Weg, den wir als Einzelwesen sowie als Kollektiv von Wesen vom sirianischen Stern Satais gewählt haben, dessen Licht einst durch die Dichte des materiellen Universums hindurchschien. So verhält es sich bei allen Wesen, die mit einem Bewusstsein ausgestattet sind – vom hellen Licht zur Dunkelheit, und dann die gewollte und konstante Rückkehr.

Gleich vielen von Euch haben auch wir gewartet und auf Unterstützung von anderen Welten, anderen Realitäten gehofft. Und
gleich Euch haben wir uns gesorgt – für nichts und wieder nichts.
Was wir lernten, war, dass der Übergang nicht weniger wichtig, nicht
weniger atemberaubend ist als das Ankommen. Das, meine Gelieb-
ten, ist die größte Errungenschaft von allen – so simpel und doch so
schwer zu verstehen von den Schattentälern der Dualität aus.
So oft sinnen wir nach, wie wir Euch Trost spenden können. Dabei sind wir uns bewusst, dass Eure Entscheidungen, zu leiden oder
Eure sich wandelnde Realität zu feiern, Aspekte dessen sind, wie
Ihr Euer eigenes Dasein in der Sphäre wahrnehmt, die Ihr als Euer
Erdenleben kennt.

Wir bitten Euch: Stellt Euch eine prachtvolle rote Rose vor, Symbol
kultivierter Intention, durch das im Grunde Mensch und Saatgut
übereinkommen, Schönheit in die Welt zu tragen. Inhärent findet
sich im Bewusstsein des Samenkorns das Potenzial: *Ich kann mit Deiner Fürsorge und Liebe zur Vollkommenheit gelangen*. Ihr, die bewussten
Gärtner, sorgt so gut Ihr könnt für ein Umfeld, das dem gewünschten Ergebnis am ehesten entspricht. Und das Saatgut, Träger aller
verschlüsselt angelegten Intelligenz, die das Ergebnis des Ganzen
bestimmt, empfängt Euren Ausdruck von Liebe und Fürsorge. In seinem natürlichen Seinszustand, mit all der kodiert in ihm angelegten
Weisheit, die es braucht, um sein volles Potenzial zu entfalten – entspricht das der Natur allen Lebens.

Genau so verhält es sich auch mit dem göttlichen Geschenk, das
unsere einzigartige und kollektive Handschrift trägt. Ihr nährt die Saat
mit allen Elementen, die sie für ihr Gedeihen braucht, und dann
wartet Ihr geduldig auf die Blüte. Die Wärme der Frühlingssonne
signalisiert der Erde dann, den Samen mit Nährstoffen zu versorgen.
Die Vögel stimmen die Melodien der Erneuerung an, und diese süßen
Schwingungen geben der Knospe den Impuls, aufzugehen. Eines Tages – im Augenblick der Manifestation – tun sich auch bei Euch die
Fähigkeit und das Gewahrsein auf, diese Schönheit, diese Intention,
dieses Explodieren von Lebendigkeit in Eurem Herzen zu feiern.

Wir fragen Euch: Worauf richtet Ihr die Linse Eures Geistes? Lungert
Ihr noch in dem energetischen Feld herum, in dem man schwindende

Einnahmen beklagt, und fragt Euch, warum nur dieses eine Samen-
korn gekeimt ist, während Eurer Erwartung nach die Ausbeute viel
größer sein müsste? Seid Ihr im Geist schon in der Zukunft und
beschäftigt Euch damit, dass Ihr ja wisst, dass noch weitere Blumen
aufgehen werden – vielleicht schöner als diese hier, vielleicht größer,
leuchtender und mit einem noch wundervolleren Duft? Oder feiert
Ihr dieses eine Ereignis, diesen Augenblick, wie keinen anderen, für
sich genommen einzigartig: *vollkommen und unermesslich?*

Diese Blume seid Ihr.

Ihr seid alles, Samen und Blüte ... die Weisheit und verschlüsselt
angelegte Intelligenz des Lebens.

Ihr seid das nährende Bewusstsein, dem die Gelegenheit geschenkt
wird, Zeuge dieses Moments der Vollkommenheit zu sein.

Einfach, weil er sein kann.

Einfach, weil er ist.

Und Ihr seid bis in jedes Detail ein Teil davon, wie Ihr auch eine
Zukunft, eine Vergangenheit und ein sich dem Wissen nicht erschlie-
ßendes Quantum Licht seid, das zum Vorschein kommt.

Über die Autoren

LEE CARROLL
Channel-Medium von Kryon

Nach seinem Abschluss in Wirtschaftswissenschaften an der California Western University gründete Carroll eine Firma für Audiotechnik in San Diego, die dreißig Jahre lang erfolgreich im Geschäft war. Die ersten Kryon-Äußerungen präsentierte er noch recht zaghaft in metaphysischen Kreisen im kalifornischen Del Mar. Der Rest ist mittlerweile Geschichte, nachdem er in einem Zeitraum von zehn Jahren zwölf metaphysische Bücher herausgab. Inzwischen wurden weltweit nahezu eine Million Kryon- und Indigo-Bücher in dreiundzwanzig Sprachen gedruckt. Die Ausgaben erschienen in Spanisch, Französisch, Deutsch, Chinesisch, Hebräisch, Dänisch, Italienisch, Griechisch, Koreanisch, Ungarisch, Bulgarisch, Russisch, Litauisch, Lettisch, Japanisch, Niederländisch, Finnisch, Slowenisch, Estnisch, Indonesisch, Portugiesisch, Rumänisch und Türkisch. Darüber hinaus ist Carroll Co-Autor von *Die Indigo-Kinder, Indigo-Kinder erzählen* und *Indigos werden erwachsen* und verfasste einen Beitrag zu *2012 - Die Große Veränderung*. Im Jahre 1995 wurde die Bitte an ihn herangetragen, Kryon vor den Vereinten Nationen in New York City vorzustellen, und zwar einer UN-Gruppe, die dort unter dem Namen Society for Enlightenment and Transformation (SEAT) geführt wird. Die Veranstaltung fand solchen Anklang, dass Carroll und Kryon gleich noch fünf weitere Male eingeladen wurden - 1996, 1998, 2005, 2006 und 2007! Meetings dieser Art finden direkt im Arbeitsbereich in den oberen Etagen des UN-Gebäudes statt, unweit der Räumlichkeiten, in denen die UN-Vollversammlung zusammenkommt. Teilnahmeberechtigt sind nur UN-Abgeordnete sowie Gäste der SEAT.

Carroll lebt mit seiner Ehefrau Patricia in San Diego. Weitere Informationen finden sich auf seiner Website: *www.kryon.com*.

PEPPER LEWIS
Channel-Medium von Gaia

Pepper Lewis ist ein Naturtalent in Sachen Intuition, ein begnadetes Channel-Medium sowie eine anerkannte Schriftstellerin, Sprecherin und metaphysische Lehrerin. Die unverwechselbaren gechannelten Botschaften, die durch Pepper übermittelt werden, gehören heute zu den Favoriten von Leserinnen und Lesern auf der ganzen Welt. Am populärsten sind die Artikel, die vom Bewusstsein und Empfindungskörper unseres Planeten, Mutter Erde, liebevoll Gaia genannt, stammen. Diese Botschaften erscheinen regelmäßig in einer Reihe von Publikationen, unter anderem im *Sedona Journal of Emergence*. Auf vielen Websites und Newsgroups gehören sie zu den am häufigsten aufgerufenen Seiten. Pepper ist regelmäßig in Radiosendungen und Internet-Broadcasts zu hören, so zum Beispiel in *The Great Shift* mit Rev. Fred Sterling. Sie ist Gründerin von *The Peaceful Planet*, einer Organisation, die sich der Aufgabe verschrieben hat, eine von Gleichgewicht, Integrität, Frieden und Harmonie geprägte Beziehung zu unserer Umwelt zu schaffen und diese in die Welt zu projizieren. *The Peaceful Planet* bietet inspirierende Produkte und Dienstleistungen an, die dazu gedacht sind, Menschen auf ihre eigenen Möglichkeiten aufmerksam zu machen sowie sie zu unterstützen und aufzuklären. Fortwährend finden Seminare, Vorträge und Workshops statt, soweit Peppers Zeit es zulässt. Anfragen zur Organisation von Veranstaltungen dieser Art in Ihrer Gegend sind willkommen. Auch in Deutschland finden zweimal jährlich Veranstaltungen mit Pepper statt. Das vollständige gechannelte Material von Gaia ist auf Deutsch bei Amra als sechsbändige Buchreihe *Die Weisheiten Gaias* in Vorbereitung.

Weitergehende Informationen zu Pepper Lewis finden Sie auf ihrer Website: *www.thepeacefulplanet.com*.

PATRICIA CORI
Channel-Medium für den Hohen Rat vom Sirius

Patricia Cori, die in der Gegend der Bucht von San Francisco zu Hause ist, engagiert sich bereits seit der Anfangszeit in den frühen Siebzigerjahren in der New-Age-Bewegung. Schon ihr ganzes Leben lang nutzt sie ihre hellsichtigen Fähigkeiten zur Heilung und Unterstützung anderer. Als Kanal für die Sprecher des Hohen Rats vom Sirius, aufgestiegenen außerirdischen Wesen, die auf der Resonanzebene der sechsten Dimension schwingen, hat sie *Die Sirianischen Offenbarungen* niedergeschrieben, eine Trilogie von Lehren, die darauf abzielen, das Erwachen der Menschheit an diesem Dreh- und Angelpunkt der Erdentwicklung anzustoßen. Zwei dieser Titel sind auch auf Deutsch erschienen. Die Autorin hat außerdem einen Beitrag zum Vorgängerband dieser Reihe, *Die Große Veränderung*, verfasst. Sie ist in internationalen Referentenkreisen eine alte Bekannte und bietet Kurse, Seminare und Workshops in den Vereinigten Staaten, Kanada und auch im Ausland an. Die Themen palette ist breit gestreut und spiegelt ihre umfassenden Kenntnisse über alternative Heilverfahren sowie ihr bewusstes Gewahrsein höheren Wissens. Sie bietet Trainings in DNS-Aktivierung an sowie ein Zertifizierungsprogramm für Menschen, die diesen Prozess unterstützen und dabei so vorgehen möchten wie von den Heilungsteams des Hohen Rats vom Sirius aufgezeigt.
Patricia Cori lebt in Rom und ist am besten über ihre Website erreichbar: *www.sirianrevelations.net.*

MARTINE VALLÉE
Verlegerin, Autorin und Herausgeberin
dieses Buches

Das Interesse an allem Spirituellen begann in Martines Leben bereits sehr früh. Mit achtzehn begegneten ihr zwei Bücher, die ihr Leben veränderten: *Leben und Lehren der Meister im Fernen Osten* von Baird Thomas Spalding und *Leben nach dem Tod* von Raymond Moody. Seitdem glaubte sie immer daran, dass Worte die Kraft haben können, die Seele zu transformieren und zu heilen. Im Jahre 1994 gründete sie mit ihrem Bruder Marc den Verlag *Ariane Publications,* der seitdem spirituelle Bücher für die französischsprachige Gemeinschaft in aller Welt veröffentlicht. Das Ziel ist, den Leserinnen und Lesern so viele Werkzeuge wie möglich an die Hand zu geben, um sich in diesen Zeiten der großen Veränderung besser orientieren zu können. Sie hat sich ausdrücklich der Aufgabe verschrieben, den Weg des Wissens zu erkunden und ihre Erkenntnisse dazu weiterzugeben. Sie betrachtet ihren Leserkreis als sehr großen Teil ihrer spirituellen Familie.

Martine ist all den wunderbaren Autorinnen und Autoren zutiefst dankbar, die ihr Leben darauf abstellen, die Welt zu inspirieren und zu transformieren. In ihrem nächsten Lebensabschnitt wird sie verstärkt an vielen humanitären Projekten arbeiten. Eines der ersten besteht darin, Frauen im Kongo, die Opfer von sexuellem Terrorismus geworden sind, Hilfe und Unterstützung zukommen zu lassen. Ihre kürzlich gegründete Stiftung *Passion for Compassion* sieht sie als großes Experiment in Sachen Mitgefühl, und Martine hat vor, ihre Leserschaft dabei einzubeziehen. Sie schreibt: »Wir werden erleben, wie eine Gruppe von zehntausend engagierten Menschen in der Lage ist, Ereignisse zu beeinflussen und die Welt Herz für Herz zu verändern.« Martine ist der Überzeugung, »dass die Verbindung von Liebe, Mitgefühl und reiner Absicht eine ganz eigene Kraft hervorbringt – eine Kraft, die stark in der Wiederkehr des göttlichen weiblichen Prinzips zum Ausdruck kommt. Diese Energie findet sich in jedem Menschen, und wir tragen die Verantwortung dafür, sie einzubringen.«

Martine lebt in Montreal und teilt ihre Zeit zwischen Familie, Freundeskreis und Arbeit auf. Für Fragen wenden Sie sich bitte auf Englisch oder Französisch an *martine@passioncompassion.org*. Wir empfehlen Ihnen auch den Besuch von Martines Website: *www.passioncompassion.org*.

2012

Die Prophezeiungen
des
Kristallschädels
Corazon de Luz

Eine Leseprobe
aus dem Buch von Karin Tag

Hilfestellung zur Frequenzerhöhung in 2012

Immer wieder fragen mich die Menschen dieser Tage nach den besonderen Energien des Erdenjahres 2012. Mit dem Ende des Kalenders der alten Weisen am 21. Dezember 2012 endet ein Zyklus, der von der Laufbahn der Erde durch das Universum bestimmt wird. Die Kräfteverhältnisse der Schwingungsresonanzen des Planeten ändern sich mit diesem Tag, weil Euer Sonnensystem seine Laufbahn mit dem Wendepunkt in der Milchstraße neu beginnt.

Der Umbruch, den viele Menschen befürchten, bedeutet in keiner Weise das Ende des Lebens auf Erden, auch wenn viele das behaupten, die Euch ängstigen möchten, um in der Materie ihre Profite zu erzielen. Der Wendepunkt der Laufbahn des Planeten ist viel mehr ein energetischer Wendepunkt, denn mit dem Eintritt der Erde in das Frequenzfeld der Milchstraße tritt eine neue Schwingungsqualität in Kraft. Dieser Eintritt ist mit einer Erhöhung der Frequenzen des Lichtkraftfeldes der Erde verbunden, weil eine neue Lichtqualität den Planeten aus dem Zentrum der Galaxie berühren wird.

Stellt Euch einen leuchtenden Lichtstrahl vor, der aus dem Zentrum der Galaxie eine Schwingung der Liebe zur Erde schickt. Dieser Lichtstrahl wird die Erde mit neuen Hoffnungen erfüllen. Zunehmend werden die Menschen durch diesen Strahl in ihrer Liebesfähigkeit berührt, und ein neues Bewusstsein wird in den Menschen wach, wenn ihre Herzen sich für eine neue kosmische Sichtweise öffnen, für neue Empfindungen. Das sind die Veränderungen, die mit dem Eintritt der Erde in ein neues energetisches Verhältnis entstehen, und sie sind nur positiv zu betrachten. In jeder Hinsicht wird den Menschen eine neue Lebensqualität vermittelt, die sich in ihren emotionalen Fähigkeiten spiegeln wird.

Das wird nicht mit Gewalt geschehen, sondern vollzieht sich allmählich. Bereits in den Jahren vor diesem Datum verändern sich die Lichtverhältnisse der Erde. Mit jedem Tag, mit dem sich Euer Planet der Milchstraße nähert, werden die menschlichen Völker der Erde dies spüren - und nicht nur in ihren Herzen. Sie werden es auch körperlich registrieren, denn das Sonnenlicht hat eine höhere Intensität in dieser Zeit. Auch das Licht des Mondes, welcher das Sonnenlicht reflektiert, wirkt dann in intensiverer Weise auf das Energiefeld des Menschen und auf ihre Körper. Es wird sich in starken Traumerlebnissen zeigen, und die intuitiven Kräfte der Menschen werden zunehmen.

Die Sonne wird im Energiefeld der Milchstraße besonders intensive Flecken ausbilden, die starke magnetische Winde auf die Erde tragen. Diese werden ihrerseits die spirituellen Fähigkeiten und Wahrnehmungen der Menschen um ein Vielfaches verstärken. Das ist ein Prozess, der aber nicht erst mit dem besagten Datum beginnt, an dem die Kalender der alten Völker enden. Dieser Prozess hat schon längst begonnen.

Mit den Sonnenwendkreisen und der Umlaufbahn der Erde um die Sonne wird sich ein neues Energieverhältnis auf der Erde manifestieren. Die Schwingung der Erde wird sich durch den Lichtstrahl, der für einen Zeitraum von hundert Jahren die Erde berühren wird, deutlich erhöhen, und die Lebenskraft und Lebendigkeit des Planeten wird wachsen.

Es wird so sein, als erwachte eine große Mutter aus ihrem Schlaf und als könnten die Menschen die natürlichen Kräfte des Planeten mit ihrem Herzen und ihrer Intuition wieder besser erfassen. Die alten Stämme der menschlichen Völker der Erde werden ihre Rituale wieder aus der Kraft ihrer Herzen heraus singen, und die Menschen werden erfüllt sein von plötzlichen Eingebungen, die sie aus dem Lichtnetz der Erde sensitiv empfangen können.

In diesen Erdentagen, da wir Euch diese Prophezeiung übergeben, hat der Prozess schon längst begonnen. Und es gibt nichts zu befürchten, denn eine Schwingungserhöhung des Planeten wird nur positive Früchte tragen. In Euren Genen schwingt eine Erkennungsfrequenz, die automatisch Teile Eures menschlichen Denkens im Gehirn aktivieren kann, wenn nur die richtigen Frequenzen angestimmt werden. Man kann dies mit dem Stimmen eines Instrumentes vergleichen. In den Jahren des Vergessens haben sich Eure Tonharmonien verändert, und der Eintritt in die Milchstraße und das Auftreffen des Lichtes aus dem Zentrum des Universums wird auch eine neue Harmonie in

Euer Schwingungsfeld tragen. Die Disharmonien werden entfernt, und der harmonische Klang Eures Wesens und Eurer wundervollen Schwingungsfähigkeiten werden wiederhergestellt werden.

Manche Menschen werden diesen Übergang in die harmonische Schwingungsqualität spüren können, weil sie ihre Herzen öffnen werden. Manche Menschen werden sich erst an die neue Harmonie gewöhnen müssen, weil der Austritt aus der Disharmonie sie von so manchen überflüssigen, quälenden Gewohnheiten des Verstandesdenkens trennt. Sie müssen sich erst daran gewöhnen, dass sie ihr Herz wieder spüren können, denn die Herzenskraft wird ganz von selbst in Schwingung geraten.

Manche Menschen haben sich sehr daran gewöhnt, ihre Emotionen zu verbergen, weil sie sich daran gewöhnt haben, ihrem Verstand zu gehorchen. Deshalb werden sie eine Weile brauchen, um zu akzeptieren, dass sich in ihrem Herzen Gefühle und Emotionen regen, gegen die sie mit dem Verstand so lange angekämpft haben. Aber diese Gefühle werden besondere Heilkraft auf die Menschen ausüben, denn die Menschen werden wieder lernen zu spüren, dass sie lebendige Wesen sind, die in der Emotion ihres Seelenlebens den Weg in die Liebe finden werden. So werden die Menschen sanft dazu angetrieben, sich selbst und ihrem Herzensquell der Emotionen zu begegnen. Durch den Beginn des emotionalen Erwachens der Menschen werden viele Hindernisse ausgeräumt, die den Menschen bei ihrem spirituellen Erwachen im Wege gestanden haben.

In der nächsten Phase der bewussten Begegnung der Menschen mit dem Gefühl ihres Herzens werden manche Wunder geschehen. Menschen, die unerbittlich erschienen, werden Güte in ihrem Herzen entwickeln, weil sie plötzlich Mitleid empfinden. Menschen, die in tiefer Traurigkeit lebten, werden fröhlich lächelnd die täglichen Wunder der Schöpfung fühlen können. Machthaber werden den Wahnsinn ihres politischen Handelns im Herzen gespiegelt empfinden und nachsichtig und weise den Frieden suchen. Abgründiger Hass zwischen Menschen wird begraben werden, weil die Menschen den Unsinn ihrer negativen Empfindung erkennen und sich zu guten Taten veranlasst sehen werden durch das Gefühl des gemeinsamen Herzensschwunges, der alle Menschen einen wird.

Natürlich wird dieses Geschehen auf der Erde seine Zeit brauchen. Es wird nicht mit einem Erdentag das verändert sein, was in Jahrtausenden entstanden ist. Es wird in Hunderten von Erdenjahren ein völlig neues Denken unter den Menschen entstehen. Das neue Bewusstsein wird in der Seele des Menschen beginnen, und es wird sich über die Herzensqualität der menschlichen Völker in der Materie spiegeln, denn völlig neue Emotionen und Gedanken werden über das morphogenetische Feld in der Materie manifestiert werden.

Eine neue Schöpfungsphase wird einsetzen, denn immer mehr Menschen werden die Wunder der Schöpfung fühlen und so in das Lichtgitternetz des morphogenetischen Feldes der Erde eine völlig neue Manifestation der Liebe einbringen. Plötzlich werden immer mehr positive Manifestationen im Energiefeld der Erde sichtbar werden, und die Lebensräume des Menschen und auch die Erde und sie selbst werden wieder gesunden, durch eine positive Einflussnahme mit ihren Gedanken auf das Schöpfungskraftfeld des Planeten.

Um sich auf diesen Prozess vorzubereiten, sollte jeder Mensch täglich die Freude am Leben und an den Wundern der Schöpfung mehr und mehr in den bewusst gelebten Alltag nehmen. Jeder Moment des Lebens auf Erden birgt einen fantastischen Atemzug der göttlichen Liebe, die sich in den Wundern der Natur und der Schöpfung verwirklicht.

Die Schöpfung ist wie das Bild eines Künstlers, das sich aus der Kreativität des Malers speist und seine Gefühle wiederspiegelt. Jede Farbe ist ein Ausdruck seiner Empfindung, und jeder Pinselstrich ist die Kreation seines Herzens, durch die Form seiner Figuren in Lebendigkeit getaucht. Die Schöpfung lebt von den vielen künstlerischen Herzen der Menschen. Jeder Gedanke eines Menschen ist ein Pinselstrich auf einem Gemälde, ein Pinselstrich, der die Schöpfung ins Sein holt, und jedes Gefühl eines Menschen ist die Farbe, welche die Form der Schöpfung aus der Leerheit in die emotionale Erfahrbarkeit führt. In dieser kosmischen Wahrheit lebt der Geist des Menschen auf dem Planeten Erde in der Form der materiellen Gestaltung der Schöpfung. Die Seele des Menschen wird zur fühlbaren Wahrheit des farbenfrohen Lichtes, welche der Erde Lebendigkeit schenkt.

Dies alles wird Euch mit dem Eintauchen in die Welt der Freude und des Glückes wiedergegeben, und mit dem Eintritt in die Milchstraße werdet Ihr Eurem Ursprung im Sternenlicht sehr nahe sein.

Ich, Schädelstein Herz des Lichtes, prophezeie Euch eine gute und gefühlvolle Zukunft, die Euch über das Licht der Milchstraße zu neuen Möglichkeiten führt. Kein Schimmer der Dunkelheit wird diese Wahrheit verblassen, denn vor Euch liegt nur das Wachstum in das ewige Licht der Liebe Gottes. Das werdet Ihr auch spüren können. Schon sehr bald werdet Ihr es spüren und lernen, glücklich damit zu sein.

Die Kinder der Zukunft und ihre Fähigkeiten

Für jedes Sternenvolk der Universen ist es wichtig nachzuvollziehen, wie sich die Fehler der Vergangenheit auf die Zukunft der Welten ausgewirkt haben. Aus dem Verständnis für ihre Vergangenheit, Gegenwart und Zukunft können die Sternenwesen aller Universen lernen und sich in richtiger Weise auf die entscheidenden Prozesse der Entwicklung ihres göttlichen Bewusstseins vorbereiten. Auch die Menschen sind ein Sternenvolk, denn sie tragen die Verwandtschaft mit den Sternenwesen in ihren Genen.

Die Entwicklung der menschlichen Völker der Erde habe ich, Schädelstein Herz des Lichtes, in der Chronik der Welten bereits beschrieben. Aber die Entwicklung der spirituellen Fähigkeiten der menschlichen Kinder der Jetztzeit und ihr Einfluss auf die Zukunft Eures Planeten ist in diesem Zusammenhang besonders wichtig.

Die Aktivierung des besonderen Genmaterials des Sternenwesens Mensch ist in den letzten Jahren auf der Erde deutlich angehoben worden, und so haben besondere Kinder mit besonderen Begabungen das Licht des irdischen Lebens erblickt. Ihre Begabungen haben sie durch die Frequenzerhöhungen der Erde bereits bei ihrer Geburt aktiviert bekommen. Damit wurde diesen Kindern nicht nur eine besondere Begabung, sondern auch eine besondere Aufgabe mit auf den Weg des irdischen materiellen Lebens gegeben. Kinder mit diesen aktivierten Genen haben die Fähigkeit, besonders intensiv mit ihrem Herzen zu fühlen und die Intuition in der Materie zu leben. Durch ihre Sensibilität tragen sie ein großes Stück Hoffnung in sich, wie die Menschheit sich im Licht der Liebe Gottes entwickeln wird. Sie fallen durch ihre feinfühlige Art auf, das Leben und das Umfeld wahrzunehmen. Sie sind besonders intelligent und erfassen kleinste Lernaufgaben mit Leichtigkeit. Sie weisen in ihren ersten Lebensjahren sehr stark die Fähigkeit auf, Geschehnisse vorherzuahnen, und drücken dies auch verbal aus. Sie können die Naturwesen des Planeten sehen und nehmen die Elemente der Erde deutlich wahr.

Ihre Fähigkeiten können jedoch schnell versiegen, wenn man diese Kinder in den Anfangsjahren ihres irdischen Lebens nicht auf ihre Aufgaben und besonderen Begabungen vorbereitet. Sie brauchen eine gute Ausbildung, die ihre Fähigkeiten fördert und zugleich eine Schulung des Verhaltens in der Materie darstellt, um sie vor dem Verlust ihrer Sensibilität durch den Druck der Gesellschaftsstrukturen zu schützen. Im Umgang mit der irdischen Härte des Lebens in der Materie brauchen sie Hilfestellungen, um ihre Fähigkeiten zu bewahren und dennoch das materielle äußere Leben in der Gesellschaft zu meistern.

Zu atlantischen Zeiten wurden solche Kinder in den ersten Lebensjahren sehr eng an die Familie angelehnt und in spirituelle Projekte eingebunden, damit sie den Sinn des kosmischen Bewusstseins früh genug erkannten. Die Menschen der heutigen Zeit haben bedauerlicherweise die Tendenz, ihre Kinder zu früh in erzieherische Strukturen der Gesellschaft abzugeben, sodass sie sich zu sehr an der äußeren materiellen Welt orientieren. Durch die Ablenkung in der Materie verlieren sie viel zu schnell ihre Begabungen und können sie dann zum Teil erst sehr viel später oder gar nicht mehr nutzen.

In jedem Fall sollten die Kinder mit dem Hauch des Sternenlichtes innerhalb der Familie eine feste Anlehnung an die Natur erfahren, und die Familie sollte ihnen spielerisch die Gesetze des kosmischen Bewusstseins beibringen. Durch den Umgang mit natürlichen Materialien kann die Fantasie der Kinder angeregt werden, und die musischen Künste aktivieren den Fluss ihrer Fähigkeiten. Diese Kinder kann man auch fördern, indem man sie dazu bewegt, sich gegenseitig Geschichten zu erzählen oder mit Euch gemeinsam neue Märchen zu erschaffen, die im Zusammenhang mit den Elementen die kosmischen Gesetze spielerisch vermitteln und sie mit der kosmischen Wahrheit verbinden.

Nun ist der Druck der Gesellschaftsformen sehr hoch, die Kinder in die Strukturen der Materie einzubinden. Hier kann man innerhalb der Familie für Zusammenhalt und Freude sorgen, wenn immer wieder an festen Tagen die Rituale der alten Weisen gepflegt und vermittelt werden. Schulungen über Kräuter und Tiere können genauso vorteilhaft sein wie das Erlernen des Spiels auf einer Indianerflöte. Für diese Schulungen muss neben den alltäglichen materiellen Geschehnissen regelmäßig Platz eingeräumt werden.

Wichtig ist es, die Kinder in die Geschichten und Lebensweisen der alten Völker wie in eine Art Rollenspiel einzubeziehen. Das Spiel, das ein Kind in seinen frühen Kindestagen erfahren hat, wird es bis ins hohe Alter nicht vergessen, wenn es durch die Mystik des Wissens und die alten Geschichten der Naturvölker seine Fantasie beflügelt hat. Welcher Junge möchte nicht gerne wenigstens einmal im Leben der Medizinmann sein, der um das Feuer tanzt, um den Regen zu rufen, und welches Mädchen trägt nicht den Wunsch in sich, die Kräuterfrau zu sein, die in der Vollmondnacht ihre Pflanzen aussät oder erntet. Welches Kind wird nicht beglückt seine Steine sammeln und ihnen nach der Farbe eine Bedeutung geben. Und welches Kind merkt sich nicht, dass ein kühlender Bergkristall seine Wunden vom Hinfallen gekühlt hat und dass es ihm danach viel besser ging.

**Lesen Sie bitte weiter
im nebenstehenden Buch ...**

Karin Tag

2012
DIE PROPHEZEIUNGEN
DES KRISTALLSCHÄDELS
CORAZON DE LUZ

Ein Licht berührt die Erde

224 Seiten, gebunden,
mit hellblauem Leseband
Amra Verlag, € 19,95

ISBN 978-3-939373-32-2

**»Menschenkinder und Völker der Erde, dies ist
die Chronik Eurer Geschichte.«**

Kristallschädel gelten bei den indigenen Völkern Südamerikas schon
seit 5000 Jahren als heilige Wissensspeicher für die bevorstehende
Zeitenwende. In ihrer Gegenwart haben Menschen immer wieder Bilder,
Visionen und Botschaften empfangen.

Corazon de Luz ist in unserer Zeit der einzige alte Kristallschädel, der zur
schamanischen Arbeit benutzt wird. Er schildert die Geschichte der Menschheit
bis weit über 2012 hinaus und gibt uns Hilfestellung angesichts der vor uns
liegenden Herausforderungen.

Karin Tag ist Leiterin des ISR-Instituts für Photonenfotografie. 2002 wurde
sie bei einem Ritual der Inka als Hüterin von Corazon de Luz erkannt und
erhielt den Kristallschädel aus Peru anvertraut. Auf ihren gemeinsamen Reisen
erforschen sie nun Kraftplätze und grenzwissenschaftliche Phänomene und
leisten weltweit Friedensarbeit.

Leseproben auf www.AmraVerlag.de

Kabir Jaffe &
Ritama Davidson

INDIGO-ERWACHSENE. WEGBEREITER EINER NEUEN GESELLSCHAFT

Sind Sie eine Indigo-Seele
und wissen es nicht?

208 Seiten, gebunden,
illustriert, mit Leseband
Amra Verlag, € 19,90

ISBN 978-3-939373-10-0

Eine neue Art Mensch tritt in Erscheinung, als nächster Schritt in der Entwicklung der Menschheit. Es sind visionäre und kreative Frauen und Männer, fortschrittlich, sensibel und unabhängig. Sie sind frustriert vom bestehenden Gesellschaftssystem und wollen zu einer besseren Welt beitragen. Sie verkörpern neue Auffassungen, ein anderes Denken und Fühlen.

Vielleicht sind Ihnen Indigo-Kinder ein Begriff, und Sie haben nie daran gedacht, dass viele davon bereits erwachsen sind. Das vorliegende Buch hilft Ihnen herauszufinden, ob Sie ein Indigo-Erwachsener sind. Die Autoren beschreiben die Eigenschaften dieser Generation. Sie helfen diesen Menschen, ihr ganzes Potenzial zu leben und ihrer Bestimmung zu folgen.

Mit einer Checkliste typischer Indigo-Merkmale!

Kabir Jaffe ist als Psychologe mit umfassender Ausbildung in Humanistischer und Transpersonaler Therapie seit 30 Jahren auf dem Gebiet der Bewusstseinsforschung tätig. Ritama Davidson war professionelle Tänzerin und arbeitete lange Jahre als Energietherapeutin in eigener Praxis. Gemeinsam gründeten sie 1994 das Essence Training Institute, das seitdem beständig wächst in Europa, Südamerika und den USA.

Leseproben auf www.AmraVerlag.de

Lee Carroll, Tom Kenyon,
Judi Sion, Patricia Cori

2012
DIE GROSSE
VERÄNDERUNG

2012
Die Große Veränderung
Lee Carroll & Kryon
Tom Kenyon & Judi Sion
Die Hathoren & Maria Magdalena
Patricia Cori & Der Hohe Rat vom Sirius

Herausgegeben
von Martine Vallée

224 Seiten, gebunden,
mit hellblauem Leseband
Amra Verlag, € 19,95

ISBN 978-3-939373-36-0

Weltweit führende Channel-Medien, die sich als authentisch und seriös
erwiesen haben, blicken auf das Jahr 2012. Durch sie sprechen Kryon,
Maria Magdalena, die Hathoren und der Hohe Rat vom Sirius über die
bevorstehenden Veränderungen auf der Welt, in uns selbst und über die
Beschleunigung unseres Bewusstseinsprozesses.

Wir dürfen Veränderungen und einen Frieden erwarten, wie wir ihn zu
unseren Lebzeiten nie für möglich gehalten hätten, selbst im Mittleren Osten.
Wir werden darauf hingewiesen, dass unser neues Denken diese Welt erschafft,
dass die Vergangenheit Illusion und die Zukunft nicht vorherbestimmt ist.
Wir erhalten Informationen über die neue Weltordnung.

Aus dem Inhalt: *Die Transformation unserer Biologie – Religion als Bildung –*
Die Rückkehr des Weiblichen – Absichtsvolles Erschaffen – Der Orden der Magdalena –
Die Macht des Klanges – Kristallschädel, Kornkreise und außerirdische Besucher

Kryon sagt: »Du musst nichts tun. Bring einfach Deine spirituelle Absicht zum
Ausdruck, dann wird das Quantenfeld der DNS in Dir aktiviert.«

Leseproben auf www.AmraVerlag.de

Barbara Hand Clow

2012
DER MAYA CODE

Beschleunigte Zeit und das
Erwachen des Weltgeistes

368 Seiten, gebunden,
illustriert, mit Leseband
Amra Verlag, € 22,95

ISBN 978-3-939373-33-9
(erscheint im April 2010)

Zeit und Bewusstsein beschleunigen sich in diesen Jahren tatsächlich. Wir merken es an den Kriegen, der wirtschaftlichen Not, dem Raubbau an unserer Umwelt, aber auch am eigenen Körper und Geist. Unsere persönliche Heilung ist der wichtigste Faktor bei diesem Sprung in der menschlichen Evolution.

Der Maya Code verleiht uns eine neue Sicht vom Universum. Auf der Grundlage der Arbeit von Carl Johan Calleman und anderen Erforschern des Maya-Kalenders untersucht die Autorin sechzehn Milliarden Jahre der Evolution und entschlüsselt das Schöpfungsmuster der Erde – den Weltgeist.

Barbara Hand Clow ist eine international bekannte spirituelle Lehrerin, Maya-Älteste und Hüterin der Aufzeichnungen der Cherokees. Sie hat zahlreiche Bücher verfasst und unterhält eine astrologische Webseite auf www.handclow2012.com.

»Barbara Hand Clow hat das definitive Buch über 2012 geschrieben!«
Whitley Strieber, Autor von *Communion* und *The Key*

Leseproben auf www.AmraVerlag.de

Tom Kenyon

AUFBRUCH INS HÖHERE BEWUSSTSEIN.

DIE HATHOREN-BOTSCHAFTEN

Wie wir die Herausforderungen
unserer Zeit meistern

240 Seiten, gebunden,
mit Musik-CD und Fototeil
Amra Verlag, € 19,95

ISBN 978-3-939373-31-5

Die Hathoren sind eine Gruppe interdimensionaler Wesen, die in Ägypten durch die Göttin Hathor wirkten. Sie arbeiten in der fünften bis zwölften Dimension des Bewusstseins und verschaffen ihrer himmlischen Musik und ihren Botschaften in unserer Zeit durch Tom Kenyon Ausdruck. Das vorliegende Buch versammelt weltweit erstmals ihre von 2003 bis 2009 vorwiegend im Internet verbreiteten Botschaften.

»Wenn ihr bereit seid, eine neue Welt aufzubauen, laden wir euch ein zu einer Reise des Verstandes und des Herzens. Wir sind eure älteren Brüder und Schwestern. Wir sind das, was ihr eine aufgestiegene Zivilisation nennen würdet. Wir sind gewachsen, so wie ihr gewachsen seid, aufsteigend zu der Quelle all dessen, was ist.«

Mit Musik-CD zur Aktivierung der Zirbeldrüse!

Tom Kenyon ist Klangheiler, Opernsänger, Psychotherapeut, Gehirnforscher und Schamane. Seit Jahren bereist er die ganze Welt, um das Wissen der Hathoren weiterzugeben.

Leseproben auf www.AmraVerlag.de